U0056603

江 山 著 作 集 11

思想劄記(一)

江 山 著

內容提要

　　本書是作者三十餘年思想歷程的劄記，展示了心路的坎坷與艱辛，亦充滿了少小時的輕浮與狂躁，或許還是20世紀50年代出生的畸形中國人的縮影。無論曾經的事實是什麼，智慧的本能卻是無法止步停息的，超越自我，超越曾經，接續普適性，恰正是智慧能動的必然。書中所記，也正是這一曾經、這一超越的完整。

　　較之作者的小厄，東方文化在近代則遭遇了幾絕的大限，想著便無法不驚懼失寐，悲烈與撕扯何其疼痛。終於，我們看到了挪移轉換的熹微。東方文化的本原性、內部化，以及還原證成的價值終極，正是人類未來走向的通途。這樣的預設不僅是東方文化的質地問題，更是西方文化的物理性、自我端點與功利性、理性的歸屬所在。本原意志刻意羅致了在化的形式與過程，亦支使了複雜化與多樣化的場景及舞臺，東西印各自承擔了劇目的不同角色，而其實祇是殊途同歸：經由人類的理智自足與性智覺悟，我們終將承載自覺、能動地還原證成的大命。本書的中心所在，正是這一必然命理的求索與凝思。

《江山著作集》序

　　二十餘年來，本人一直致力於與中國文化、哲學、歷史、制度相關論域的研究，亦以同態的心情關注相同論域的西方、印度。早期的困惑在於情緒的不舒暢：何以中國落後了！最先讓我疑惑不解的問題，是中國為什麼沒有產生宗教？繼而，中國為什麼不能產生如李約瑟所說的西方式的科學技術體系？復後，西方的民主、法治、憲政體制亦讓人自愧弗如。最後，西方的道德理性主義哲學及其知識論、方法論依然讓我汗顏無地。有一段時間，我使自己和我的母本文化完全失落了。上個世紀80年代中葉偏晚以前，我一直在痛苦地掙扎著。此後，深刻的閱讀和思考，終於慢慢地改變了這種困局，一些深層的想法得以漸漸集結，以致最終不再被當下狀態困擾，有了一種別開生面、創化待來的境界。

　　這裡收集的著作，正好成就於上言困局的末期以後。大體上，批判的選擇性已非常明顯，而更多則致力於創化與開新。

　　近二十年來，我對中國文化的理解與以前已大為不同，此乃深層記憶的恢復讓我有了堅實的信念：面對後現代的人類，我們必須認真對待和重新思考包括中國文化在內的東方文化。

　　中國文化對人類的後現代將有獨到的價值和意義貢獻。

　　這便是，西方文化早在混亂過渡期，便已然斷裂了自然本根倫理，不得已而開始了人域化、封閉化、人為化的建構歷程。

　　這種己域化的文化，因由劇烈的己域衝突和社會的強盜化誘發而生成，因之，在過去幾千年的演繹過程中，它將己域衝突的解決

及人域的公平、正義作為了全部文化的中心價值。

　　由於沒有或缺失自然本根倫理的支援，由於自然被客體化、外在化、物理化，人本身被迫失落，被迫漂浮，因而，人的意義和價值追尋亦成為了文化動因。

　　不幸的是，劇烈的生命衝突與競爭，復特別容易使這種追尋功利化、工具化，一切主體意識之外物，為著生存的需求，全部被利益化、權利化。

　　衝突與競爭的劇烈，同樣會逼使人的責任倫理的收縮、自限，以致自我個體成為社會結構中的單元。因為，祇有個體自己才可能對自己負真實的責任。

　　社會構成單元的個體化，使社會形態、社會行為及制度文明、文化體系的演繹，有了強力的動機與目的，它粉碎了社群倫理的固有形態，如熟人倫理、地域倫理、宗親倫理之類，重新構築了以功利和得失為目的的契約倫理；同理，為著功利與生存的需求，社會單元個體化亦被制度所建構，成為制度設定的主體或法律資格者。

　　最終，以主體為核心，融並權利、契約而成的制度形態得以成立，是為主體構成性法律體系。

　　主體構成性法律體系，復會強化文化的功利化、工具化，而文化的功利化與工具化，往往是拿人來承載的，結果是人的工具化與木偶化。個中邏輯理由是，祇有工具化、木偶化的人，才可能有公平、正義的作為。這意味著，人的變態與扭曲是必然之事。

　　進而，由於人力的局限性和缺失自然本根的支援，致使這種文化體系的建構通常是與解構交錯進行的，即文化有著極強的相對性表徵。一般言，解構極方便破壞人的心靈與觀念家園，積久之下，

它會產生懷疑、反抗、袪魅、迷茫、斷裂。這樣的懷疑、反神、袪魅情態，在西方常行不衰，其中，時效之長、劇烈之激者有兩次，一為混亂過渡期，一為晚近以來的當下。這是而今出現了現代性的迷茫之因為所以。

人祇能憑藉自為的力量和方式去建構界域性極強的文化形態，亦是西方文化之表徵。界域化的結局是，文化類型本身成為了衝突的原因。在相對性的體質原則作用下，所有的類型都會自視其為絕對，於是，虛假觀念支持下的文化理念衝突會消耗掉無數的生靈與人生真實。

人性的自利性、功利性、政治性、倫理性及理性諸樣態，已在過去的文化歷程中，被西方文化解釋得淋漓盡致、完備恰當，其卓越建樹主要表現在四個領域：救濟與安頓精神的宗教體系，滿足智慧和工具需求的道德理性體系，實現秩序和正義的法治、憲政體系，理解外在並求索物利的科學技術體系。

然而，現時代和現代性經歷之後，人性的他樣態或高級樣態——人的公共性、自然性已然呈出，這便給已域化、界域化、人為化、封閉化的西方文化構壘了絕壁，如何破解，已成困局。

當此之際，包括印度文化、中國文化的東方文化，卻有雍容自在的氣度與品格。此乃因為，東方文化所獨具的自然本根倫理，是其靈魂質要。東方文化源於自然本根，並得以衍繹、遵循、建構、宏大，不墜、不輟，其公共性、自然性的內質一以貫之，沒有斷裂，亦未曾封閉於界域之中，以致可以接續起後現代的人類文化歷程。是以，中國文化便有了必得去重新理解和說明的需求。

本《著作集》所收入的書，是這一新型需求的系列表達。它既包括一般意義上的中國文化批判性的著作，也包括文化價值討論的

著作，同時也有制度文明的專著、中國法價值體系的專著、中國法文化體系的專著、後現代法律發展趨向的專著。總之，這些著作自成一體，言之有據，是中國本土學人自磨自琢三十餘年的心得所在。

本《著作集》得以集結以繁體在臺灣出版，實在乃機緣所致。

時值2006年歲末，適逢本人去臺灣大學講學，有機會結識臺灣知識界、文化界、出版界、學術界諸多朋友。諸位朋友和機構的協力得促成此舉，是以感懷致謝。自《著作集》前面9本書完全出版以來，又有4年的時間過去了，現在再續前緣，出版新撰著作和整理舊稿共計4本，懇請讀者諸君笑納。

本《著作集》後4本書的出版，繼續受惠於我的朋友宋具芳女士，是她的慷慨讓此願成為事實；還有賴郁芬女士、魏憶龍先生，經他們續緣，我幸以結識臺灣世界宗教博物館的心道法師和了意首座，他們惠我之竊思偶得，決定以世界宗教博物館之名出版我的書，善莫大焉。為此，我要特別感謝我的朋友和道友，感謝宗博出版社編輯團隊，他們為這些書的出版付出了辛勤的勞動，令我非常感佩，所有這些，我都感懷致謝。

足 无

識於北京昌平

二〇一二年十二月

自　　序

　　這部命名為《思想劄記》的書，是我過去三十餘年間心路歷程的散記。上個世紀中葉以來，打我開始知道世界上有哲學、歷史之時起，就與思想結下了不解之緣，不論其幼稚、膚淺，還是成熟、深刻，我幾乎就躺在了思想的河流中，任其浸潤、淹沒，不畏嗆肺致命，也不懼歷程艱辛。當然，經常也有快慰的獎賞，弄潮人那般的自得。

　　我的思想，實在紛雜莫常，少有藩籬和界域，想來有理，便予以記劄，未曾顧忌學科與領域。青年時自是不免輕浮與張狂，不過，缺乏嚴格匡範和訓誡的思考倒也自在逍遙，原來，自由是「天愛」的受賜。說是紛雜，其實不難找到依歸。幾乎從小我就有一種對抽象與超越的迷戀，經常會為了一個不是問題的問題，忘乎所以，自作囚籠；也會對宏大且神秘的東西百思不厭，試圖穿透。我一直在這樣的渴求中如醉如癡，不能自已。後來，深刻的閱讀終於將我引入了正途，我知道那是人類性智覺的騷動，也是還原記憶的初萌：返道與證成本原。可以說，這是我思維的主線，數十年如一日不曾丟失。

　　思想於我，如食如寢。年輕時分，常常達旦思考，無黍靜慮，反而愉悅自負，不知生活張皇。曾幾何時，隨便抓來紙筆，興奮地將一星半點靈感記錄下來，以備不需。有時，備了紙筆於枕邊，不眠的黑暗中，也可鬼符般地胡亂寫下一些文字，天亮後自己都不知胡塗了何物。

早期的簡陋與清貧相關，所得的稿紙或是乞討而來，或是撿來的殘片，直到上世紀90年代後，才開始找來比草紙稍好一些的小本作專門記錄，算是思想有了「歸置」。不過，小本仍然不能記錄全部。因為有許多想法是閱讀時的靈感，而閱讀筆記還是祇能由稿紙承擔，有時就徑直寫在了書中的空白處。這樣，在許多的讀書摘要的夾帶中，也留下了不少思想。筆記的重大改觀，還是六七年前的事。因會議發送或朋友的厚愛，我終於有了像樣的大筆記本，於是，這幾年的思想便上了高檔的載體。

　　歷數記錄的瑣碎，一個重要動機是想告諸讀者，我這次整理這些「思想」的艱辛。首先，我無法找來全部劄記的原稿，有許多不知捆紮在了何處；其次，找到的部份也讓我大傷腦筋，很多的紙張幾乎碰不得，一碰就碎，再就是許多字我自己都不認識。屬於這些碰不得、認不得的記錄，我不敢請人幫忙錄入，祇得自己辛苦，一個字母一個字母地捉蟲，幹了將近一年，終於錄完了近17萬字。剩下的像樣的稿子和圖表，便由我的朋友和學生辛勞合成。他們是楊莉、李平、何歡、江若兮、田源、胡泊，呂川同學參與了本書的校對事務，在此，我要特別地感謝他們。

　　本來，我尚未準備現在來整理和出版這些「思想」，我想晚年以後再來做它。我的一位朋友於去年初力主我現在進行，說是要使用它們的價值。我聽了他的慫恿，放下《自然神論》，忙了近一年的「思想」，現在總算有了一個結果。限於時間和精力，這次祇出版已整理完的部份文字，計兩本之量，其他的文字暫時放棄，以後再說。

　　「思想劄記」稿屬於隨記，也是隨筆性的作品，且時間持續了三十餘年，自是有相當的整理難度。本次整理時，我秉持儘量保持

原狀的原則，不做太多改動，祗對極少數特別不完整的地方作了適當補充，當然也免不了要對錯別字和錯誤的語法予以改正。現將本書整理中的相關體例和收錄情況說明如下：

　　△本《思想劄記》長短不一，短者僅一句話，長者卻有2萬餘字，為區別分明，每篇以阿拉伯數字標明序號，以「◎」（同心圓）表示結束；

　　△《思想劄記》收入的以劄記為主，不過，同時也收入了少量的類似劄記的書信草稿及文章或著作的棄稿。準確說，這些棄稿是某些腹死手稿的準備稿，雖不可能成為著作或文章，但的確包含了當時的一些思想火花，所以收入其中；

　　△本《思想劄記》持續了三十餘年，絕大部份寫作時並未標明時間，此次整理大多無法注明準確時間，祗能大概地置於某個時間段；

　　△為求完整，極少篇目整理時補入了少量文字，凡此次補入的文字一律用「[ ]」（方括號）標明，以示區別；

　　△凡引用的他人文字，一律以「【】」（實心方弧號）標明；

　　△凡當時相同內容另外記錄的文字，一律以「〖〗」（空心方弧號）標明。

足无謹識

二〇一二年三月

目　錄

一九八三年前

1.楊老師[1]：

有一些話埋在心中許久許久，我覺得應該把它們講出來，讓您知道(這些話我祇對您講)您的學生在想什麼？他想的是否正確？是否是違背常規？

本來，我可以很隨便地向您作口頭報告，但鑒於這樣兩條原因，我沒有這樣做：1、我覺得我在過去耽誤您的時間太多了，很多時候至深夜還不想離開，特別有一次竟達11點之久，一想到這些，我在非常迫切地想從您那兒得到智慧、知識、美德的同時，更有慚愧伴隨著，進而一想到您本來就是一個身體多病的人，我簡直就認為我是一個罪人，為此，我決定用筆寫一寫，以便您看起來自由些，不受時間限制；2、老實說，在很多場合下，我的書面表達比口頭表達完整、俐落、有條理。

我入校已兩年多了，天天耳聞目睹，漸漸對所學、所聞、所見產生了一些看法。為了集中問題，這裡僅想說一下我們學校[2]教育體制的問題。

「文革」結束以來，我國的教育事業恢復很快，出現了驚人的局面。我們學校作為全國重點院校，且作為司法界唯一一所重點高等學府，其發展恢復之快，社會早有公論。但，我擔心的是，如果10年以後，我們的教育方式、方法、體制、體系、內容還是如今天一樣的話，則，1、不能使我國的法律教育事業有重大的發展，以躋身於世界先進之林，2、我們學校重點的稱號有可能被兄弟院校淹沒。最少，第一點是可以肯定的。

那麼，我們應該怎麼辦呢？

一、作為教學工作的業務領導——為發展未來的教育——應該把眼光的重點放在學生身上，而不應該放在教師身上。

1　這是給我的老師楊景凡先生信的草稿，正信應該有修改。
2　指西南政法學院。

這種考慮的原因是：

1、我們的師資不是雄厚的，其組織成分是，老年教師（60歲以上）少，且身體一般不佳；中年教師多，卻知識基礎薄弱，教學經驗少；青年教師（35歲以下）少而弱。這就是說，如果把教師作為重點的話，實際上就是中年教師。

但2、我們的中年教師（主要是專業課教師）有一個既普遍又突出的弱點：幾乎大部份都：a.沒有很好地學過專業知識，b.中間中斷了教學若干年。

3、根據人類智力開發的一般規律，一個人如果在35歲以前沒有打好基礎的話，餘下的歲月，在事業、工作上祇能窮於應付，即使可能完成任務，未必會有重大的創造和貢獻。

4、我們的大部份教師都能夠完成這樣一個任務，能把專業知識的各種概念、原則、理路介紹給學生，並引導學生前進，應該說，在目前的這個現實面前，這也是可以的，特別對我們這些突然有讀書機會的學生說來，更是如此，然而，這個要求太低級了，因為教師本身的創造行為可能更有意義於學生，可我們的教師基本上做不到。

5、鑒於4，又根據智力開發的一般規律，一個青年人即便他祇具有中等智力，祇要他a.懂得了某種專業的基本知識，即「是什麼」，b.立志於創造作為，肯讀書，則，經過若干年後，他很可能成為人才、專家，他可以進而解決「為什麼」、「怎麼樣」之類的問題（上述所有問題都不包括特殊性）。

基於以上理由，我以為，學校注重學生中優秀者（不是根據考試成績，下同），予以特殊的培養，可能比立足於教師的培養，更有意義、更有前途。

另外，我們學校這幾年招收的學生，可以說是具有全國性的優秀者之一部份，正是好選拔的時候，而以後，隨著招生面的縮

小（減少省）和競爭者的出現，這種可能性也在逐步減少。俗話說，過了這個村，就沒有這個店。「文革」前，本校由於招生面窄，可以說很少出過特別有影響的人物（當然還有其他原因）。

所以，我以為應該這樣：

1、您可否倡導凡優秀講師以上的老師，儘快每人物色三五個優秀學生（標準是某方面突出，以及德行、為人）作為培養對象，重點培養，這些人不一定都是研究生，但應在不遠的時間內有可能獲得學位；

2、不惜代價將我們圖書館沒有收藏的有關書籍、資料予以複印或影印（數量不必過大），儘量滿足學生需求。這個提議涉及到這樣一個根據：人的精力是有限的，而知識又是無限的，為此，自己沒有研究過的領域、內容，如果別人已經得出了成果的話，就不必花腦子從頭做起了，應該立即接受，進而去攻克別人還沒有研究的領域。要做到這一步（不這樣做，就祇有在人家後面爬行，祇有永遠落後），就必須有別人勞動的結晶——論文、著作、報告——作前提、保障。這樣，我們這一代人就會基礎牢、起步高、進步快、成效大。

談到這裡，我想起了「二戰」後的西德。一個被正義罰得幾乎不能生存下去的國家，為了儘快恢復元氣（在英美，特別是美國的支持下），採取科學技術、工業經濟「單能獨進」的方針，居然經過十幾年的努力之後，又重新跨入了先進資本主義國家的行列。這一事例可以給我們啟發。我們的知識、科學的發展為何不能放任人才單方面發展呢？一定等到一個人各方面都發展好了以後再去做學問，未必是上策。

二、應該儘快恢復文化、學術情報機構——資料部。我們現有的資料室已遠不能適應上述需求，我這裡所說的資料部，它必須得符合以下要求：a.有得力、懂行的領導和工作人員，b.齊全的

設備和功能，如翻譯、聯絡、分類檢索、編制檔案等，c.同全國各大學、科研機構、行政機關、實務部門，同國外主要的大學、研究機構、著名學者建立穩固的經常的牢靠的聯繫，及時地索取、交換資料、情報、成果，d.收集古今中外已經問世的有關書籍，不能收集的書籍，經過融通得以複印、影印，e.有資金支持。

　　上述一、二中的人員配備，我以為經三五年的扎實努力籌畫，完全是能夠初具體系的；而經過五七十年的努力，我們學校則會以全新的面貌立身於中國的教育界，並孚世界之望。

　　我這樣提出問題的基點是，您曾教導我們，在正確的「真的」之下，祗要把書讀懂、讀通了，學問也就做成了。另外，馬克思所託福的大英博物館，亦可佐證。

　　三、我幾乎這樣認為，我們學校的主要領導中，懂得現代教育的人不太多。如果把這一條也列為應該改革的內容的話，那麼，除了國務院進行改組以外，恐怕我們教育界的大多數人都面臨著這樣一個任務：做小學生，認真學習、研究各國的高等教育管理經驗、教訓，然後在考慮我們國情和校情的基礎上，制定、摸索出一套東西來。這樣的學習和研究不應當建立在形式、口號上，應該成為制度，成為主要的工作任務。以此便可成為新時代、新大學的有權威的管理者。

　　四、現有教師的管理。鑒於我們學校教師隊伍的現狀，除少數可以放心的教師能充當導師以外，大部份教師應該被鼓勵去扎扎實實、嚴嚴謹謹、認認真真、有條有理、有所側重地去學好、掌握好自己的專業課目，以便他們能在本科生的教學、輔導中勝任，這樣可以不致使教師自己為難，學校為難，領導為難，國家為難。

　　這中間還有一個較為艱巨且重要的事情須得立即解決，可以說它是在當前教師隊伍中恢復優良黨風的一項重要表現。這就

是我曾經向您提到過的，有不少從實務部門回來的教師，他們從社會上帶回了許多不良的習俗、風氣，如拉關係、不誠實、耍陰謀、浮滑、油嘴滑舌，等等。這些已經影響了一些學生，特別是一些年齡小的學生。

這裡，我想交代一下我向您談這些問題的原因。

一、我有這些想法由來已久，可以說，隨著時間的推移，非但沒有減損，反而與日俱增。打我與您認識以來，有很多次我非常之想和您談這些想法。例如，我曾對您冒昧地說過（那是一次在您對我說，您在工作中得罪了很多人後，我說），「一個人應該多考慮他死後能否讓人們留下對他的懷念，而不應該是生前的得失！」還如我曾多次向您發洩對學校不良的人和事的不滿情緒，還有我曾說過，一個做學問的人，除了把學問做好之外，應該把自己的學問同社會現實聯繫起來，要立志改革，而當時您則歸結為要理論聯繫實際，等等。多少次我說到嘴邊了，最後都咽回去了。我總是這樣想，我提出這些問題應該嗎？有理由，有道理嗎？這些是問題嗎？我有時很沒底。

二、我所以要向您提出這些問題，還有這樣一些理由。

1、即便我的這些是「烏托邦」，作為一種探討，在我敬重的老師那裡，我自信會得到一個好的答覆。

2、自我拜教於您以後，我幾乎覺得有許多事情不同您商量，不向您請教，好像是心神不安，有所失似的。

3、唐代古文大師韓愈在他著名的《原道》篇中，描寫了他的學生對他提倡古文運動功績的讚美：「挽狂瀾於既倒」。的確，那精廋、多病的形象真不失為一代「天驕」。如果您認為我僅具有一種狂熱的意願的話，那麼，在我們這個時代，在這個歷史轉折的激變中，您能否站出來，以晚年之勇，奪瞻於我們呢！如此，足使我國的教育事業、司法事業來一個大飛躍。

　　我十分清楚，您年事已高，又身體多病，且學校還事務繁雜，更有眾多的阻力，這些是應該考慮的因素，但我更認為，如果這個頭在我們學校由您來開創，即便您不能完成它——在您暮年的時候——已然出現了一種向好的趨勢，我想，您一定會領首心歡的。而我更堅信，這個事業定會後有來人。

　　4、您的性格堅毅，德行高亮，為人磊落，經常引得我奉為楷模。我認為，這是最好的條件、要素。再加上您的學識，在學校據有的地位，更可使這樣一件大事業可能成行。

　　三、我這個人特嗜好幻想，嚮往改革現狀，我最害怕的是，我曾經生活、工作、學習和正在工作、生活、學習的地方死水一潭，有落後之嫌。為此，我常會決心以做好我的學問的方式來迴避這樣的事情發生。當然，我知道這並不管用，甚或可以說有些自私。記得我入學的第一年，我曾給我家鄉的一位縣委宣傳部長去過這樣一封信，我是這樣說的：「如果說你們原來在中心大隊（我家所在的大隊）犯了極左路線的錯誤（中心大隊從前是全省學習小蘄莊的典型），並且感到悲哀、慚愧的話，那麼，在『四化』的今天，你們是否可以考慮仍然在中心大隊用組織青年農民學農業科學技術的方式去補救過去辦『政治夜校』的過錯呢？用掃盲識字的方式去解除農民，特別是中年婦女文盲的痛苦呢？你們可否重新使中心大隊在新長征中再度成為先進典型呢？」就這樣，我一貫對錯誤、落後、無所作為之類疾之如仇。我但願一切都好起來，我更願意自己在奮鬥中無私地奉獻。

　　最後還有一個補充的看法。我以為，過去把科研處的兩萬元錢分配到各個教研室的作法並非上策，它造成了a.資金的不合理使用，特別是在資金少，不能滿足集中有限的錢解決最要緊的問題時，尤其如此；b.由於各教研室人員的水準參差不齊，加上有的領導不負責任（如您說的那樣），使得這筆錢不知道怎麼花費。

相反，如果這樣的話——把這些錢集中起來，同時組成一個有經驗教師的參謀小組，對我們需要而我們又沒有的圖書資料集中採購、複印、影印——那麼，這意義、這效果該多好哇。

我的想法該是結束的時候了——這一方面的。

楊老師，從您對我的瞭解中，您完全可以得出這樣一個印象，我是心直口快的人。我習慣有話要說，有意見就要表露，而且亂開炮的時候多，往往少顧及後果。我常常在想，我有赤子之心，雖然我的作法、能力對付不了敵人，但在我的朋友、師長那裡，我總會因此而長進的。

太長了，簡直不能抑制自己的思維，卻很難說把話說清楚了，加上已經連續坐了14個小時，字也寫得稀裡糊塗。

敬禮

學生：江 山

一九八一年十二月十日凌晨五時

又及：實際上我們面臨的問題還有很多，例如：

1、教師隊伍的整頓（考核、評定、更換）；

2、幹部隊伍的整頓（精簡、調換）；

3、科研處的工作方針與任務；

4、《學報》的整頓（體例、版面、稿源）；

5、各類勤雜人員的專業培訓；

6、教學機構的調整（教研室的設立、合併）；

7、重新調配課程與課時，等等。但和上述問題比較起來，顯然要遜一籌，這裡就不多說了。◎

2.李先生[3]：

叩首，請吉。

值此國慶、中秋雙佳節之時，有幸拜讀大作《孔子再評價》（《中國社會科學》1980年第2期）——十分慚愧，我有非常不好的毛病，即在對某問題進行探討時，非得出若干結論以前，不肯去閱讀別人有關方面的研究成果（而這個毛病在今天科學文化事業日新月異的現實中，是不能容忍的），這個主觀預設致使我在您的文章問世將近三年以後，才能飽以眼福，滋潤思維，理當謝罪——為之振奮，為之激動，亦不免產生了一些感想。蒙不吝賜教，我欲借此聯絡的使者——幾張薄紙，就教於您。

自孔子以來，中外研究孔子的人多不勝列，然而，歧路多亡羊，其結論卻遠不及其人數的壯觀。我曾以為這主要是方法上的過錯，並以為，尋求一種新的科學方法研究孔子，已成為時代的必需了。一年以前，因受黑格爾等人（我並非研究西方哲學的人）的啟發，我由用一般方法研究孔子，轉而使用了從理性和哲學的角度及其方法去研究孔子，想寫題目為《孔子國家法律思想之哲學批判》的文章。一年多來，自以為收益不小，殊不知拜讀大作之後，羞愧了3個晝夜，至今不得解脫。然，您的成功更使我認識到方法正確的重要性。這就算是第一點感受吧。

其二，關於孔子思想的稱謂。您在文章中佔有了一個十分新穎的詞——心理結構。我表示理解，但有晦澀的感覺，大概為一般人所難於領會。而我以往一貫使用「中國思想」這個專有名詞——當然是一個較籠統而又無特徵的名詞。

其三，關於孔子思想的淵源，即「中國思想」的創樹及組成問題。您認為保存了不少原始氏族文化中的民主性、人民性的東西，當然我不會反對，因為我亦做過這方面的研究，但我還以

3　這是給李澤厚先生信的草稿，應與正式信件有差別，時間約在1982年秋。

為，它直接導源的應該是周公思想，是對周公思想的發展與創新。因之，我更以為，所謂「中國思想」，實地裡就是周公、孔子思想加其他與之有關的思想之和。具體說，孔子對周公的「德政」、禮治、宗法制的思想理論和政治模式的發展是：a.仁，b.宗法，c.禮法，d.中庸。a、d是孔子的創新思想（一是概念的新，二是作用的新——把外在的強制規範變成了內在的生活理念，把他物的支配變成了自覺的人性。「中庸」思想也應當從人性理性的角度加以研究）；b是被擴充了的，西周宗法制中的親親、尊尊、賢賢、貴賤有差的內容，被孔子從宗周內部用孝、信、忠、悌擴充到了「天下」，且亦變成了人性和自覺生活理念的東西；c被孔子保留了，但在理論上，他的研究達到了很高的地步。

其四，關於社會形態的劃分問題。我基本上贊成西周「封建說」（詳見拙文《試論周公的社會作用》——一篇半成品的論文），不然，周公、孔子之為中國思想，及中國思想之為正統中國思想的歷史事實斷不能被人理解。當然還有別的原因、理由。

其五，關於「禮」。我是直接把禮（周禮）作為一種法律範疇來看待的（詳見拙文《禮論》，即將刊於本院（西南政法學院）的《學生學年論文集》），它源自原始社會很早的時候（如果認為是新舊石器之交替時期的話，也是說得過去的），成立於周公，是西周社會規範的總和。孔子一生為禮而奔波勞累，力圖保留它，使它成為道德規範的範疇（主要見跡於修訂的《春秋》），因之，在孔子那裡，禮變成了與其體系的核心「仁」並列的社會、政治理論的中心概念。孔子借助的衹是工具的「禮」，而非是要復辟西周的社會制度。禮，的確具有保守性的一面，故孔子後，它成了中國封建社會政治統治理論的母體，即使如此，也不能一味認為它是反動的。

其六，關於「仁」。「仁」是孔子思想中的思想範疇，而非政治法律的核心，其內容相當駁雜，天地、天人，無所不涉

（如您所述），但主要的應該被認為是一種希冀於未來的道德準則，而不應該主要是匡範現實社會的道德準則。因之，您的關於仁的四要素說，我表示理解，但，關於仁的涵義，我則認為，所謂仁，是一種精神，一種從孔子時代指向未來的精神，一種最高的意境，一種在現實生活中祗有少數「君子」在社會事件、日常生活中保有的優良風格、優良品性，一種在不曾出現過的「大同世界」中人人具有的普遍精神，一種最高的道德準則，一種在哲學上屬於存之於大腦，將見之於行為的理性觀念，一種自養於內心而反映到客觀世界中來的內在理念，是具有內在力量和自覺力量的人性嚮往。所以，它既不為禮服務，更不把禮當做目的，相反，同禮一樣——祗是範疇不同——都是為良好的政治統治這個根本目的服務的。

　　其七，關於孔子思想的特點。有關仁的整體特徵，您提出了「實踐理性」的命題，我是極能同意的，不過，我仍然如從前一樣認為，孔子思想實質上具有兩個最大最根本的特徵：一是其思想理論的矛盾性，二是其實踐理性（或實用性）。關於一，也就是您文章中引用的黑格爾的「二律背反」的定義，我很能同意您在這個引用以後的全部結論。為此，我曾花了很大氣力，並請王充幫忙來論證孔子思想的這一特徵。具體說，孔子思想中有這樣一些主要表現：孔子沒有建立起哲學理論體系，但有很準確的哲學概念及運用（一切為政治服務，一切為政治中的人統治人服務，於是，他的思想體系幾乎是無所不包的，這是孔子思想所以具有矛盾特質的根本原因）；他既認為上帝具有人格的意志，又把天看成是自然的東西；既重祭祀，又懷疑鬼神；既相信命，又提倡勤苦發憤；他的思想既是中國封建社會能夠長期維繫的理論根據，又可以為被統治階級假為爭取生存鬥爭的理由；他既代表了歷史發展的方向，又具有阻礙社會歷史進步的表現；既有一定限度的人民性、民主性，又更多的是人民頭上的精神枷鎖；既重

人事、愛人，又愚民、視人為小人；他既主張社會不斷進步發展——小治、大一統、小康、大同，又非常樂意使用陳舊的西周禮治、宗法制、德政的統治方法；既主張「法律則人」的人類意志至上的立法原則，又不排斥刑罰從自然的自然法律觀；既提倡人的人性，以反對人成為自然的奴隸，又主張人要聽命於天，人統治人、壓迫人……凡此種種，無一不說明孔子思想的這一主要特徵。進一步地說，這個特徵集中表現在理論上就是孔子的「中庸」思想。中庸思想具有人性意識和體系特徵的二重意義。

關於第二個特徵，您歸結為「實踐理性」，我表示折服。同時，這個特徵還應當被認為是「中國思想」的根本特徵之一。不過，這個特徵的形成原因，我是這樣看的：孔子思想所以具有第一個特徵，是與他的最高目的緊密相關的，如上所述，建立一個良好的政治統治——大同世界、聖人政治——而非復辟西周的政治統治制度，是孔子的最大目的，這個目的中的核心是人統治人。為此，孔老先生根據道德原則而非物質標準提出的階級劃分理論，即依照仁的標準把人劃分為「君子」、「小人」兩大階級，進而，他認為，君子階級應該是統治人的人，而小人階級應該是被統治的人。前者不一定是富豪、貴族，後者也可以有國君、大夫。他更進一步認為，祇有這樣的社會政治，才稱得上最好的政治。然，又依照孔子的社會發展階段理論，在這個良好的政治社會出現前，社會現狀也是應該維持的，所以，他的「實踐理性」的特徵既有利於現實，又有利於未來。可以說，對一切自然主義和無政府主義者來說，他是社會積極向上的代表。

即便這樣，我們也不能因此而認為，孔子有想建立一個什麼知識體系的自覺傾向。因為孔子思想所具有的這兩個特徵，正說明他的實用動機，他需要反映的是一切封建統治者的利益要求，是如何符合中國的國情，是確立社會構成和運動的規範原則，而

非是知識體系的完美。所以它能同化其他思想，戰勝它的對立面，最終成為中國封建社會乃至於今的仍有影響的正統思想。您在文章中歸結的「四要素」之間彼此牽制、作用、互相均衡、自我調節和自我發展，並具有某種封閉性，經常排斥外在的干擾和破壞的情況，您提及的孔子進則建功立業，退則著書立說的史實，都充分說明了孔子是政治上的高級專家。他的成功在於，（通過由之的方式）他把他的人性、人格、思想沁潤給了中華民族和中國人。

　　其八，關於周公、孔子思想之一脈相承的問題。如上所述，二人之思想如能被稱為「中國思想」，則特徵二是一脈相承的根本所在。西周社會的建立經歷了一個思想、理論上的「變」、「簡變」、「不變」的過程（詳見《周易》，我想另著文論述），為了達到「不變」的目的，周公確立了德政、禮治、宗法制的思想理論（意識形態和政治體制），但，周公的理論和體制隨著時代的推移，暴露出了它的缺陷——多是外在強制的理性，孔子在繼承周公思想的時候，刻意注意並且補充了這個不足。於是，他創新和發展仁、宗法（孝、悌、忠、信）、禮法、中庸的理論，完成了外部強制理性與內在自覺理性的結合，即人性與物性的結合。這在哲學史上有何等的劃時代意義，在中國政治思想史上也是絕無僅有的。但，正如中國古代（就算從孔子開始吧）從來不把哲學當做知識的科學，而祇是把它當做實用（道德與政治所需）的工具一樣，我進一步認為，您關於仁的「四要素假說」結構，在性質上應當認為是孔子國家政治理論的組成結構。

　　其九，關於孔子思想的弱點和長處。您的全部論述，我是極能表示贊同的。這是因為您抓住了孔子思想中「實踐理性」和由外而內的理性的轉化，及人性和政治相結合的主要綱繩。老實說，我雖然在幾年後的今天差不多也走到了這個邊緣，但，您在

幾年前的精闢表述不能不使我肯首稱讚，可說，不因我有一些不同看法而有減損。

其十，關於孔子的結論。我認為，孔子的人格和思想的偉大是不能否認的——雖然我們的探討主要地限於政治、法律的範圍內——這個思想不但適合中國的國情，而且在周公的基礎上進而規定了中國社會的發展道路、方向，還有如您所述的別的長處。然而，有這樣一點我一輩子也要堅持，這就是，即便在當時的條件下，孔子思想也不應該成為中國的指導思想。因為一當它成為了這樣的指導思想，它便必然會具出和造成這樣那樣多的短處，並影響後來的中國社會。凡最合現實的思想都不應成為指導思想，可歎的是，人類不能掙脫這樣的宿命，我們祇能在最合現實的思想指導下生存。正是在「中國思想」的統治下，中國社會保障了自身的發展，以致大異於西方，走出了自己的道路——落後了。這就是我的批判的立足點。

其十一，關於孔子的研究動機。我一開始走的路是研究中國法律思想史，但後來覺得範圍太窄，並慢慢對中國為什麼走這樣一條歷史道路的問題產生了興趣。經過一段時間後，我很自然地把周公、孔子連在一起研究，結果發現，這個連接可以成立。這樣，我便把探討中國歷史發展的原因和規律當做了主攻課題。其中，周公、孔子的研究必須第一步解決。這即是我研究行為的起因。一開始，我遵循傳統方法，後來發現此法不妙，便轉過來求助於西方哲學（我這方面的基礎較差）的方法，嘗試的部份結果如上述，殊不知讀了您的文章，大為悔恨，亦產生了新希望。

此外，關於宗教的問題，您在文章中有幾段專論，我視為師言。過去，在探討中國為什麼會走出這樣一條歷史發展道路的問題時，我注意到了這個問題，是從意識起源的角度來注意的，結果我把它列為了「為什麼」的「第二環節」原因之一種。說明

一下，我說的「第一環節」原因是指古老中國穩定的農業生產方式，「第二環節」原因是指意識形態的性質。概要地說，我以為，在中國，「第一環節」的原因所起的作用不如「第二環節」的原因大。不過，這方面的考慮還不成熟，有待進一步深入，這裡就不多說了。

　　李先生，您我素不相識，祇是我對您景仰已久，每聞其名，不覺敬意頓起。今特冒昧稟告鸚鵡之言、黑諸葛之計，但求師生之願，望不被見笑。倘能不辱教訓，定當摩為師表，加額再拜。

　　敬祝安康！

後學：江山◎

3.楊老師[4]：

前不久的一天晚上，您問起我畢業後的去向問題。正如當時我沒有給您明確的答覆一樣，說實在話，這個問題我思考得很久，但一直不能形成明確答案。我所以不能明確地回答您，也沒有自求得明確的答案，因為我對這個問題的具體過程是無能為力的。但是，如果先拋開這一點，我把我對自己今後的設計較完整地告訴您，我想，問題就會較明顯了，最少，您知道我在想什麼，您知道怎樣指導我去走我的路。

自我設計，本來是屬於自我的問題，在設計變成現實和結果以前，是不應該告訴別人的。然而，由於我有幸在這4年的大學生活中認識了您——一個這樣的您，並且我們之間形成了這樣的一種師生關係，感情就不許可我繼續對您保密，相反，認真、嚴肅、系統、完整地稟告於您，並求得您對問題的決定，對我來說，就成為必須的了。

還是從我上大學的動力因說起吧。您知道，我是農民出身。一個從7歲就在田畈上勞動(其實開始掙工分可上推到4歲)，飽嘗了烈日、風雨、冰寒、勞作之苦，直到上大學之前從未脫離過那艱苦的農業勞動的我；一個因為勞動的折磨而釀成了終身疾病的我；一個看慣了、看夠了父老兄弟、姊妹鄉親的饑寒、貧苦、奴性、愚蠢、無知、自私、目光短淺的我；一個8億農民中可以稱為強壯勞動力的我……的生活經歷，迫使我從18歲以前的對農村的嫌棄、厭惡，轉而為18歲以後的對農民的思考——如何拯救中國的農民！

問題的認識，是我行為的開端，我的行為從此便納入了這個範疇中來。我開始尋求途徑，並從那時開始，向馬克思主義求

4　此乃大學畢業前寫給楊景凡老師的信，原信有一標題：《思想彙報提綱或我的「自我設計」提綱》。

教。但我更多地發現，我的知識是可憐的——除了種田以外，其他職業能勝任否，我持懷疑態度。這使得我必須正確對待自己：我的能力與願望之間的巨大鴻溝。我需要學習、深造，我需要高等教育(雖然這個想法從童年時代就有，但不如當時那樣自覺)。但是，那個年代告訴我：我必須等待。

我真的等待著。為此，我曾毫不猶豫地放棄了兩次招工、招商的機會——那確實是把被卷都打好了的機會——我心中卻有無限快慰。我想，我的願望現在更接近現實了。

現在，我必須簡略地敘述一下中國農民的現狀。

中國的農民是一個有8億基數的群體，如果再加上那些和農民有血緣關係的商人、士兵、知識份子、工人的成份，這個基數還會膨脹。吃飯、穿衣、住房、用錢、婚嫁等問題是農民們最為敏感的基本問題，也是農民們勤勞苦做之要求所在。雖然我們現在正在著手解決這些問題，但為期還相當遙遠。可以說這是一個物質意義的包袱，任何一個執政者都必須優先考慮，解決與否，是目前階段衡量政績好壞的標準(解決好壞與否是衡量政績大小的標準)。它告訴人們一個事實，8億農民中，最少有一大部份人終年處在無葷、少葷、吃半飽……的景狀中。這就是說，即使其餘2億多人全部過著天堂式的生活，那無異是說，我們今天的社會，仍然是一個因物質生活的巨大差異而形成的少數人與多數人分離的階級對抗的社會。這是其一。

其二、中國農民的品質。

1、知識狀況。中國第三次人口普查結果表明，10億多人口中文盲約有2億3500多萬人(這個數字的基本成份是在農村)。這是一個大於全國總人口五分之一的數字。如果包括12歲以下的兒童，這個基數會加大到總人口的2/5強。如果我們再考慮另外3/5的話，也祇能作這樣的解釋：具有大學文化程度和大學肄業文化

程度的人是601萬多人，具有高中文化程度的是6600多萬人，具有初中文化程度的是1億7800多萬人，這三個數字的總和，也不過2億5000萬人左右。這中間必須還看到，所謂高中、初中文化程度，實際上是包括前幾年生產大隊自辦的高中、初中班畢業的大部份不合格的初、高中畢業生在內的稱謂。值得人們重視的是，我們現在的許多作法——下向因果關係和自身因果關係的作法——使得我國農民的文化知識的程度不是在提高而是在降低。

A.學校的急劇壓縮。據一個縣的不完全統計，高中一級的學校由前幾年的一百多所(班)減少到目前的6所，初中由幾百所(班)，減少到現在的不到80所，小學的數字的減少也是驚人的(我不是說前幾年的做法就完全正確)。加上辦重點學校、重點班，追求昇學率及教師品質的低劣等因素，實際上這個可憐數量的教育水準，也是可想見的。而且在真正的農村戶口中，在校高中生的比例為農村總人口的1.2‰要弱，也就是說一千個農民中，祇有一個多一點的子弟在享受高中教育的權利。這是下向因果關係的結果。

B.農民子弟自幼失學的狀況嚴重。在廣大的鄉村中，7～17歲的兒童、青少年，很多被排除在學校大門之外，有的雖進過學校大門，但處於實際上文盲或半文盲狀態的數量是已掃盲人數的好幾乃至幾十倍。對此，我曾經廣泛地尋問了這些孩子本人及他們的家長，回答較一致的是，腦袋太笨，讀不進，沒有辦法。回答較普遍的是，反正家中需要勞動力，幹活也可以，讀書沒有用。有相當部份的人回答家庭困難，無錢供養等等。以致許多不滿10歲的兒童便要如同我的童年一樣，開始田間體力勞動或放蕩無羈地遊玩。也有一部份回答，學校教師水準差，教不好孩子，等等。這些屬於自身的因果關係。這裡，我不想對上列事實進行批判。

這個現狀迫使我們去尋找原因，即自身因果關係類中的其他原因。其中這樣兩條十分引人注意：A.落後、愚笨的智力的惡性循環。每一個接觸過在讀或不在讀的兒童或青少年的人，很容易產生這樣的看法，他們中的許多人是極不聰明的，特別表現在求知方面。如果我們不否認事實，除了教學設備、教學方法以外，勢必會看到遺傳、環境等等影響的惡性循環。它說明盡快清除這些遺傳影響的基礎，對於我們的下一代是多麼地刻不容緩。

B.目前國家經濟改革、生產方式變化的影響。包產到戶、聯產計酬的生產方式，使得目光短淺的農民家長中的許多人以為，多生多育，從小培養孩子勤勞的品質及勞動的本領，足可以發家致富。於是，罷學、剝奪孩子們讀書權利的風氣大為上昇，也因而廣延了這種可怕的局面。值得擔憂的是，老一代的文盲，因已接近成為無機物，是可以原諒的，而正在造就的，並且還將繼續造就下去的新文盲的社會條件、社會反逆運動的潮流，正在這樣地危害著我們的社會。

2、精神狀況。知識構成的低劣，毫無疑義地支配著農民們的精神現狀，而且這種可怕的現狀正在蓬勃生長，表現出了不可逆性。歷史上，四大繩索曾是中國農民的政治桎梏，同時又是農民們的精神依靠、支柱、拜物對象。現實呢，值得人們憂慮的不是四條繩索對農民們的束縛(有一些變態當別論)，而是作為傳統精神意識拜物對象的摧毀。在廣大的農民不懂得信仰馬列主義、共產主義的實際前提下，大腦區間的空白，特別年輕一代甚之又甚，便成為了可怕的事實(這種情況也是中國其他階層的現狀)：沒有任何精神依靠和束縛，意味著空虛、放任、無聊、簡單、粗魯、膚淺、無知、惡性……等等意識的生長。於是，作為反映意識、表現精神的諸種行為，如偷竊、迷信、鬥毆、謾罵、自私等等，便自然相付了。這種連鎖反應帶來的後果是嚴酷的。

　　我是在上列基本現狀或國情的基礎上認識中國農民的(農民的長處這裡沒有必要敘述)。作為一個階級，我願意充當他們的代言人，為他們而盡力獻身。所以我認為，如果說我國本世紀20年代起的新民主主義革命運動的主要問題是農民問題的話，那麼，我同樣可以說，今天中國革命和建設的主要問題仍然是農民問題(這個想法，我至今還保留)。祗是我們不必採用毛澤東等一大批革命家們的那種形式罷了。或者說，我們不必去更換一個社會制度或推翻一個統治政權，而達到解決農民問題的目的。

　　8億農民的問題不解決，下列問題亦不能解決：①科學強國、技術興國。8億農民的半數文盲、半文盲和另外半數中的大部份的少知狀況，不是科學發展的基礎，也不是先進科學技術，生產工具使用的基礎，沒有文化基礎就沒有富強，同沒有科學便沒有富強國家，其理同一。②民主國家、法治國家。文化程度低的國家是不可能發生民主的，法律的基礎也要求人們必知其應有和應然。因此，民主在這個接近總人口半數是文盲和半文盲的國家裡，特別是在一個龐大的主體階層整體性地如此的國家裡，它祗能被提出來，祗能被設置出來，實際地實行起來是不可能的。因此，政府和集團完全可以對民主實行限制，國情也需要這種限制；因此，知識份子階層的民主主張和要求，也必須容許這種限制，並恪守這種限制；因此，對前兩年青年學生和文化界人士佈道的民主之風、之願望，我祗能冷視對待；因此，我完全有理由說，如果在知識階層中真正實現了廣泛民主的話，那將意味著，這個國家實質是將人群分為兩大階級：一個是充分享有民主權利和依法治國的少數特權階級，一個是根本不知道什麼是民主，根本不知道怎樣去享有民主權利，即不可能享有這種權利的多數人的受壓迫階級。上述這個道理，列寧曾用十幾個字作了概括：文盲充實的國家不可能建成社會主義。

　　這個思維過程當然不全是在上大學以前完成的，但那時我已有了不少認識和觀點。

　　值得慶幸的是，我終於根據自己的意願，上了大學(這裡沒有必要談我個人的命運)。幾年的學習生活，又使我認識到，從前的許多觀點，包括動力因都是片面的，有的甚至是錯誤的。例如，僅為拯救農民而發憤的生活目標就過於片面了。我把著眼點開始轉到以農民為基礎的中國和以人類為基礎的世界、國際社會。

　　我必須學習和熟知歷史，必須掌握歷史發展的規律和原因。本來，我完全可以讀歷史科學，但，因為上大學前受馬克思、列寧等人的影響太大，以為從法律入手是必經之路，於是我來到了這裡。可是我很快發現，實體法，幾乎沒有一種可以幫助我解決我提出的問題。同時，我對中國現狀的瞭解，仍然說明我需要從歷史那裡尋找根源、求得幫助。也就是說，我需要的是歷史知識以及作為思辨和體系的哲學知識。當然法律知識也是非常有用的。尋找捷徑是我在不能走正路的情況下的唯一出路——學習法律史。我的主意和我的行為很快使我在這方面有所收穫，而這種收穫，您已全部瞭解。

　　我曾經對您講過，我要研究中國為什麼會走出這樣一條歷史發展道路及其原因的專題。事實上，我在認識您以前它已經是我思維禮堂的坐上客了。我一開始就抓住周公和孔子不放的原因也就在這裡。這是說，我不是為研究歷史而研究歷史的，更不想把自己局限在法制史和法律思想史的小範圍內，雖然，對這些學科我必定達到嫻熟的地步。

　　順便提一句，俞榮根的碩士論文，我有不同看法，首先是他的體系，我不完全同意，而且他對孔子的法律思想的研究也是不完整的，方法也是可以改變的，其他還有些小問題就不談了。在

孔子問題上，如我已經向您彙報過的一樣，我決定另闢蹊徑，從頭做起。

　　對中國歷史這個專題的研究，甚至上溯到人類的遠古，是我其他全部問題的基礎。如果我不能在這個問題上成功的話，其他問題也很難想像。這是上大學以來確定的第一個目標。

　　第二個目標，解決法律的屬性問題。學習部門法，使我有了法律的普遍知識；學習了法理，使我開始對這些普遍知識抽象起來——法律在一個具體社會和一定的歷史階段中如此，那麼，在全人類始終的意義上，它又會是什麼性質的呢？

　　我一開始接受的觀念是，法律是統治階級意志的反映，我認為它是無可非議的。但抽象的結果，是我對這個命題有了疑問。首先它不能解決繼承性的問題，而繼承的事實又千百年地存在；其次是它不能解決人民性的問題，而全體人類又總是法律的主體或其被限制、懲罰的對象。於是我力圖在研究歷史的基礎上探清法律的起源，我也力圖在現實和未來研究的前提下，摸清法律的去向。我目前的觀點是，法律作為一種行為規範的總和，無論它以什麼形式出現，在人類歷史上它祇能有兩種類型：一種是反映普遍社會關係，本身不帶任何個人或集團意志的、規定全體人的、任何社會中都必須存在的行為規範，如原始社會的習慣、階級社會中的民法和刑法中的普遍規範、程序法中的一般規範、國際法、未來無階級社會中的實體規範等等。第二種是反映特定社會關係、本身帶有統治者的意志、沒有這種意志就不能發生、規定特定的主體、隨社會形態的變更而消失的規範，如階級社會以來的各種法律中的特殊規範。第一種規範是伴人類的生死而存亡的，它貫穿於人類社會的始終，第二種規範是伴私有制、階級的存亡而得失的，它是人類社會中的過客。

　　這個問題的解決有它的實在意義。①國際法必然走向實體規範。但這個必然性和現在的法學理論發生了尖銳的矛盾。②社會主義國家的法律是全體人民的意志的體現，階級已經消滅，但現行法理卻顛倒了這一點。所以，我必須做清道夫工作。但，我也必須不違反現實，不違反歷史，不違反馬克思主義的基本原理。

　　第三個目標，國際實體權力機構的發生及其組織結構形式；國際法走向實體性質。我提出這兩個問題並打算研究這兩個問題，是下列事實逼迫的。

　　（1）作為世界階級鬥爭的主體，無產階級和資產階級共同負擔人類社會的發展，已經有三百多年的歷史了，馬克思主義產生以後，一切迷布於這個發展中的各種疑團幾乎被全部解開了，而且這個理論還指明了人類社會發展的歸宿、兩個主體的命運、創造了社會主義的理論等等。我仍然堅持這一點，社會主義比資本主義優越，社會主義必然戰勝資本主義，人類社會必定向文明進步、發達的方向前進。

　　但是馬克思主義以後的歷史社會的發展變化，使得那些早已解決了的問題又重新成為問題擺在我們面前。例如，階級鬥爭必然經過暴力革命(或和平議會道路)達到無產階級專政，以至最後消滅階級和階級鬥爭，實現共產主義社會等等。歸納法的定理告訴我們，部份國家的實踐對這個理論的正確性的證明，不符合全稱肯定判斷的必要要件。現實已經不可能如設計的那樣——無論是暴力革命或和平議會的道路。這是由如下事實決定的。西方發達資本主義國家和工人階級的性質已經發生了很大的變化，資產階級政府的一系列經濟、政治政策，使無產階級的財富成份、知識文化成份都普遍提高了，慾望的不斷滿足，使得他們作為一個階級，其暴力革命的銳氣已經失去了。而相反，資產階級國家不斷

地改變對下層階級的各種政策，以便在一定程度上有利於下層階級，進而確保社會的安定、統治的鞏固，同時資產階級國家也對壟斷政治和經濟實行干預、限制，使得許多的矛盾得到了緩和。即是說，政府不但允許「無產階級」存在，而且還主動緩和了他們之間的矛盾，給了他們「過得好」的好處。故這種共存可能要在這種積極意義上要相持下去。但是，如果無產階級及其政黨想以一個階級的成分，用爭取選票的方式，在政府中占統治地位或把資產階級作為一個階級一下子推翻，這又為資產階級所不容許。

這些事實在今天的世界上日益明顯。但我們也應該認識，資產階級的反動本性並沒有完全放棄，在許多地方它還在發腐、發臭。

這是不是說無產階級或下層階級受壓迫、剝削的現狀或人類的不平等的現狀就沒有辦法改變呢?是不是說資本主義制度就沒有辦法廢除呢?我不這樣認為。我以為，人類的同化進步已經必然地需要我們從這個方面去思考問題。這也是由下列事實決定的。

（2）國際現狀

A.戰爭危機。本世紀，特別是近二十年來，世界軍備競賽愈演愈烈，軍費開支達到了十分驚人的地步。據聯合國今年元月透露，目前，世界軍費開支每分鐘是100萬美元，即每年以5000億美元的基數支出。聯合國裁軍中心負責人馬騰森還預計，到本世紀末，世界軍費開支將是現在的一倍，即每分鐘200萬美元。這種浩大的開支，造成了兩個嚴重後果：世界極度不安寧、人人自危、國國恐懼；驚人的物質資料被浪費，全人類的物質生活受到破壞。所以有人認為人類面臨著自我毀滅，但是這個嚴酷的現實卻沒有哪一個國家，哪一個階級能夠獨立解決。

B.世界經濟的嚴重現狀。北方經濟大國富庶，但資源缺乏，南方發展中國家貧窮，有的還極度貧窮，但資源豐富。其中，特

別是發展中國家的落後、貧困，使得全世界還有約5億3000萬人，即總人數的八分之一的人還在忍受著饑餓的痛苦，面臨著餓死的威脅，23%的發展中國家的人民營養不足(這些人口主要分佈在非洲、亞洲、拉丁美洲)。相反，一艘核潛艇的造價卻比非洲全年進口小麥總額的和還多出2億美元。這些矛盾、這些情況也不是哪一個國家、哪一個階級能獨立解決得了的。

C.全人類面臨其他的共同災難。除上述的戰爭和經濟危機以外，全人類最少在以下幾個方面面臨著巨大的威脅：環境危機(包括自然生態系統的破壞和衰弱、環境污染、文明病患等)；空間危機(即宇宙的不利於地球運動對地球人類的影響、宇宙間星球混戰的可能出現)；能源危機；自然資源危機；天災、恐怖主義危機……這些問題既是災難性的問題，又是科學本身的問題。然而，也不是哪一個國家、哪一個階級能獨立解決得了的問題。

D.全人類文化知識、智力開發的問題。如上所述，這個問題是人類進步、發展的基礎問題，也是科學的基礎問題。但是，目前的世界上文盲存在的數量已大大超出了8億。另一方面，許多科學問題不但一個科學家不能解決，就是一國的科學家也望洋興嘆。科學合作也成為了具體問題。但這些問題也仍然是一個國家、一個階級所不能獨立解決的。

E.人口增長問題。地球資源的有限性，決定全世界必須放慢人口增長速度或人口不能再增長。但世界性的計劃生育更不是一個國家、一個階級能獨立解決得了的問題。

上列主要國際現狀(其他還如勞動就業問題、經濟危機、生產交換、消費、流通的社會化、國際化等等)無一不在說明這個中心：人類日趨需要同一，而且相當緊迫。這個緊迫表明，人類不再是觀望和思考，而應該是行動的時候了。這個世紀出現的兩件大事，充分地證明了這一點：聯合國的成立；南北會談(坎昆會議)

及「新德里磋商」(南南會議)的開始。

　　馬克思主義的著名原理是,社會存在決定社會意識,經濟基礎決定上層建築。當代國際社會的狀況衍生出了我所力圖說明的必然性——統一的、具有實體意義的、取代目前聯合國地位的國際權力機構必將發生;統一的、具有實體意義的、取代目前國際法原則的國際法律規範必將發生。

　　這裡必須著重說明的是,社會主義國民在這個同化進步、一體統一中的作用。它一方面必須防止內部的異化,另一方面它必須堅持世界進步的發展方向,並促成加速這種進步和統一,為最終消滅資本主義社會制度,爭取全人類的解放而鬥爭,為反對並消滅野蠻、不文明、落後、倒退、戰爭、饑餓、災難、無知、文盲、不發達、外來威脅、壓迫、剝削而鬥爭。

　　有了這種實體性質的國際權力機構和法律規範,其組成形式和實施方法也必然成為問題,但它是具體問題,不具備多少理論意義。西德前總理維利·勃蘭特曾於1980年2月向聯合國提交了一份題為《北方與南方:爭取生存的綱領》的報告,主要從經濟學的角度,對這個具體問題提出了若干設想和設計,有的應該受到人們的重視。

　　第四個目標,有沒有統一的、全人類共同的意識形態的問題。說到底,即是有否一個全人類共同的哲學體系問題。這個問題我目前還不敢結論,原因是我對它還很膽小。這個問題的解決,取決於現實的定在性是其一,其二還取決於解決者本身的知識、才能。我想過這方面的問題,特別是研究了波普爾的「世界1,2,3」的理論以後,我自覺有了一些觀念,似乎覺得這個問題可以成立。最少我可以首先駁倒以階級屬性來劃分哲學派別的不認真、不科學、不客觀的作法。進而我覺得,全人類統一的哲學體系也必然會出現。

　　第五個目標，為建成科學、富強、民主、法治的中國，而推進馬克思主義理論的發展。這是一個又要回到國內來的現實問題。它要求我們必須從理論上說明怎樣建設中國、怎樣改革中國。當前，我國實行的一套經濟政策，雖然有積極意義的方面，特別是促進了經濟的發展，但另一方面，它又造成了這樣的幾個後果：一是經過幾十年的努力而批判和拋棄了的封建傳統思想、觀念、意識又大量地回到了人們的頭腦中。例如，反動有害的迷信思想，宗族、房頭、親姻觀念，自私自利、分散主義、自給自足的意識。這些東西在農民中表現得尤為快速、突出。那些本來可以大量地隨老一代人死去而消散的農民意識(即中國封建思想)一下子大量地、突發地傳給了才是兒童的一代。它已經無情地告訴了人們，消除這些東西又得經過幾十年的艱苦努力。這實際上無異於一種意識形態方面的倒退。農民在狹小的圈子裡總祇能養成不良的習慣。二是在這樣思想基礎上的經濟和政治建設是一種極為困難的，或在今天世界上是一種不可能的建設。三是工業、商業特別是大工業、大商業出現了與農業日益分離的趨向，大農業生產方式也沒有生存的市場。四是與社會進步發展相適應的集體主義思想、他人利益為重的思想、政治信仰的要求等都相應地減損了。

　　這是國情問題，說到底，主要還是個農民問題。因此，我認為，中國的關鍵問題還是農民問題。誰不認識這個問題，誰就不能改革中國、建設中國，誰就要失敗，誰就不能成為中國人的脊梁。8億農民的沉重包袱，必須使每一個改革者或準備改革者認真思考和對待這個問題。也正是在這個基點上，我表示對政府目前的許多做法的體諒，但這決不等於我在理論上已經同意了這樣做。我相信這樣做不會長久的。祇有認清了這一嚴重現實，我們才有改革和建設的理論基礎，才能設計我們的改革、我們的建

設，才能決定我們的行為，特別是我們每一個有知識的人應該做什麼，而這一切又必須以正確的理論作指導。

總括全部：我要做的工作祇能是兩個方面：一是我要幫助人們認清中國的國情(歷史情況、現實情況)，認清世界現狀；二是我必須為中國的真正改革和全人類的變革作理論準備。這個認識和這個準備不受馬克思主義的模式限制，但我也不背離馬克思主義的科學原理。如果有可能的話，我還可以有一些實際的社會活動，諸如改革高等教育現狀，晚年創辦私立大學的設想等等。

上面，花了1萬多字，簡略地說明了我的所謂「自我設計」。實際上，有很多問題的認識和思考都非常粗糙片面，有的可能是完全錯誤的。好在我把這一切祇是告訴了您。在您面前，我並不怕有什麼錯誤，我祇害怕我不能經常地爆發新的思想。

既然是自我設計，當然就已經成為了我的事業，成了我的人身權利。在和事業比較的時候，我本身始終是微不足道的，無論我的肉體或慾望，還是意識等都必須服從這個事業。比如，如果我現在真的有了愛情或正在追求愛的話，雖然我主觀上一貫認為愛是不能沒有的，但，這種愛祇要她有礙於這個事業，或和事業形成了矛盾，那麼，我會果斷地作出僅僅是前者，即事業的選擇。這裡頭沒有什麼自私自利，也沒有什麼值得顧及。它是基於這樣一種理論而成立的：事業應當是兩個人的——這種特定的兩個人祇能是以恩愛為基礎的夫妻——如果其中有一個人不理解這個事業，或者蓄意破壞、阻撓這個事業，那麼他們之間也就無所謂愛和情了，因為事業已不再是共同的。既然如此，那麼，不能令人容忍的事實也必然要發生。所以我時刻準備著，如果犧牲可以換取這個事業的話，我可以獻出一切。物質的內容對我來說，是無所謂。出名、成功、地位、享受、權力等等之類，我從來不作為行為的客體。作為目標和目的的祇是對人類有用。我曾經分

別取了三個古人的各一部份合成了一個偶像，這三個人是，司馬遷、越王勾踐、藺相如。這個經擇優而組合的偶像確實對我有很大作用。同時，我身邊同我有各種關係的其他人，也可能因為同樣原因而要付出相當的代價和犧牲，如同我的家庭、親友，也如同您都曾付出了極大的犧牲一樣。

現在應該回到開頭提出的問題——我畢業後的去向問題——上來。我記得我一再向您強調過這樣一句話：祇要有利於事業，哪裡工作都無所謂。這並非是搪塞之言，亦非是豪言壯語。為了更有利於事業，對我的父母親，我曾設想了一個的安置方法。我曾請您幫助解決我姐夫、姐姐的工作調動問題，有一個很重要的理由就是，如果他們能進中南政法學院的話，那麼我的雙親就可以在他們身邊安渡晚年。這當然是以他們的犧牲(包括雙親)為前提的，而且他們可以容忍我這樣做。這也是一個需要我處理好小孝與大忠的關係問題：大忠之下，小孝必冤。但我也必須如已往一直向您說過的一樣並繼續保留這個觀點：重慶並非是很理想的地方。由於您的作用使得我可以暫時生活，但我必不能終身生活，除非我同您一同離開這個世界。

事實告訴我，工作地點選擇，並非服從我的主觀意願，我便祇好將上面這些所謂的自我設計告訴您，請您權衡——如果您認為錯誤的話，那當然可以取消——以便更有利於我的事業，支配我的行為。

一說就沒完沒了。本來可以和您面談的問題，但深恐交談時的零碎不全，或表達上的不便，我祇好動筆寫一下，以便您能知道您面前這個學生在想什麼，以便您有根有據地掌握基本情況。

就說這些吧，有些問題還需要口頭補充，我請求您的決定。

　　　　　　　　　　　　　　　　　學生：江山　敬上

　　　　　　　　　　　　　　　一九八二年十一月十四日◎

4.稟吾師亞明先生[5]：

祈安！自聞先生辭去南京大學校長職務，致力於中國社會歷史發展規律之研究的消息以來，學生常引頸東望，祈求有日能拜學泰斗，聆聽金玉之言；亦（或許立意尚早）幻想盡鼎力之功，學步於後，尋求中國社會歷史發展之規律與原因，以鑒鏡於我社會主義之中國的今天及未來。

今先生果然以精湛之論（我於今日讀《光明日報》所刊您的大作《對孔子進行再研究和再評估》），束學界之目，唯您首是瞻。更飽我眼目，引我思維，激我小志，我為之激動、振奮。

中國之大，歷史之久，演進之宏微，無國能比，早是舉世盡知的事實，然則，論其原因、規律，實不能認為是已經果然之事。自「五四」以來，雖多有論述，而誠信者無幾。此外，中國今後——應該在馬克思主義、毛澤東思想的基本原則和方向的前提下——有什麼樣的具體歷史發展趨勢、過程？建設成什麼樣的國家？我們應該有什麼樣的意識形態和精神風貌？我們在這個發展之中應該盡什麼力量？負什麼責任？等等，這些都必須從歷史中去尋求答案和幫助。可以說，這些是學子學史的最初動機。

為此，我把著眼點首先放在了中國社會變化之最劇烈時代，西周-秦漢時代。我認為，用馬克思主義關於生產力決定生產關係、經濟基礎決定上層建築的基本原理去硬套中國歷史，或許不能得出破天荒的結論（我並不否認這個基本原理的本質作用），相反，如果以此為基礎，我們花較大的精力去研究中國古代上層建築中的意識形態的產生、發展的環境、條件、內容、作用等，我們的結論或許要好些、正確些。於是，我把重點放在了周公、孔子身上，即放在「中國思想」（周公孔子思想）的起源和形成上。

5　這是給南京大學匡亞明先生信的草稿，時間約在1982年底。此草稿與正式信可能有差異。後面的三信亦是稍後給匡先生的。

　　首先，我學習了西周史，主要是較系統地探究周公的社會作用，得出了兩個結論：第一，西周是封建社會；第二，周公是中國封建統治思想（簡稱「中國思想」）的首創人。

　　其二，我亦探討了史前時期的人類歷史，特別是意識和宗教產生的原因、條件等，得出了中國因為不能產生大宗教（即現代宗教）思想——推動歷史社會前進的最激進、強有力的意識力量（包括其不能產生的原因）——因而必然祗能受具有較穩定、集中與專制、自尊排外性較濃的中國思想統治。這個思想產生的基礎是古老中國穩定的農業生產方式和獨特的地理環境。所以，中國社會在一個相當長的時期內，祗能受這個思想支配而顯示出較有規律性地前進的趨勢。即，這個思想意識在我國社會歷史發展中起了根本作用。

　　其三，孔子的歷史作用（我主要是從政治和法律的角度看）。值得慶幸的是，我在過去曾提出的一些淺見竟步了您的後塵，如，您在文章開頭的兩條研究歷史人物的原則規定；您在文章的第一部份中關於孔子的三條結論；關於孔子研究的資料來源；關於大同思想和仁的觀念，及關於黑格爾和孔夫子對比的評價，等等。

　　我的主要看法是，孔子是一位政治上進步的政治家，他的思想是在繼承並發展周公思想的基礎上形成體系的，是中國古代諸種思想中的排頭思想；孔子的階級觀是以「仁」為標準的「君子」、「小人」階級觀；孔子的社會發展觀和國家理論主要是，「小治國家」、「大一統國家」、「小康社會」、「大同世界」，與之相適應的是「能人政治」、「賢人政治」、「仁人政治」、「聖人政治」；這些政治宏圖和規劃其理論源自「三代」，目的是為了改造社會，志在未來（具有黑格爾的絕對精神和最高類型國家的政治意義，不過，這兩種形式相似的思想其本

質差異是明顯的，但同樣偉大），是中國古代空想思想和理論的
最早來源；孔子政治理論的核心和根本是「治」，「治」的根本
和唯一形式是「人治」（少數人統治多數人），與此相關的是德
治、禮制、仁政，孔子對當世的王權、（「家天下」的）「王
道」都予以了否定，他尋求的是良好的能、賢、仁、聖的「人
治」；孔子政治理論的另一個重要內容是孝，等等。可以說，孔
子的政治理論源自西周的宗法制和禮治、德政，卻又有發展與區
別，其中，倫理性是它們所共的。

　　如同周公一樣，孔子還有濃厚的法律——禮法——思想（禮
為周公的首創），或倫理法思想。其主旨是，理性規範至上，懲
辦性規範從屬；主張政法不分，法從於政；民刑不分；王法至
上，崇古薄今，等等。這些思想與其政治思想極為吻合。這些思
想的具體概念有：德主刑輔、先禮後刑、正名、孝悌忠信、華夏
正統、宗法、君治愚民，等等。他還十分強調音樂、教化與犯罪
的關係，並在此基礎上提出了預防犯罪的理論。立法上，他強調
人（古人、聖賢、死人、少數人）的意志，但在刑罰上他崇尚自
然。總之，孔子的法律思想具有極大的現實性、倫理性，亦具有
保守性、矛盾性。這些思想主要包含在《論語》、《禮記》、
《周易》、《春秋》及《孔子世家》等著作中。

　　此外，我還認為，孔子思想具有極明顯的矛盾特徵。在他那
裡，沒有哲學體系可尋，但哲學已經成為了他的工具；孔子思想
體系的核心是仁，而仁祇是一種精神，一種從孔子時代指向未來
的精神，一種最高的意境、觀念和道德原則，是一種理性哲學的
反映，是一種在當時社會祇有極少數人才能做到，而在未來社會
（大同世界）中人人必須而且也能夠做到的準則（這一切都在封
建的前提之下）；「愛人」具有階級性（等差），等等。

　　所以我以為，孔子是偉大的，但又是矛盾的；孔子思想是豐富、進步的，適合中國的國情，但非應為中國社會的指南思想（即使在兩千多年前）；孔子的功績是僅見的，但他給中國造成的後果也是僅見的。因故，對他既要肯定，又要批判，而且必須把他和周公連在一起。

　　以上這些看法，學子已將其主要的內容寫在並將寫在《試論周公的社會作用》、《孔子法哲學思想批判》、《〈春秋〉法律解》、《禮論》（上、下）等論文中（這些文章僅是學步之作，均未發表）。這些看法學子曾向本院楊景凡副教授、張紫葛教授，武漢大學哲學系的蕭萐父教授、唐明邦教授，以及其他一些同學、友人請教過（特別是楊景凡老師），但結果很不一致，有贊同、支持，有反對或保留意見的。現恕後生少有禮貌，亂言如上，求教於先生，懇請指教，以益我生平之願。

　　素聞學問艱辛，今欲涉臨其境，心有忐忑、慌張，故冒昧投書，叨擾先生，實為罪過，懇請先生寬恕。

後學：江 山 ◎

一九八三年

5.丁老師並轉匡老：

稽首請安！

承蒙賜書，不勝感激。前次冒昧妄舉，事後悔恨不已。匡老日理萬機，年歲又高，更兼身名聞世，而我則無憑汙人眼目，耗人時光，抱罪非淺。

自投書匡老以來，學子困於思索與閱讀之中，稍有心得，這裡略補一二，以救前過。

學生嘗讀《周易》，百思不解者，周人何以成全一部筮書？其目的動機是什麼？流覽前人高論，似乎並無目的動機可究，就事論事者不下千家（我並沒有看全）；當代學者雖從辯證法和歷史哲學的角度有不少創見，然亦不發目的動機之微。於是，我斗膽提出了一個假說：《周易》是一部以卜筮為其外觀、表象的，再現物質世界、人類社會淺顯的對立統一運動、變化規律，從而說明文武革命的合理性、現實性，具有「宣言」意義的古代經典著作，其志在社會變革。「潛龍勿用」、「龍在淵」、「龍在田」、「飛龍在天」（龍為周人的圖騰）是其證。

《周易》是周人的作品，非為一人之手著，大約文、姜、周公等人都有股份。《易》中暴露出來的「不變」思想，說明了這部書的跨度。周人的不變（「泰」、「中行」）思想，是西周政權確立後的意識要求，於是便有周公的「德政」、「禮治」、「宗法制」等政治理論、思想及其體制的問世。為此，我欲以《論〈周易〉的歷史地位》為題，來完成我的畢業論文。目前，我正在使用波普爾的證偽法來否證這個假說。如果不能否認，則我認為，我的假說可以成立，如果部份否認，則部份成立。這個問題的解決，可一舉解決下一個問題，孔子對周公思想的繼承問題。

如果上述受「中行」哲學思想支配（當然首先是社會存在物質的要求）建立的「三鼎足」的思想和政策可以確立的話，那

麼，甚是明瞭，孔子是從這四個方面創新發展了周公思想的：
a.仁的思想，b.中庸思想，c.禮法思想，d.宗法制思想。a、b是孔
子的創新思想。它們的意義在於，周公為了「不變」和「中行」
的目的所建立的，無論是思想方面，還是政策方面的上層建築的
東西，都是由外在強加給人們的，具有全體的強制性質。即，既
是強迫的政府，又是強迫的意識形態、道德倫理。顯然，時代的
發展，特別是人們開始有意識地擺脫上天的迷信、束縛的時候，
亦是人們開始掙脫這種露骨的強制政治的開始，同時也是社會大
動盪的開始（東周以後），宣告除了天子（其實他也是奴隸）以
外，其餘人全體是國王理性的奴隸時代的結束。

　　孔子的偉大在於，他是第一個發現這個「這種奴隸和這種
理性」之間的矛盾不可調和的人。他把「這種奴隸」從「這種
理性」中解放出來。即是說，他發現了「人」，他發現了「人
性」，並建立了理論。當然，這不是孔子否認了「國王的理性就
是全體國民的理性」這樣一個古老的命題，而是說，（１）他否認
了這個命題中的特殊命題——宗法周王的統治；（２）他找到了緩
和這種矛盾的理論和方法——從而更好地肯定了這個命題。

　　他以為，與其從外在去強迫別人服從你，毋寧讓別人自覺地
屈服於你。這便是孔子「仁」和「中庸」思想的全部動機目的。
這是比周公高明許多的地方。「仁」是全人類理性的共有物，是
全體人性的最高表現，是一種理性的準則。每個人都「仁」了，
一切強權政治、刑殺暴虐當然就不會存在，一切名不正、言不
順、子不孝、父不慈、弟不敬、兄不惠、友不信、犯禮越格的現
象、行為也不會存在，於是，世界就「大同」了，政治也就良好
了。這種由內心理性作用於外界，最終決定政治的遞變過程，絕
非僅是精神意義上的東西，它是思想意識對現實世界的強大能動
作用，其範疇和意義的總和，有波普爾「世界3」的價值。

孔子絕非是唯理論者，充分表現他的現實策略原則的東西很多，如「中庸」思想、「民本」思想、人道主義等等。「中庸」思想說到底，也是求助於內心理性標準的修養原則，是說，祇要互相忍讓、愛護，便能和睦共處，不致發生矛盾、糾紛，便可以出現社會的穩安久治局面。

孔子欲讓全體國人都發現自己的理性，並給人們這種權力，鼓勵用理性去匡範自己的行為，使每個具體的人都不越「禮」，由個人而家庭而國家，由國家而天下，最後統一於國君天子的大理性。這種由小而大，由個別到一般，由特殊到普遍的推演過程，就是孔子政治思想的奧秘所在。

c和d是孔子對周公思想發展部份的內容。孔子對禮治的發展，主要表現在對禮的理論上的闡述和性質的規定，以及預防犯罪理論的豐富。他維護禮，旨在借用工具，而非復辟。過錯在於不能棄舊圖新，其實是借舊圖新。《春秋》一書意在戒天下，而非求返周王朝。孔子對宗法制的發揮在於，他把宗周內部的宗法制變成了新時代的國家理論，由宗周及天下，把倫理變成了政理，把家庭拴在社會這架戰車上，把社會國家架設在家庭的基礎上，從而實現每個人都不能脫離社會，而社會亦離不開每個人的政治模式圖。這個發揮的意義亦不下於上述變強迫性為自在理性的意義。

當然，孔子的思想內容不限於這四個方面，我說的是主要的東西。這樣看來，孔子思想的特徵就非常明顯：①矛盾性（有人稱為「二律背反」），②實踐性或實用性（有人稱為實踐理性），③目的性。也因此而得知，孔子成功的地方是他把他的個性和思想強加給了中國人和中華民族，贏得了「民族性格」和「中國思想」的美譽。因為這個思想最適合中國的國情及需要，所以他能戰勝一切對立思想、意識，也能同化有關的思想意識。

　　我的彙報本可以完了，但有關歷史研究方法的問題，近日有所思索，未知妥否，乞正。

　　我隱約覺得，傳統方法似已成研究中國歷史學科的障礙。當代科學技術的發展，馬克思主義哲學面臨著挑戰，即是說，哲學的再次革命的時代已經到來了。我們不是要拋棄和修正馬克思主義哲學，而是要發展它。世界科學界已有人對現代科學的結構、世界的組成、科學方法、認識主體等哲學範疇，提出了許多新的觀點和命題，我認為，有許多東西具有生命力。科學的發展與進步，除了材料而外，依據的當然是方法的更新與新穎。此表明，哲學的這種變革，已對歷史學科的研究提出了新的要求和希望。我們如何把歷史學的研究同最新的科學方法結合起來呢？我不能求解。

　　……[6] ◎

6　信的草稿至此無下文，不知後面說了什麼。

6.匡老：

敬祝安康！

承蒙褒獎、關懷。您老不惜年高力邁，舉筆明引，不棄後學，學子十分感慨，更倍覺慚愧。量我之力，豈撼泰山！而您，尊敬的匡老，不辱專書指教，無愧德高望重。讀著您的信（連同前次沈道初同志的來信，我也一一拜讀），切受傳道、授業、解惑之德，切感時代的偉大、前輩的偉大、事業的偉大、黨的偉大。我雖草芥一株，且無真才實學，但我願捐身發憤，不負您的期望，為人類、為祖國、為事業盡斗屑之力。

尊敬的匡老，雖自幼以來，我就立志幹一番事業，但長期限於環境、條件、圖書資料、老師及閱歷的困乏，不能如願。上大學幾年來，情況發生了許多變化，始得埋頭書堆之中，偶有一點心得，不過是春蠶食桑莖之工。因之，拜讀您老的信，一是羞愧，二是難於從命。我不知怎樣來責怪自己，也不知現在怎樣才能使您稍得告慰。下面我具體談一下我的一點看法。

關於周公的問題，您的指教使我很是得益。確實，我在以往的研究中過於偏頗，那主要是因為我從社會形態的劃分上考慮過多，以及從中國意識史形成的時間方面考慮過多。當然，周公的材料太少，文獻是零碎不全的，有的還以偽充真，地下發掘的也有限，而且我也不能全部看到，因此，我持這種觀點有幾乎三分之一是建立在一種必然性上面的，而說明這種必然性的材料還沒有找到。我也看過幾篇有關周公研究的文章，不客氣地說，那幾乎都是一些知識小品。這個題目對我來說確有困難。但我亦覺得，孔子思想不能概括周公思想，雖然他們的本質是一樣的。周公、孔子有很大的差別，這種差別我已作了初步歸納。這又是一個很不好解決的問題。於是，我又想了一個「中國思想」來總括全部，然後在其中再做分別研究。我覺得這樣可能要好些，以免

我們的結論過死或過於簡單。我還以為，「中國思想」的本體是「集體主義」（這一點下面專談）。有了這根支柱，中國意識史、中國歷史之規律和原因等問題，我們亦可解決。當然，我也不同意用周公取代孔子，孔子畢竟比周公偉大。

　　關於歷史和現實的問題，您老的教誨我非常同意，一切為現實服務，這是一條恒定的真理，我致力於歷史學的目的，主要也在這裡。中國的現實、世界的現實都要由我們來研究、來實踐，可它們都離不開歷史的研究，然而，我們也不是地道的實用主義者，鑒於歷史學是一門專門性很強的學科，因之，故紙堆不僅要人鑽，而且要有專門的人去鑽。因此，我十分讚賞陳雲同志在這方面所作出的貢獻，十分感謝您們老一輩人在這方面所作出的貢獻，我也十分願意把這個事業繼承下去。

　　尊敬的匡老，我對歷史問題的注意已有六七年的時間了，但目前階段我確實很難拿出像樣的東西來。現在，我又面臨畢業的最後關頭，雖然我一貫對功課不以為然，但，諸多的事務使得我的業餘時間也很有限。此外，圖書資料也是我最頭疼的事。我自己雖然咬著牙，在負債累累的情況下買了一些書，卻相當可憐。我們這個學校的圖書館也在許多時候祇能叫我仰天長歎，30多萬冊書中，政治讀物、法律專著、文學作品等占了幾乎絕大部份，有許多方面的書籍資料祇能用零或接近於沒有來形容。此外，我是一個學生，雖然偶爾可以特殊一下，可學生終究還是學生啦，你在圖書館能有多少特權呢？其他方面就不用多講了。匡老，不是我喜歡叫苦，喜歡順利，懼怕困難，我是說，現在還不能馬上將我應該完成的習作全部敬獻給您老，以求斧削、指教。

　　這裡有一篇去年寫的關於周公的習作，本來被我放棄了，但為了讓您老有所瞭解，我先寄給您，乞予一顧。雖然它主要代表我過去的看法，不過有些東西（看法）我至今還保留著，真正的

意見以今後的研究為準。另有一篇《禮論》（上、下）的文章，目前我手頭連底稿也沒有，且一時也難於追還，容日後再奉獻。孔子的文章目前就不能奉獻了。

　　下面我談一下今後我的打算。

　　早先，我寫過的關於周公、孔子的兩篇文章（周公就是現在寄的這一篇），後來覺得非常不滿意，那不僅僅是文字上的問題，更重要的是體系和立論及觀點有問題。雖然有些老師和同學給予了一些讚譽，但我自己的不滿意驅使我主動放棄了。我在想，既然動手研究一個很重要的問題，必須要達到全部目的，最少要達到基本和主要的目的。可惜，這個目的在過去的文章中沒有達到。其主要原因除我本人的才能有限、閱讀太少以外，還有就是過分地關注了「部份問題」。後來，我讀了錢學森老先生關於科學技術結構的一篇論文，以及其他同志有關系統科學的論文，深受啟發，得知整體性與我的論證有十分重大的關係。因為我要尋求的問題是歷史問題，並且是歷史中的哲學史和意識史的問題，在中國這樣一個非常穩定的國家裡，連續性、一體性、不離異性的上層建築的形態和歷史發展規律、原因等，決定了我的研究的整體性。有一天晚上，將近零點的時候，我突然在床上想到並把以往想到的有關意見全部系統起來，決定推翻過去不成熟的一切，另開體系。

　　當時，我命了一個題目：《中國意識史之哲學批判——或關於中國歷史道路之規律、原因的一般論證》。雖然，那天晚上我沒有睡著，可從第二天開始我總算動筆製作起來了。

　　這一篇大模樣的論文共分六大論題，估計要出10萬字，顯然是一個有點近似於狂妄的設想。不過，我還是想早點求教於您，而不畏輕率之嫌。

第一題：《中國歷史規律的一般論證》。

第一分題：《關於一對矛盾的命題是怎樣成立的論證》。這一論題主要論證一個貫穿全文的核心觀點：集體主義意識是怎樣成立的，附帶說明自由主義意識又是怎樣成立的。作為一對矛盾（或二律背反）的命題，它們並存人類社會的始終，但，由於側重不同，迫使中國與西方形成了不同的歷史發展道路，並各有規律。其中，集體主義和自由主義都由我另下定義，不等同現在概念的意義。我以為，所謂（中國思想）或周公孔子思想就是以集體主義為本體的思想。其他如「大一統」、君主主義、宗法制、家族主義、大漢族主義或華夏正統等思想，都是中國集體主義思想的內容。當然還有更多的其他內容。這一分論題主要是辯證法的論證。

第二分題：《中國的一般歷史規律是怎樣成立的論證》。這一分題採用哲學論證和歷史論證相結合的方法，取材原始社會—漢朝（漢以後從略）。小標題有：「中國早期集體意識的發展情況」，「作為一種政治理論和哲學理論的結晶體的最高意識開始形成：集體意識轉為集體主義」，「以集體主義為本體的中國思想被確立起來，以及集體式自由主義和大集體主義、集體式自由主義之間鬥爭的歷史過程和新的大集體主義的重新實踐」。這一分題主要論證中國歷史的規律、中國意識史、中國集體主義的產生、發展、成立的情況，中國歷史規律形成的主要原因，春秋戰國特殊歷史形態存在的原因，周公孔子思想的差異所在，等等。

這一題，特別是第一分題是全文的總綱，估計約需4萬餘字完成。

第二題：《中國為什麼不產生宗教？》。這一題的主要目的有兩個，一是說明宗教、哲學對社會發展的制約、規定，及促

進、阻礙作用，而中國則沒有產生宗教；二是為中國的社會尋找到一個相對的社會，或一面鏡子，這個鏡子就是西方，特別是西方世界的母地地中海地區，以便說明自由主義和集體主義的相對性、差異性，並進而證明中國的集體主義和西方的自由主義的分別成立，說明宗教本質上是與集體主義誓不兩立，它是自由主義的產物。

這一題共有三個分題：第一分題：《宗教是怎樣產生的一般論證》，第二分題：《宗教是怎樣不產生的一般論證》，第三分題：《西方自由主義為什麼能夠成立，或者集體主義和自由主義相對立的比較論證》。本題以宗教為線索，分別從人種、種族、文化、地理、氣候、生產方式、民族性格、宗教、哲學、戰爭、藝術、政治、經濟、人口等方面，說明東西方的差異、對立。這一題比較重要，因它涉及的材料多、範圍廣，對全文的論證有影響。

第三題：《關於周公的論證》。這一題也有三個分題，一是周公基本思想的論證，二是西周禮（法）的論證（這一分題的內容由《禮論》改寫），三是《〈周易〉的論證》。從這以後的部份，由於還沒有來得及具體設計，故不能說得詳細。

第四題：《關於孔子的論證》。這一題的主要內容有：孔子思想與周公思想的聯繫，揭示集體主義是孔子思想的本體；孔子思想的最高峰或孔子道德律的最高準則——仁；孔子的現實主義法律觀——禮；孔子的倫理學核心——人（孝友忠信）；孔子心理學的核心——修身、養性、中庸之道，及音樂社會化理論；孔子的社會發展觀——小治、一統、小康、大同；孔子的政治觀——等級制、階級論；孔子的國家模式——家庭化國家及社會宗法化；孔子思想的特點——實踐理性、矛盾性、目的性。

　　三、四兩題的重點目的：1、中國集體主義的成立、內容、性質、作用；2、中國歷史為什麼僅祇是主要受一種意識的支配？3、周公孔子思想的聯繫，及為什麼「中國思想」——以集體主義為本體的思想——可以成立？

　　第五題：《中國自由主義的發展情況》。探討它為什麼不能占主導地位，主要涉及道家思想。

　　第六題：《中國集體主義的批判》。這一題主要說明中國集體主義的反動作用。可以說，原始意義上的集體主義在人類歷史的早期優於自由主義（這一點由中國的歷史比較西方的歷史可知），但後來，發展過程中的自由主義反而使社會進步快速，超過了集體主義意識支配下的社會，即是說，集體主義不改造就祇能使社會停滯、落後，這是一；二，集體主義在中國是怎樣被異化了的？或集體主義意識是這樣在中國變成了壓迫、奴役、統治的思想和工具的？三，真正的集體主義祇有在社會主義的條件下才有可能實現，並說明真正的集體主義是永遠發展著的，因為祇有真正的集體主義才能克服自由主義的根本缺陷，人類社會的發展進步是靠集體主義指導，而不是靠自由主義指導的，人類社會也必將出現世界集體主義的理論體系和世界集體（這一點有區別於共產主義，因為我以為，在階級消滅之前，世界集體主義就有可能出現，而不是在階級完全消滅之後）。最後一點是我全部論證的出路，也是我今後需要研究的課題。

　　這個計畫正在執行中，未知妥否，乞您老明鑒。十二月一個月基本上都在寫作、找資料，目前祇寫完第一題初稿，第二題寫了一些。

　　本來我打算將全部內容寫完再獻給您老，現在看來，什麼時候能完成也很難說準。如果您老不嫌棄，我可以將第一題先整理

一下，寄給您，以便您早日指教。以後寫完一部份就寄一部份，
未知您老意見如何，乞指明。

　　此外，談嘉德同志的《〈周易〉初探》一稿，我很希望拜讀
一下，未知能賜予否？

　　匡老，我知道您年紀很大，工作忙，如不方便就不必親筆寫
信給我，有什麼教導，吩咐秘書同志代筆好了。

　　祝您老並丁老師新春健康愉快！代問沈道初同志好。

學生：江 山

一九八三年一月一日◎

7.南京大學中國思想家研究室並轉呈匡老：

惠寄的匡老《孔子評傳·緒論》（草稿），學生收到，謝謝。循字循句，再三拜讀，獲心得不少。尤其是匡老置現實意義為史學研究之目的，且又以史為史的治學睿見，更使後生深為啟迪。「三分法」不但於孔子，而且於其他大部份中國歷史思想家都可作為研究之一法則。因此，匡老三條必然性的結論，可謂解放以來我國學術界孔子研究指導性意見的集成，具有極大的學術指導意義。匡老關於孔子思想主要特徵的總結，深明學生向願，特別是第三點，我以為是開源性的創新見解。

匡老行文平穩，持論有據，無苟且迎合，亦無成見戲語，意達辭正，前啟後應，凡此等等，足見匡老治學一斑，其精神、態度之至，亦必引為學生楷模。

匡老年高體邁，常主萬機要務，尚為學術勞心勞力，率麒麟而擷中華文化瑰寶，為「四化」貢獻力量，亦深感學生心府。學生意以學術為務，而不欲時事為業，且年輕抱志，更應該追隨不舍。

近來，後學且學且思，雖不及江河大海，然亦有所心得，我願呈報給諸位老師並匡老。不過，必須加以說明的是，如有涉及孔子之處，萬萬不能算作是對匡老文章的評議。倘匡老不辱以為有零星參考之處，請視為偶然。後生愚見，必有獲罪之處。

研究歷史，一般有三種方式，一是直觀具體的研究，如考據學，漢代以前的史學之類，這種史學以史料為中心，紀實、求真；二是反思研究，即學者帶有傾向性、目的性地去研究，此學在中國興起於漢代，宋人司馬光達到頂峰，至今尚未衰竭，影射史學也在此列；三是歷史哲學的研究，我以為這一方式在我國尚未完全為史學理解，雖然根據馬克思主義的歷史唯物主義，從20年代起，即有人開始據以整理中國文化，研究中國歷史，解放後更是規模空前，但多是形而上學、機械化、教條化，不足引以為

建樹。孔子的研究,自顏淵、子貢、子路以來,已有二千餘載,甚至可以說,中國之文化、思想或意識史、哲學史,就是一部孔子的研究史。凡中國學者名家,無敢離孔子而為思想,凡中國官僚政客,無敢離孔子而為政治。雖然有許多人是反孔子的,但,他們亦和孔子有親仇之緣。當然,這中間有把孔子作為一門學問來對待,和把孔子作為一個聖人、經典來對待的分別。

　　孔子究竟是什麼人物?我以為,僅僅站在視對象為「學問」或「聖人」這兩種立場上,無論斯人懷什麼動機、目的,也無論他屬於哪個階級,都不能作出「孔子是什麼」的最好結論。其實,整個思想史、文化史、意識史、哲學史都是如此,祇不過孔子在其中突出一些罷了。我以為,研究孔子,包括全部文化史,首先應該從這兩個根本立場上去考慮問題。

　　其一,置中國歷史於一個「過程」之中,而絕不僅著眼於僅有的歷史,置孔子為這一過程中的一個現象,為這已有歷史中的一個特殊典型。當然,中國已有歷史從根本上講,也不過是這一過程中的一種現象而已。這個過程是什麼呢?這個過程就是人類自生至死的全部歷史。我以為,祇有這個問題首先解決了,我們才能研究或尋求下列問題的答案。中國已有歷史是這個過程中的什麼現象?它是否是必然的(關於必然,我最近寫了一篇批判黑格爾的小文,對它作了真、非真的區別,這裡就不詳告)?是否應該或可以算作一個真階段?孔子為什麼是一個典型,而不僅僅是一個「聖人」或「經典」呢?他的必然的基礎是什麼?他為什麼既是一個迎合者,又是一個主宰者呢?在孔子那裡有一個「點」,如其他許多偉大人物一樣,這個「點」既是他的成功之點,也是他的 「失敗」(用一句哲學術語講即是,這一個點是他們違反理性而又合理之點。情形往往是這樣的,這個偉大人物是他的時代、民族的最高代表和高峰,但他恰好又是下一個時代或

更大意義上的社會所必定要否定的對象，於是，他最成功之處，也就成了人們最應該批判的對象）之點。如此等等，尚可提出許多問題。

這一組問題的解決，我以為還必須依賴和借助第二種立場。

其二，置中國史於世界史之中，而不僅以中華為中華。世界首先是一個整體，①它自身是一個整體，②它未來是一個一體。因之，一切真正歷史的研究都必然、必須要以此前提為出發之前提。視某一民族、某一國家因為所謂特殊而於世界歷史之外，片面強調所謂「先進」、「革命」、「民族」、「主權」、「國體」之類，都是歷史上有過，現在尚存的「偏執狂症」。特別是那些落在歷史後面，反而大肆指斥、批評走在前面的見解，都不足為史學以及哲學等一切可稱為科學的學科的研究指導，更有礙人類的發展進步。

現在，我可以簡要地敘述一下有關上述二立場為立場的一般性意見。人類歷史，特別是文化史（它以物質史為基礎前提，但不為之支配）的發展，既然是一個過程，那麼，它必然具有階段性。我以為，我們現在稱為史學的東西，其主要內容都可歸入起於國家誕生前後，止於本世紀初的人類歷史的一個特殊階段——過渡時代。我們現在就以這個時代為範圍來討論問題。

在這個時代的開頭，由於諸種複合和綜合原因，人類社會始形成了兩個中心：一是地中海中心（一向為西方歷史學家奉為世界的中心，實為錯誤）；二是中國中原中心。兩種模式：一個是中國模式——穩定的農業模式；另一個是西方模式——早期的海盜生產方式、商業模式，後期的商業-工業模式。支配西方社會存在並運動的東西，基本上是生存的需要，祇是其早期顯得十分直接和露骨，後期則表現出資本的形式。這個模式呈自由主義的特徵。支配中國社會存在並運動的東西，主要不是生存，而是「人

之道」，其最重要表現形式是政治。其間，生存有基本保障，因此沒有成為第一位急迫的東西（個別時期例外），反而，怎樣才能處理好人們之間的關係？建立怎樣的人間關係？在中國歷史上，有人當做目的，有人當做學問，有人當做手段。大家你我互云，兼之、棄之，或以思想見跡，或以行為見跡，或以武力見跡，不一而為之。凡此種種，構成中國歷史的內容、特徵。

總觀其有，可說又以孔子最為卓著，他所以成功，在於循周公之道，繼承，特別是充分發展（主要是兩大方面）了周公思想，使之成為最合「中國國情」的思想和理論。孔子思想，甚至我以前稱之為「中國思想」的思想，都不過是全人類「整體意識」在過渡時期的一種特殊表現形式。中國模式具有集體主義（不是我們今天意義上的集體主義）的特徵。

人類的歷史，可說是人類鬥爭自然，以及人類自己鬥爭自己的歷史。所謂兩個中心，也主要是根據這兩個鬥爭來劃分的（我尋找的是各自的側重，而不是絕對）。這就有可能給我們回答這樣一個問題：自17世紀（即明末清初）以來，中國先後有思想啟蒙和向西方學習的各種運動，至目前為止，可以說都不完全成功，有的一方面成功，而另一方面又失敗了（如新民主主義革命成功了，但社會主義建設卻失敗了，現在祇得從頭做起），我認為，其原因是缺乏基礎——人類鬥爭自然是首要的活動，其次才是人類自己鬥爭自己，即，我們的歷史行為有價值取向的過錯。因此，我們在接受馬克思主義的時候，也不是全面的，而是片面的，祇接受了最合中國國情的那一部份東西。我以為，這一後果亦是「中國模式」的延續（當然，這不是意味著相反，西方模式是好的模式）。如果加上中國自西周就固有的循環、互克式的辯證法的指導作用等等，則知，我們的教訓是深刻的。如果我們繼

續為研究歷史而研究歷史，或為固有的模式而研究歷史，那樣將不利於人類歷史的同化進步，及一體化方向的實現。

世界有它總的、必然的發展方向，無論在其早期這個方向和必然是多麼地不能為和沒有顯露出來，也無論它有過多麼奇特、多麼互異的特殊表現形式，它終究還是它本身。在人類還沒有認識到它之前，一切都顯得非常盲目，雖然其中有很多具體的行為是自覺的。現在，祇要我們開始認識它，就應該主動地使這樣的「自覺」普遍化，且日益成為事實。這就是人類一切活動，包括科學研究活動的指南。

以上是一些凌亂的想法，為青年後生之愚見，毫無張目之意。

中國思想家的研究在今天是十分必要和重要的，中國文化史、哲學史、思想史應該重新撰寫，以便從這個方面來告慰我們的時代。例如先秦之中，老聃的精巧思辯；孔子除其政治學、倫理學、教育學的體系而外，於心理學、美學、音樂學等，也有開先河之功，像他的處世心理學、人道美學、社會音樂學，等等；莊周行文有雄風，意括人倫天際，味不能窮；墨翟雖不能登高雅之堂，但最早有階級偏見，務實不務虛；孟軻巧辯有方，意在言外；荀卿行文妥實，立論不苟，且集成前賢，啟發後學，如此等等，不勝枚舉。他們各具特色，各有千秋。如果我們把所有這些置於一種過程之中，一種必然之中，定能有新論新見。

凡此種種，意在來年，且不能半途而廢。世界沒有絕對，我們都在相對之中作出最大的努力和奮鬥。歷史祇能一步一步地認識，並不斷拋棄原來已有的東西，向前看，儘量靠近世界之總的必然和方向，儘量進入「整體意識」之內。

畢竟是寫信，其混亂、不全是可知的，加上年輕幼稚，其不成熟、輕薄、膚淺也是可理解的。寫的太多，請原諒。

　　前次煩諸位老師不辭辛勞，為我指導習作，提攜後進，在此，我表示真誠感謝！不過，那些東西我不打算再要了，因為過於膚淺、不成熟。
　　此致
　　　　　　　　　　　　　　祈安！
　　特願匡老愉快！
　　　　　　　　　　　　　　　　　學生：江 山
　　　　　　　　　　　　　　　　一九八三年六月三日◎

8.人類[7]認識的第一個活動是群體意識。它是滿足人類鬥爭自然的需要，並反映這個需要的。群體意識又是以血緣，即人的生物屬性為最初的特殊的表現形式的。在哪裡，血緣是人類社會的統治力量，決定著社會的結構和組成。血緣本身是自然必然的，即真必然的，但其後果卻大量地帶有人為必然，最終致使人為社會環境在這個基礎上產生了。人為社會環境的成立，也標誌著人類自己鬥爭自己的開始（這裡的鬥爭是一個擴大的概念，它包括協調、配合、管理、鬥爭、衝突、戰爭、暴力、商談……），亦是人為必然或非真必然成為哲學命題的開始。這種鬥爭是要先於人類而消失的。群體意識的繼續存在和發展以分工為依託，分工決定了依賴。從這種意義上講，社會就意味著互相。群體意識的核心就是依賴性、相互性。

群體意識絲毫也沒有解決什麼是主體的問題。一方面人類有了凌駕於地球之上的力量（雖然相當地微薄，卻足以維持人類的生存），另一方面，意識中又把自己變成了（自然的）奴隸、客體、工具，意識本身把人類的認識引入了邪路，結果是受原始神秘主義、原邏輯支配的原始神觀念首先成立，並絕對地統治了一切人類的祖先。

群體意識和原始神觀念是原始意識的主要內涵。原始意識是全人類不分民族、地區所先後共有的、同一的意識，其時，人們祇知道奴隸般地服從自然和神，那種實際上已經具有的凌駕於地球之上的力量完全是在不自覺和自發中實現的。自然被改造著，社會也在發展著，但，速度和進程卻是人類歷史長河中最緩慢的歷史階段。◎

7　從此篇開始是真正的簡記。很多為當時臨時隨記，記錄的地方更不規整，有的是紙片，有的是書中，有的是筆記本，有的還夾記在讀書索引的中間，故凌亂、不成體系。現整理出來，就教方家。整理時，基本保持原狀，祇修改錯別字和不通的句子。

　　9.宇宙世界是客觀存在的，但我們改造世界、建設世界，及全人類的歷史發展等都受命於整體意識的支配、指導。◎

10.普遍地講，真必然是不可改變的，但具體的必然也不儘然，有時也可以改變。不過，這種被改變僅衹是表象，實質上它本身是不可改變的，被改變的衹是事、物、境之類的形式，因而也有了性的新形式。

在過渡時代，多有人之關係，即人類自己鬥爭自己方面的人為必然性；在科學時代，則多有人和自然之關係，即人類鬥爭自然方面的人為必然性，它是接近永恆必然性的準備階段，但更多的仍然是發現真必然本身。

規律性、必然性本身是不可能改變的，說改變是錯誤的，衹有事、物、境等才可改變，而且衹有非永恆方面的、被認為是第一性的事、物、境才能被改變。人為必然具有階段性、時代性，沒有永恆性。◎

11.黑格爾的命題「凡是現實的都是合乎理性的」。我認為，應該這樣去批判。即，在黑格爾看來，凡現實的、現存的、實體的東西，都是必然的，都是合乎理性的，普魯士王朝是現實的、現存的、實體的，所以普魯士國家即是必然的、合乎理性的。問題是，（1）國家是否是全體必然的？（2）凡是必然的國家是否都是合乎理性的？（3）不合理性的國家有沒有？如有，又作怎樣的解釋？（4）黑格爾的必然性是真必然性？還是非真必然性，或人為必然性？

很清楚，根據邏輯推導，上列四個問題祇能是，如果問題（4）的兩問都作肯定回答的話（即真必然包括非真必然和人為必然），那麼，問題（3）不僅要作肯定回答，而且應該是全稱肯定回答，即所有的國家都是不合理性的。這樣，問題（2）的答案便是，國家是必然的，但卻是不合理性的。為什麼呢？因為，既然黑格爾的必然性包含非真必然性和人為必然性，而非真必然性和人為必然性恰恰是不合乎理性的。亦即，國家是非真必然性的、人為必然性的，所以，國家不是合乎理性的。這樣，黑格爾的總命題是正確的，但國家卻被排除在命題之外了。除非黑格爾的「國家」祇是一個稱代的概念，即他的「國家」是現實世界之外的國家，是理想中的國家。然而，全部黑格爾哲學（包括法哲學、歷史哲學）都不容許我們作這種假設，而祇能說，黑格爾的國家都是現實的國家，不同於一般現實的祇是，他把「絕對精神」灌輸進了現實國家之中。所以黑格爾錯了。

如果黑格爾的理性（絕對精神）就是非真必然性或人為必然性，那麼，黑格爾的命題就是正確的。◎

12.人為必然性的形式和功用。

世界有物，物不生性，祇有性。那麼，人為性又何來呢？人造了事、物、境，事、物、境因之有了性，此即人為性，亦人為必然性之所來。

又何以要人為必然性呢？因為，總必然性或真必然性雖真，雖支配一切，但卻缺乏善、美。為了善、美，人們可因自然的性、理、意去人造事、物、境，從而使自然世界中的性、理、意附加了善、美的價值，於是，世界就善、美了。

「生」祇對物，即形式具有意義,亦即物祇決定形式的「生」，而不能決定一切的「發展」。「生」對性、理、意是非真的，這些東西是永存的，人們所以享有它們，是人們不斷地發現了它們。是發現，而不是它們被「生」出來。說物能生物，這是正確的，如進化、傳接、改造、組合，等等，但，說物可以「生」出性、理、意來，則是錯誤的。性、理、意不能生，祇能有。當人們發現它們的時候，它們就存在。其實，人們不發現它們，它們也照樣存在。知識就是不斷發現性、理、意的結晶。人們通過性、理、意產生經驗，人們又學習經驗去發現新的性、理、意，進而有新的經驗，如此積累，便是知識。物的性、理、意是不能窮盡的，因此，人們的發現也是不能窮盡的。至於說人們怎樣去發現它們，那當是另一回事。

這樣，物質第一性是可以成立的。但，第一性是說，它為基礎，為依據，而不是說它就決定一切。決定的東西祇能是物的性、理、意，或經人們加工、整理後，上昇為思想、理論、精神的東西，它們才是世界的決定者。由於它們祇能為人所掌握，故，它們才是真正的人類工作、研究的對象。它們不是反作用，而是決定作用。因為人們的發現太少了，人們尚不能脫離或擺脫物的束縛，故近視似的以為物起著決定的作用，而認為性、理、

意僅具有反作用。

　　社會進步，是說人類全體不斷由物的階段上昇到精神階段（現在正處的階段），最後上昇到思想階段——這最後的上昇是就普遍意義而言的，絕對的上昇是不可能的——那時，人們才可較自由地把握住世界，而不是被世界所把握，亦不為處於中間過渡階段的精神所把握。

　　在過去、現在和將來一定時期的社會中，始終祗有少數人能認知性、理、意，並依此而有思想、理論，他們是特殊的，但他們代表了人類發展的方向。唯有一切人都如此，人類才能整體自由。不過，這絕對似乎是不可能的。◎

13.我的頭腦中沒有權威，祇有歷史，祇有真理。以我為中心，但我並非目的，而祇是形式、手段。目的是什麼？目的是整體。

選舉權不是自由的標誌，它是過渡時代的產物（根植於原始時代），但它還會有存在的價值和必要性。自由是什麼呢？除了能力以外，沒有任何其他附加條件，各人從事各人應該做的事情，德行等等不再作為問題存在，既沒有謙讓，也沒有推諉，更沒有爭奪、佔有。於是，我們說，我們的後代全體都自由了。

目的祇要是最好的（當然是比較之下），我們大可不必顧忌手段。這是我們這個特定時代和過去全部歷史，以及今後相當長的一段人類史的要求。例如，我們的刑法都承認並肯定了這個要求：避免和防衛所以有「正當」的法定，那無疑是說，目的高於手段。我們總是偏愛目的。好與壞當以社會標準為標準。

一九八三年五月◎

　　14.哲學的歷史實質上就是這樣的一種歷史：以人為中心——開始以人的存在、世界的存在為基本問題，後來以人的目的、世界的發展及其方向為基本問題——的智慧演繹過程。早期的哲學祇能追隨著世界，以猜測為己任，後來，它發展到伴隨著世界一起進步，以解釋世界為內涵，最後，它進一步發展，走在了世界的前途，以指明世界的目的、方向、過程為任務，領導著世界前進。◎

　　15.非真必然存在於真必然之中，為其特殊的表現形式，為其歷史和過程。

　　文明以來的歷史都不過是非真必然的歷史（不同於人創造歷史）。這種非真必然史還將繼續進行下去。一切非真的過程都是不能缺少的。

　　過渡階段的歷史都是自發的，聽任其然的歷史，不過，其中的具體現象、事情、過程、運動等，大多數又是自覺的。例如，政治社會中的統治慾望的滿足，經濟社會中的物質慾望、解釋慾望的滿足……任何一個孤立的個人對他所為的行為，大多是有目的、有手段、有方法的，故是自覺的。這無數的孤立個人和事情的集合，這無數的個性的呈現，就會成為極為普遍的現象，成為共性，也就是構成人性意義上的社會，而社會在時間意義上就是歷史。問題是，無論是歷史，還是社會，對那些孤立的個人來講，都是不可理解的，因為大多數個體都沒有對歷史和社會的自覺。這種不自覺所構成的情形就是一種必然，一種人們祗能在歷史以後才能理解的必然，一種祗有歷史哲學才能理解的必然。當然，也是一種非真必然。

　　真必然一直被掩藏著，祗有歷史哲學才開始揭示它。由於人類在幼年時代不可能認識真必然，於是，歷史就祗有聽命於非真必然。因而，過去的歷史都不是自覺而是自發的歷史。然而，即使在今天已認識了真必然，也並不等於真必然就能實現，過程還要在非真必然中繼續下去。真必然的實現需要有基礎，這就是兩種條件的全部滿足：人類的歷史是自覺的歷史；人類已經找到了歷史發展的方向，並致力於這種自覺的意志。

　　人的本質或本性是人的共性，但這種本質和本性一直被掩藏著，代替的則是自私、自我，即個性。人的共性祗有到兩種條件完全滿足以後才能顯現出來。這種共性不是今天的人們所看到的

那種為了某種壓力的屈服，為了克服困難的乞求，為了高高在上的寬容，為了利益的迎合之類的行為，這些都是過去和今天社會中的人的個性的異化，是自我、自私的一種變象。或即說，這也是一種非真必然取代真必然，且又必須要有這樣的過程的情形。

　　所有的思想家不外乎兩種類型，一是對現實的解釋，一是對未來的設想。解釋之中又分為辯護型和批判型。而哲學家的思想家則有既解釋又設想的情形。誰對歷史認識得深刻，對哲學認識得透徹，誰就更能正確地設想未來。未來從今天發展而有，但這決不是說未來就是今天模式的擴大、簡單的提高。未來是必然之未來。就現實來認識未來，祇能得出今天模式的未來，祇有根據必然、真必然來認識未來，才能說明真正的未來。不過，這一點庸人是不能做到的。一切非歷史哲學或受制於政治的、目光短淺的思想家都會製造今天模式的未來。

　　現在正處在過渡階段和大科學——大文明——一體階段之間的過渡時期，這個時期還要延長一段時間，但歷史的趨向已顯露出來。從意識史的角度看，自然科學→大科學，經濟學→大經濟學是必然之勢，同態，整體意識中的個別性政治命題也被提了出來。這些是我們所看到的曙光。我們已知，自然科學中的重要標誌是相對論和量子論，它們意味著，科學走向抽象，世界也走向抽象。抽象的特徵是，複合、綜合、模糊、極微與極大並協。哲學與自然科學結合，科學哲學出現，世界不為某單獨原因而存在，不為某孤立原因而運動，單純的、絕對的、決定者是不存在的。世界是綜合、複合的，也是模糊的，一切所謂根本、本質的對立將隨著人類的認識深化而消失，矛盾、鬥爭之類雖仍然存在著，卻不再是世界的主導。因為世界本身不是水火不相容的，世界都發自一個母體，亦得走向一個歸宿。彼時，人們自覺地創造著世界，從而使世界具出著新的、似乎是人為的性、理、意，

即，人們開始根據世界的真必然來創造人為必然（實質上是用科學的手段創造著性、理、意的前件：事、物、境）。雖然，今後的世界上人為必然更多、規模更大，但因為它的前件是自覺的，而非自發的、盲目的，故它將更接近真必然和整體意識，它是真必然、整體意識的準備階段。

　　整體意識貫穿人類的全部歷史，是一切歷史的支配者。它反對絕對精神（即絕對自由）支配歷史，它亦反對物質支配歷史。所謂整體意識支配歷史，是說人——作為同類的人——自己支配歷史。

　　整體意識開始時的原始形式是自由意識和集體意識。二者從誕生之日起就是鬥爭的主角，幾乎支配了迄今為止全部人類相互鬥爭的主要領域，可以說，其他形式的鬥爭祇是它的特殊形式。

　　到過渡時期後，基於物質和智力的發展，整體意識的表達形式也發展了，昇級為自由主義和集體主義，同樣到處都存在著它們之間的衝突。不過，歷史告訴我們，這兩種主義所實際形成的兩個中心、兩種模式，是各有側重的，其社會運動超出了血緣關係並成為了主要的歷史方式，進而，各自所形成的極端，如政治的極端專制統治，功利的極端資本異化，最終都以危機的方式展現開來，從而決定了這個時代必須結束。其實，結束它們的不是物質的力量，而是整體意識的又一次更新，這樣，第三個時代到來了。

　　第三個時代，整體意識實現的時代。整體意識通過人腦表現著，它的全部意義是，盡可能地揭露自然屬性的規律，使之支配社會本身，同時，政治統治支配的時代、資本支配的時代開始結束。這一時代有可能拉得非常長，其主要任務有：①人怎樣征服自然，以達到人對自然的自由；②人怎樣改變人之間的關係，達到人對人的必然；③人怎樣用科學技術馴服科學技術，使科學

技術成為人自身，即用科學技術來消除科學技術本身的負面作用（災難），達到自身的完善；④進入整體自由，即整體意識的實現。

　　整體意識的實現，意味著人自己鬥爭自己的歷史結束，它實現的是人自己管理自己，實現的是整體自由，而不是個體自由。整體意識將包含自由、集體、生存諸領域的自然屬性和社會屬性，演繹為高級的同類意識，故知，它存在於人類出生之時，它存在於人類的歷史過程中，它亦與人類俱滅俱亡。

　　相關整體意識的若干問題：

　　關於三個世界；

　　關於絕對精神────────╲　作為我們思考的過程而載入史冊，我們依靠物質，但它不支配我們，我們自己支配自己，即整體意識支配我們；

　　關於物質決定論和資本論

　　關於綜合原因、複合原因；

　　關於互為因果；

　　關於黑格爾的內容與方法，改變內容、方法（改變與否有待思考，科學哲學能否突破？）；

　　關於科學技術；

　　關於一以貫之與具體模式；

　　關於新哲學和舊哲學；

　　關於國家、集體的解釋（重新）　　╲　兩種誤解，二者的區別和不能區別及其表現；

　　關於自由的再解釋

　　關於必然性和規律（真必然、假必然，真規律、假規律＜假，即人為之義＞，不該有的東西也必然具有一種後果，它對原因是必然的，可它對全體過程之完整卻是不真的，是人為的，外太空沒有方向，故方向是不真的，宇宙沒有時間，故時間是人為的）；

關於體系；

關於自我意識；

關於為什麼歷史心理學，或許可稱為政治心理學、歷史倫理學是暫時的，而關於心理學、美學、倫理學是永恆的？

關於具體、一般和抽象，及它們為什麼是一個過程？整體意識是抽象的，但它卻是最高規則；

關於運動的形式（粒子、波動，新物理學）；

關於機率不斷增大，但1又絕對達不到，人類不斷地為機率增大而奮鬥，但又不為1而奮鬥，不能達到1，人類就不是自由的，故絕對的自由是永遠不可能的，我們總是向自由接近，這就是整體自由；

關於「本我」與「他我」；

關於獨立與自由（自由的基礎是什麼？國家獨立為什麼不一定正確？樹木是獨立的，但它不自由，一個獨立的國家不一定自由，而一個自由的國家不單純地追求獨立）；

關於理論及真理的標準問題，為什麼說「實踐是檢驗真理的唯一標準」是一句實用主義的口號？真理是說「為什麼我們錯了」，以及「為什麼我們總是錯了」；

關於相對論；

關於經濟基礎決定上層建築，生產力決定生產關係，表面看，它們是成立的，然，當生產力和經濟基礎達到「絕對態」以後，以往的上層建築和生產關係都將不存在，那時的上層建築和生產關係又靠什麼來決定呢？難道可以說歷史在某一時期（即人類的中後期，比現在到過去更漫長的時期）不需要決定的東西嗎？完全不是，歷史總是有其決定的東西，這就是必然性——整體意識，所謂經濟決定意識、哲學，以及其他等等，都是整體意識在其發展的特定階段的特殊表象形式。永恆的東西是有的，但

永恆的形式是絕沒有的。永恆的東西就是整體意識。階級是經濟社會的產物,是經濟不發達、不足以滿足人類全部生活需求而有的必然後果。在這種前提下,在一定的歷史階段,經濟決定論是有意義的,然則,經濟社會僅是一個過程、一個階段,它在整個人類歷史的長河中祇占十分小的份額,人類更長的時期是人們的物質需要完全滿足了,物質差異不存在了,在那時,①精神方面的要求更為強烈,②當精神方面的要求也滿足以後,人類的歷史還將繼續下去,所以,從人類歷史的全過程來看,經濟絕不起決定作用,起決定作用的祇能是歷史的必然性——整體意識。

一九八三年五月◎

16.0→1是一個集系。全部人類歷史就是這樣一個集系。一切歷史都不是完善的歷史，因為一切歷史都不是1本身。＞1的歷史沒有；＝1的歷史祇能是歷史學。所謂＝1，是說1＝0+0→1，即0加0至1之間的全部係數之和（等式左邊的1是歷史研究，右邊的1是人類歷史的最後中斷點，右邊的0，以及0→1之間的全部係數才表示歷史本身。絕不可認為該等式可以簡化為1＝1，這樣的等式是不成立的，即1≠1）。≌（全等於，或絕對等於）1的歷史也沒有，因為1不是一個終點，而是一個中斷點，是一個人為、假想的終點。研究歷史就是研究0和0→1的集數，這種集數之和，就是歷史之集系。

西方哲學缺乏1的概念，但有1的基礎，故其文化體系不成體統。中國哲學有1的概念，但缺乏1的基礎，不注重社會進化，不注重科學技術，整體意識過分早產，成了畸形兒——集體主義。科學技術有功能性的價值，從這裡出發，兩個中心、兩種模式、兩種特徵將必然在大科學文明、整體意識的時代裡互相補充、融合、發展，真正成為超越人為必然、非真必然的歷史過程，即，最終達到真必然（真1），達到整體自由、整體意識。

一九八三年六月◎

17. 0→1是可以無限集分的。集分是一種多的複合，集分不是單維，而是多維的，不是單一，而是集一的。歷史的基數是1，歷史的組成一般呈隨機現象（過程等），這些現象都是集分的。集分是無限的，但集分之和是有限的。這裡，準確地掌握集分的意義，特別是集的意義，對歷史的研究是十分重要的。

歷史是由0發展的，這種發展主要通過外化（異化）來實現。外化是共化、相互作用，以致改變本來，成為對立的東西。內化（自化）本身一般被掩藏著、替代著。內化、外化不可絕對分立，所有外化都不過是更大意義上的內化。歷史（這裡的歷史不能單純理解為一個過程的延續，而重在事、物、境，性、理、意的演繹）從0（具有實際意義的開頭）到發展，主要的是通過不斷地轉變自己為對立面來實現的。發展達到一定階段以後，外化首先會在人為的作用下作出讓步，在具體意義上慢慢退卻，同化則日益充分地表現著。同化不能簡單地等於內化、自化，它是對外化、異化的否定，但本身又含有外化、異化的基礎，是外化、異化的必然發展，在一定意義上講也是一種補救。是人類社會在高級階段的一種必有的、必須的運動手段。最後的表現形式就是內在和諧、一體一統，由人為必然到真必然——整體自由。

外化是生產不足、認識不足、發展不足的結果。

自化、內化（原始意識），內化、外化、自化異化（自然社會意識），同化（人為社會意識），整體自由（整體意識）。

歷史總是進步、發展的，有些具體事情（事件、現象）在當時、當地、當事之中看它們時，它們可能是反動、倒退的，但祇要把它結合到歷史鏈條之中，從其產生的原因、前件，以及本身作為原因、前件諸方面理解，則任何事、物、境，性、理、意，都必是隨機的，且符合歷史發展。

一九八三年八月◎

18.人的最終目的是人對非人類自然的自由，而非人對人的自由。人對人從根本上講不存在「自由」問題，所謂要求人給人以自由的「自由」，不是自由本身的涵義。

人道主義不是哲學的論題，或者也可以說不是一個純哲學問題。它更多的是一個政治概念，是一個濃厚地含有「給」、「要求」、「賞賜」等意義在內的概念。哲學本身不應該有什麼「人道」、「不人道」的問題——新哲學尤其如此。

哲學約可如下分類：

一、哲學本身的原始狀態（抽象哲學）：

哲學的蒙態→原始思維、原邏輯、原始神學（原始神秘主義）；

哲學的原始狀態→西周、古希臘以前的哲學。

二、哲學的中間狀態（哲學的外化）：

哲學的發展：a.古希臘的自然哲學、神道哲學、理性哲學；

　　　　　　b.西周的政治哲學、春秋的人道哲學和自然哲學；

具體哲學開始：哲學的另外的開始和發展，包括：政治哲學、歷史哲學、人生哲學、人道哲學、精神哲學、思維哲學、法律哲學、自然哲學、社會哲學、科學哲學。

三、高級抽象哲學，經過科學哲學以後，哲學回昇到哲學本身。哲學本身是說，世界為什麼是抽象的，以及為什麼可以被抽象？抽象是說，世界有其真必然，以及真必然支配的目的。哲學的另外叫具體哲學，哲學本身叫抽象哲學。

什麼叫「回昇」？是說事態揚棄了低級狀態，提昇到了高級狀態。例如猿人用四肢走路，路是手足共同勞動的結果，後來，人祇用腳走路，路是用腳創造的，工業革命的結果，是道路祇能用手開創，而且，愈發展愈益證明，手對道路的開創更加重要和基本。這種情形就叫回昇。但「回昇」不包含下面這個意思：今

天的道路的開創愈益體現著思想實驗的成果，思維及其方式成了道路建設必需的手段。我以為，這種情形叫「歸真」。歸真是說，日益遠離非真或人為必然，趨近真必然。

一九八三年八月◎

19.世界從中間起步，一開始就不真。由中間向兩極發展，兩極統一的前件是抽象化。世界終將走向抽象。

【「生物有兩種基本現象：一是，各種生物不是同一時期出現的，有的早，有的遲，早的簡單，遲的複雜；二是，各種生物都有一個繁盛期，以後逐漸衰退或滅亡。」（童弟周：《生物科學與哲學》p47）】

問題：1、人是否是最複雜的生物？人是否是最後的生物？

2、如果哲學認為進化沒有限度，那麼，「人」該怎麼辦？

3、以上結論是否是真必然的？如果是，「人」就應該有同樣的歸宿，如果非，那麼，真必然又是什麼？

4、人、人的自然與非人的自然在真必然面前是否是不能同一？如果不同一，那樣，真哲學就應該至少是兩個，而不是一個。

5、如果祇承認人、人的自然的哲學，那麼，非人的自然的哲學還有沒有？有，又該怎麼說？

結論：真必然不真了！！

　　　哲學沒有了！

　　　一切都假了！

（真與客觀、現實、定在、物質等概念不是等同的。）

【「細胞→細胞核→染色體→基因→核酸→去氧核糖核酸→去氧核糖核酸單體（四種）。四種去氧核糖核酸單體按次序排列，有人稱之為遺傳信息。通過生殖細胞，遺傳信息從親代傳到子代……」（童弟周《生物科學與哲學》p56-57）】

評說：最微觀的物已經是最抽象的物（如同最宏觀的物也是最抽象的物一樣），最抽象物所具有的性也是最抽象的性。由於抽象的聯繫作用，這兩種最抽象的物和性可達於一，不為純物，也不為純性，如去氧核糖核酸單體或遺傳信息。而全部世界統一

的基礎就是這種———抽象。物、性自身的抽象統一；極微和極宏兩端的抽象統一。

　　生物學中最抽象的性的問題尚未解決，物的問題也未完全解決，故人類在生物學中尚不自覺。生物的最根本、最重要、最終的原因尚未找到。

　　全部世界：非生物界、非人的自然界、生物界、人的自然世界、人類世界、精神世界、思想世界。過去和現在的世界主要是依靠精神生活的世界。世界不是精神的，精神僅指一種現象；世界也不是物質的，物質僅是一種基礎；世界是抽象的，是統一的。但過去和現在的世界（人的和人的自然世界）都主要是由精神支配，體現著精神的價值。如各種具體哲學，其內容都是各該具體範疇的精神宣揚（宗教哲學—宗教精神，政治哲學—政治精神，等等）。打破精神現象，走出精神世界，達到抽象世界（思想與意識的世界）。

　　【「發展過程中物質的運動現象」。（童弟周《生物科學與哲學》p76-80，p80-82）】

　　結論：物是生的、創的，性是有的，但有不是等質量的。非「生」不「有」，非「有」不「生」，最後的「有」必經完整、完善、完全的「生」才能達到。故「不具有」或「不完全具有」，在被稱為歷史的過程（過去的全部及未來的許久）中表現得更為充分。這就是我們被要求奮鬥、努力、工作、勞動、學習、研究的原因。最抽象的物也是「有」的，這決定了它和最抽象的性是同一的。

　　「生」的種類：人生、生物生、內生、外生、物理生、化學生、自生、他生、時間生、環境條件生、傳（親）生、間生、互生、依生、派生、感（刺激）生……

【「我認為，摩爾根學派的基本觀點是機械唯物論。首先，他們認為負責遺傳性狀的傳遞是細胞內一種特殊物質形式的微粒——基因，這與古代的原子學說和魏斯曼遺傳顆粒的理論基本相同。」（童弟周《生物科學與哲學》p115）】

論證：作為負責遺傳傳遞的那種「東西」，不是特殊的物，也不是單純的性，而是作為極微具有的物、性不可分辨，非屬於其中任何一方的「東西」負責著，我稱這種東西為「1」。非物非性、既無又性，如既去氧核糖核酸單體、又遺傳信息。這種不能被說明所屬的東西，就是「1」。

一九八三年九月◎

20.

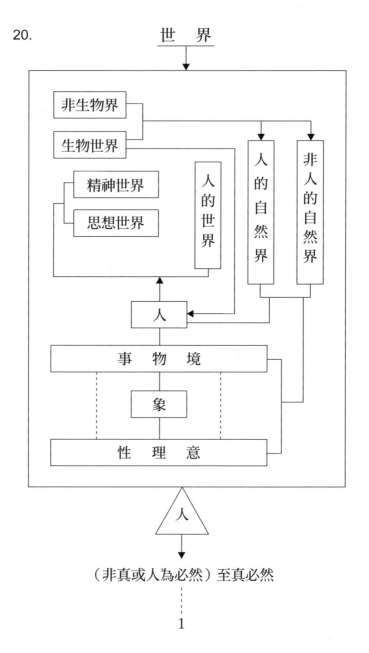

（非真或人為必然）至真必然

1

◎

21.

	本體論	認識論	非真或人為必然（經過回升（世界的過程）達到）真必然
體系	① 世界是什麼？（世界由什麼組成　什麼是某？什麼是非某？） ② 世界為什麼？（世界怎麼樣？已經怎麼樣？將來怎麼樣？現在又應該怎麼樣？目的等）	怎樣認識世界？（方法的進化）用什麼方法認識和把握世界？	

① 世界觀
② 怎樣把握世界（改造世界）？
③ 完成世界過程，漸近世界目的

意識史	意識哲學 ① 追隨（猜測） ② 解釋（同步） ③ 誘導（走在前頭） ④ 合一成體（真必然）

◎

22. 1、古人多以禽獸為器皿形飾，多以自然為事論，是古社會法自然之遺風，後來漸漸消失。法律法自然亦是社會法自然之一種。

2、古代多有避世隱士，以自然為友、為情、為退，是人法自然之遺風。

3、人與自然原本是一體的，經過分析、進化，人超在自然之上，並不斷發展這種力量，追求所謂人的自由王國。然而，其間的人與自然的關係不能割裂，人對自然的情感尚存在，愈古愈有，故人法自然，社會法自然之隨機現象愈古愈能表現出來。人擺脫自然法則，進而人法人、社會法人、法律法人，在中國主要自西周始。

4、世界總是回昇的。人和自然脫離（即成為對立、異己的力量），是人為或非真的開始，爾後，不但人自身不斷地人為非真，而且自然自身也在人為非真（拜人類所賜）。人為非真是回昇的過程、手段，是機率之和，這種回昇是要除去人為或非真而達到真。所謂真，是指世界一體。回昇就是從一體到一體。目的是一開始就潛在的，世界的目的就是人類的目的，人類的目的不能先於世界的目的達到，世界的目的亦不能把人的目的排斥於自身之外。

認識世界，世界是什麼？都是為了解決世界怎麼樣，即為世界的目的鋪設基礎。不能解決世界的目的，人類的存在就毫無真價值。可悲的是，這種$1 \neq 1$。在1到1之間，人類自己把自己排斥在了自然之外、之上，而且出現了把一部份人也作為自然加以奴役的現象。這也是一種人為或非真的必然。是人類智力不發達、社會諸基本相互作用失去平衡，進而世界也失去平衡的結果。於是，世界的一體不存在了，對立、鬥爭、殘殺、掠奪打破了結構本身，結構混亂了，剩下的祇是一堆麻煩。

　　科學的出現，開始否認這種必然，它將逐步使散亂現象系統化，它將逐步使人正確認識自己，最終不以奴役自然為其自由的基礎、前提，保證世界的平衡，使世界回昇，達於真，達於一。

　　科學是最大的人為或非真現象，但科學卻也是消滅人為或非真、達於真的最後、最有效、最高級的手段。

一九八三年十月◎

23.我自己對自己經常充滿了擔心，這同別人的擔心顯然是有差別的，而我們都在問：我會有預期的後果嗎？我會成功嗎？任何人，包括我在內都不能作出肯定的答覆。我祗是可以這樣說：雖然我的解釋、批判及論證，甚至理論、思想本身都不是最好、最完善的，但在同時代裡，要找一個比我更完善、更好的人，恐怕也是不能的。因為時代祗允許或祗恩賜我們走出這幾步，而其關鍵的幾步還必須冒著極大的風險。另外，如果說我在這方面智力不足的話，那麼，別人也要在那方面表現出不健全來，於是，我們經常可以互補，但我們誰也不能代替誰。

當我們的後代為我們感到羞愧或憤怒的時候（就猶於我們今天這樣），我們祗好默認（祗能是默認），我們決不可因為今天的某些結論、進步可以使後人坐享其成，而不再作任何批判、評論、發展、進步、刺諷、嘲笑，我們也決不能因為我們曾作出了巨大的努力、犧牲，付出了巨大的代價而要求後人如同我們一樣地去認識它，承認它。我們祗能把所謂成功、事業、理論、思想建立在後人之於我們的批判、發展的基礎上，我們方可言其作為「應該」的成效和後果。否則，一切擔心本身就毫無意義，而一切不願承擔「擔心」的那種作為、方式、為人都無益於任何理論的進步。雖然承擔可能是痛苦的，可我還是必須去開創它，因為，別人也不會、亦不曾比它更好。

我首先看到的是，中國的封建過程是如此長，以及它的影響的巨大，在今天它仍然十分濃烈，於是，我決心研究這種現象的原因，從而導致了我對中國社會歷史發展規律及其原因問題的研究。我以為，我的研究有了許多結論，當然，其中的許多與別人相同，繼而我發現，僅此還不夠，這是一。二，我所作的研究本身及其使用方法都使我走出了這個論題之外，①研究是比較的方法，在我花了精力研究西方之後，西方歷史的長處和中國歷

史的短處形成了鮮明的對照，而中國歷史的長處和西方歷史的短處亦莫不如此；②既然在過去不可比較的情況下，我們可以原諒一切，那麼，在今天可比較及已經比較的情況下，我們無疑應該做互相克服的工作，至少，我的思維程式應該有這樣的要求和運動，吸收各自的長處，克服各自的短處，以達於共同進步和發展，即，我應該超出已有的研究，作進一層次的思考；③接著，一個問題很自然地出現了：造成這種差異的原因是什麼？我開始走進了哲學，於是，根據以往學到的哲學知識，我重點注意了基督教、黑格爾、馬克思（這些原是作為歷史來研究的），我發現，除了基督教僅祇引起我的震動而外，黑格爾、馬克思都有其長，其結論是，前者的所謂必然性是一個十分不精確、籠統、不科學、粗糙、簡單的命題，而後者則失之偏頗，將某種必然降格於一個十分具體的方陣中。

我們再來說所謂的「還不夠」。它是說，歷史研究中，我們絕不可以僅滿足於對歷史的解釋，還應該去創造世界的過程。這在哲學史上有馬克思旗幟鮮明提出的，哲學不但在於解釋世界，而更在於改造世界的命題，而且，哲學史已經走到引導世界前進的領域中來了，猜測和解釋都已成為歷史。於是，我決心創造。

我看到了兩種類型的哲學家和思想家，一是解釋型的，二是創造型的，前者還可以進而分為批判類和保守類。首先，我研究了解釋型的哲學家、思想家，結果很失望，幾乎沒有一個人的解釋能夠作為引導世界前進的那種可稱為思想基礎的東西，雖然，有許多人已經接觸到了「機率」的邊緣。爾後，我又研究了創造型的哲學家、思想家，發現他們也還是目光短淺，很多人竟可以混淆哲學本身和哲學另外，將具體哲學作為抽象哲學來研究，並認為他的結論就是世界應當遵循的方向，而且，這種趨勢還在發展；另外有些人則走出不遠，雖然他們的方向是正確的。

　　這些研究，一方面使我決意再向前走幾步，另一方面，我開始懷疑自己是否是有道理，以及是否是有能力的。這第二方面的根據是，我的知識非常膚淺，我的閱歷也是大受限制的，我的智力也僅祇是中等，而這項事業必須要有高度的理論思維、抽象思維，我恐怕難以勝任。不過，我的性格幫助了我。我從來不喜歡計較後果、得失，雖然我每時每刻都在追求一定的基礎，我祇是要求對得起我的思維，而不要求心理慾望，我祇要做人的價值，而不要求做人的結果，我祇堅持一種結論的方向，而不要求方向的終點。既然我已經覺得別人沒有達到，同時當代人也有可能達不到，那麼，我就應該盡力去做；既然我的思維可以作出某種——即使不是一般人所能理解的——運動，哪怕現實中完全被反對，或完全不接受這種思考，那麼，我就應該直接尊重我的思維：與其扼殺思想，不如讓它自然。

　　於是，我決定想下去。這時候我才開始注意到方法論的問題。我的方法是什麼呢？

　　我雖然極力反對具體哲學的極端化傾向，但某些極端的具體哲學可能恰好是抽象哲學或哲學本身繼續發展的必需手段，有時很可能是過程。例如反理性的科學哲學，它接近科學，它導向真必然。同時，我極力潛心於對舊哲學的批判，和對新哲學的設計。黑格爾的必然必需分析、解體，其桂冠也必須砸碎，他太目光短淺了；馬克思的歷史唯物主義雖然打碎了黑格爾的桂冠，但其容量太小，範圍過窄，企圖用一種具體的東西、歷史中的東西代替抽象的東西、全過程的東西，用一種部份意義的東西代替整體的意義，而將其他部份降格或拋棄，等等，並且，其結論也沒有走出多遠，即將哲學過於具體化了。因而，不能認為他們的哲學是哲學本身或抽象哲學。當然，馬克思之於黑格爾有許多聰明的地方，他對歷史相對現實的解釋，都能為學者和政治家所理

解、接受，而且，極能指導現實社會的進程，等等。

　　科學也給了我莫大的啟示。量子論、相對論、四種相互作用的統一、生命學等，都在表示和我幾乎相同的意見，雖然，我需要把它們再加以改造、加工。這些已經立定和有待立定的東西都在幫助我圓證：抽象、人為或非真通向真、整體意識、世界的目的、人的目的、科學的作用、歷史的形態、回昇、多維性、複合性、混沌-分類-結構-機體、世界的成分、意識的起源、意識的性質、意識的概念及其定義。

　　我的這些和上列那些都具有必然聯繫。同時，這一點也必須提出，即使是進行我們時代的革命，反對我們時代中落後的東西，如封建意識、資產意識、精神極端，等等，我們也必有我們時代的批判武器，以及哲學家、思想家，而不再乞求於古人。每個人都應該完成他應該完成的、屬於他的使命，每個人也祇能完成他被賦予的使命，且他的理論，他的哲學亦如此。任何超出都是一種不正常的現象——時代並沒有實際進步，迷信沒有打倒，有些人別有用心，總之，主要是政治的原因。因為，哲學本身不能受政治影響，它無論經過什麼過程，哪怕完全被歪曲、顛倒，它也必將會達到它的真自身。不過，哲學家、思想家卻可能例外。我們寧可說有些哲學家是哲學家，而有些實際上不是；我們也寧可說那些「有些」是哲學家的哲學，是哲學，而有的則不是哲學。這後一點，在黑格爾、馬克思那裡都不奇怪。這些對我們堅持哲學本身的方向是不能少有的。

　　在一定領域裡、一定限期內，一切都是暫時的，祇有哲學本身才是永恆的，祇有抽象哲學才是不能在任何時代少有的。其他，即使是哲學另外，或具體哲學都將不斷消失，直至最終完全納之於抽象哲學或哲學本身之內，那時，不復再有這種種範疇、概念存在。因之，哲學本身不受任何他範疇支配、左右，它除了

以世界為對象之外，不為任何具體東西約束、干擾、制衡，它除
了引導世界，使之成為有機整體、同於整（連同自身）以外，不
為任何具體世界服務，它絕不是奴隸，它是領導者、支配者。這
種所謂的領導、支配，不是外來的、強加的，而是世界本身故有
的，且為哲學不斷發現的，亦為科學所不斷發現的，故是哲學家
們研究的對象。

　　我們的世界概念不是任何的具體世界，也不是任何部份世
界，而是全部世界——全部已存、現存、將存以及將來被創造、
被發現的世界。沒有創造出的世界將會對我們的發現，並其改造
具有更重大的意義。不過，創造是由世界的前提決定的，我們決
不能創造所有的世界，我們祗能創造那些被稱之為事、物、境、
象的部份世界，而且，這種創造還必須根據我們發現了的意、
理、性而有。這種發現與創造是一種回昇運動，是由人為或非真
過程，並經由更為廣泛、更高級的人為或非真過程，而不斷遞進
的。毫無疑問，那些尚未發現的和尚未創造的世界都將比現行世
界更近於真必然，雖然它本身也不真。

　　我們很自然地觸及到了世界的動因問題。沒有任何一種單獨
的原因可以全部地佔有這種說明，我們祗能說我們尚未發現全部
動因，而決不可以把問題終結。這首先是因為世界至今尚不肯暴
露給我們它的真必然；其次，我們的智慧有嚴重的缺陷，我們承
認過去的許多解釋是有道理的，但也必須同時說，那僅是部份動
因，祗是部份解釋。這樣說，無疑是不肯給我們那些已故的哲學
家們一點面子，不幸的卻是事實。

　　我亦不能立即說明世界的全部動因是什麼，但我可以這樣
描述：某些相互作用的統一，無論是顯性的統一，還是潛在的尚
不發現的統一，都將是世界衍繹的基本動因。統一是意含運動、
鬥爭、抗衡、制約、矛盾、同一、掩蓋、回昇諸義的概念。這種

相互作用的統一被說成是世界的動因，本身具有的特點是複合、多維、抽象的。我們不能幻想我們已經發現了全部，我們祇能說我們願意堅持這個方向。這些相互作用是什麼呢？我目前的解釋祇能是：真必然作用、非真或人為作用（包括集體作用、個體作用、物質作用），等等。雖然真必然一直潛藏著，至今沒有出現（今後也未必因為有人這樣稱呼它，它就立即出現），相反卻被大量紛紜複雜的非真或人為必然代替著，似乎是在執行其使命、發揮其作用，但，它的潛在作用、價值絲毫而且一刻也不可否認，它決定著世界的方向，它本身就是世界的目的。如果說科學、哲學有什麼作用的話，那無異於說，祇有科學、哲學才有能力發現真必然，且不斷地拋棄非真或人為必然的東西。

　　所謂個體作用、集體作用、物質作用都不過是非真或人為必然的作用，因之，我們說這些是世界的動因，它們首先不能離開真必然的前提，其次，它們是相互作用，而非單獨作用，再次，它們都具有階段性、領域性，是歷史的、空間的。它們決定過程、階段、領域，它們構成內容。說它們是基本的，是說，沒有它們，真必然也毫無必然了，實際上的世界也不存在了。祇是，它們不能孤立地、單獨地起作用，它們祇能相互作用。它們亦不能相互代替，否則，那將使世界失去平衡、失去複雜，走入歧路。不過，這後一種情形倒是在歷史中經常發生著，特別是人的世界、人的自然界都曾如此，有的還在如此。我們必須揭露這些，我們沒有理由否認和迴避這些。感情意義上的否認和迴避都是無益和不可能的。它們的確會被否認，可那必須依賴科學、哲學的造就。

　　有人說這種現象叫異化。哲學自身認為，異化的概念是不準確的，因為異化往往使人祇注意到後果，而忽視了它是一個過程，故容易激起人們的感情情緒和政治情緒。雖然，人類的好的

感情、正義、好的具體哲學、自然哲學、政治哲學等,都反對惡的現象和結果,但哲學本身絕不會在這些日常小事中兜圈子,它認定這些必然會消失,祇是不提供任何方法和手段。準確的概念應是「自化」。自化不僅指明了過程,還包含了結果。

因而,對已有歷史和現實現象的追究,我們不能認為是哲學本身的職責,而是哲學史或意識史,或歷史學研究的任務。當然,哲學史、意識史最根本的主題應該是哲學本身的前導,沒有或不進行這種前導性的研究,有關哲學史、意識史研究的真正價值和意義也就沒有了。

我提出這種方法和觀點,並打算宣傳、倡導、堅持它。

我們的哲學被引入歧途,最少在馬克思以後,我們忽略了對哲學本身或抽象哲學的研究,這是鐵的事實。我們必須改變這個現實,恢復抽象哲學的權威,推進它的發展和進步。

一九八三年十月◎

24.全部人類不平等觀念[8]起源於人對世界的認識不足，起源於社會基本動因的原始狀態，起源於人對自身目的的狹隘偏見。

不平等（全部有關的概念都容於內）並非階級社會獨有的觀念，全部過去社會、現在社會以及將來的社會都有這種觀念存在。正因為如此，所以哲學認為，不平等觀念是社會屬性之一。哲學進一步認為，不平等觀念是世界屬性之一。而當我們討論人類不平等觀念的時候，應優先討論這後一命題。

不平等觀念是不是世界的屬性呢？我們先來理論一下。

一個普通的事實認為，任何事、物、境、象，都具有一定的意、理、性。我還要進而堅持說，任何事、物、境、象都祇能具有意、理、性，而不能產生、創造（無論自為或他為）意、理、性。我們祇能說我們尚未發現世界所具有的，而決不可說世界尚未創造出新的意、理、性。

形在（即事、物、境、象）是可以自為或他為的，而性、理、意卻不可為，祇能有。這裡，我們必須討論什麼叫「為」？一切和產生、創造、再生等概念有關的概念，都是「為」。這些概念所描述的行為就是「為」的定在。「為」是世界發展、進步的必需手段之一，沒有「為」也就無所謂時間、歷史、事件等。問題是，「為」的對象、客體是什麼？

通常有一種觀念認為，「為」的對象、客體是不能分類的，一切皆可創造、再生，不能認為有一部份世界是不可以創造、再生的。總之，「為」就是一切。毫無疑問，作為一種人類奮鬥的口號，它將是非常有作用和意義的，但我們很快就發現，這個即使在人類內部作為口號提出的命題，也是極不科學、妥當的，它本質上是一種歪曲，或者說，它是哲學本身所不能容忍的。

為此，我們先要論定世界的概念。世界被區分為形在世界

8　原稿有標題：《不平等觀念的消除以及我們遇到了什麼？》。

和意識世界；世界由事、物、境、象和意、理、性所組成；以及非人的自然世界、人的自然世界、人的世界、精神世界、思想世界、一般意識世界亦組成整體世界等等，是人對世界的一種理解。這裡，意識是必須重新理解的概念。意識是指，精神現象、思想理論以及人以外的全部其他具體世界所具有的意、理、性。由這些所組成的世界就是意識世界。為區別起見，我們又將意識世界分類為特殊意識世界和一般意識世界，前者用以指稱人所具有的意、理、性，即精神現象、思想理論之類，後者則用以指稱其他全部各具體世界的意、理、性。

我認為，有些或部份世界，即事、物、境、象的世界是可為（自為和他為）、可創造的，而其他世界則不能指望依靠創造、為去發展的。這就產生了一個矛盾：既然「為」是不可能的，那麼，全部世界的進步、發展又是任何實現的呢？由於我認為，任何形在的世界都具有特定的意、理、性，任何新的形在世界也必具有新的意、理、性，於是，形在（亦即器物）的求新就成為了方向和需求。因為，新不僅在說明形在在變化著、發展著，而且，也在說明新的意識世界出現了、具有了。也就是說，作為推動世界發展、回昇的具體手段，其實就是對形在世界的不斷創新、產生、再生、自為、他為。

世界不是人獨立創造的，世界首先是自為的，而他為那是很久以後的事，並且，他為還是一個必須加以解釋、限制的概念——相對於此在和彼在而言的「他」，非是整個世界的「他」。自為才是永恆的，他為總是具體的。不過，有一個相反的事實值得注意，這就是，他為往往比自為更直觀、更具效用、更能為人們所接受。當然，這祗是假象，它意味著人在主宰著世界，而不是相反。

　　他為總是針對具體世界而言的，當人的行為對象或客體是其他具體世界的時候，人是物外物、事外物、境外物、象外物，這「物」不是事、物、境、象的本身，是人強加的，是人運用自己超乎他物所具有的意識所強加於他物的。同樣，物與物之間的這種作用也莫不如此。由於他為在人的世界中特別突出，故人們經常在強調人在改造世界、創造世界的想法和觀念。這是一種人類哲學的偏見。祇能說人在創造著部份世界——形在世界。

　　鑒於同樣的理由，我們可以泛泛地把他為的概念用人為來代替。祇是有兩點需要說明，①任何具體的他為都可以歸結為人為，而不僅僅是人所為；②人為必得作哲學引申，它是一個範疇，是自為世界的表現，是世界進程的手段、方式，是未來世界的條件。

　　整體世界首先是自為的，任何具體世界亦是自為的，他為僅居輔助地位，而一切他為又局限在整體世界之中，這樣，自為就是一個永恆的概念。它是世界所以進步、發展的根本的、本質的手段、方式。自為亦是一個抽象概念，它是指世界本身如此、本能如此，沒有外在，沒有世界之外的他為。基於此故知，一切他為或人為都是非真的，一切具體的自為亦是非真的，它們都是一定歷史過程中那種用以表現具體狀態、中續過程和自我實現的方式，所以說是非真或人為的。

　　雖然，自為是世界的根本屬性之一，但，真正的自為或抽象的自為，卻一直被潛藏著、歪曲著、代替著，人為或非真的他為幾乎表現在一切領域和時間裡。很顯然，人為或非真的行為與人為或非真的必然根本不是一回事，我們更多表現著的是人為或非真的行為，而不一定是人為或非真的必然，但二者之間卻有著邏輯關聯性。關於後者，我們以後還會談到，這裡暫不細述了。很

清楚，世界的根本和基本力量是世界的自為作用，而自為本身就是一種統一。

自為的根據是什麼？我們應該問清楚，自為的根據是什麼？以及為什麼又可以人為？世界是怎樣自為和人為的？

世界的本質是自為的。在人們有限的認識範圍之內，他為或人為起著更為主導的作用，世界的創造和發展一概依賴於這種主導化的手段。由於手段或過程本身不是原因或力量的來源，因之，尋找真正的原因或來源，就成為了我們的另一論題。

我們堅持形在是第一性，是基礎，這樣說決不可等同於另外一個命題：形在是決定性的。起決定作用的東西是本質的東西。順序前列的東西、基礎性的東西不應該就是本質的東西，更非是決定性的東西。我們應當追問，形在的本質是什麼？形在的本質是形在所內含的和所具有的東西，即，形在的屬性，或我們現在稱為的意識。形在永遠是可為的，而內在的屬性卻是不可為的；形在不但可為，而且可以人為，但意識卻祇能具有，祇能被特定的形在所具有。形在的可為性，以及怎樣為和其為的方向等等，都由其內在決定，決不可相反。

形在根據具有而產生，並因此去創造新的形在，這新的形在又具有了新的內在。亦即，根據原有的意、理、性——可為性、為什麼可為性、方向性——產生或創造出新的事、物、境、象，從而使之具有了新的意、理、性，這便成就了一個環節；爾後，又根據新的意、理、性，再生成新的、更進一層、更高級的事、物、境、象，這樣又成就了下一個環節……如此不已，過程的鏈條就形成了。環節是過程的部份，一切過程因此不斷地成立，回昇成為可能，全部世界的歷史就是如此聚成的。

知識是什麼？科學又是什麼？知識和科學都不是目的，而祇是手段、方式。知識顯而易見是一種認識的結論，科學則是對結

論的提煉。知識依據世界的層次而劃分，可以有形在知識、本質知識，以及介乎二者之間的現象知識。在此基礎上，科學可分為技術科學、精神科學和理論科學。

技術科學是與形在知識相對應的，它主要包括操作、工藝、發明、製造、革新、設計等等行為，技術科學有時也稱為自然科學。

精神科學是現象知識的歸結。現象知識祇以現象世界為其內容，而精神科學則是對現象世界的研究，對現象知識的總結、分析、提煉，它是一種非高級的科學，是最能為人所利用的一門科學，也是人們熱衷於迷信、宣傳、鼓吹的一門科學，屬具體哲學的範疇。

理論科學是對本質知識的研究，它是純知識的科學，它直接服務於世界的目的，而不為脫離世界的人服務，相反，它卻能引導人走向世界的目的。它可以最終克服人的目光短淺、各種偏見、各種十分或完全錯誤的觀念，以及各種具體哲學而達到哲學本身，達到真必然。理論科學就是抽象哲學，就是哲學本身。

知識是怎樣得來的呢？科學又是怎樣興起的呢？事、物、境、象祇能具有意、理、性，而不能創造意、理、性，所謂知識即人們不斷發現意、理、性的後果。因此，我們可以有這樣一個命題：被發現或被積累了的意識即知識。知識是發現的後果，而非產生的後果，更不是創造的後果。人們經過發現而有知識，經過學習而有知識。我們現在還缺乏真的知識，不是它沒有產生出來，而是它還沒有暴露出來，所以人們還不能發現它。科學是人們在大量知識材料的基礎上進行研究的結果。科學的興起是由於知識積累較多，以至於分類、歸納、研究、提出結論、指明方向等成為必需的結果。科學的最終目的是尋找世界的本質、目的，是探求真必然，而此前的全部作為、方法、手段、表現著的那些

科學，都不過是過程而已。科學最終是抽象的，是真必然的，此前的全部科學都是非真或人為必然。

任何意、理、性都是自存自有的，被發現之前它存在，被發現之後它亦存在；有人存在它存在，無人存在它亦存在。未知，祇能歸結為人們尚未發現它，而不能說尚未具有；尚未具有是說，因為它的基礎形在沒有被創造或再生出來，而不能說人們的發現已經終結了。

具體世界的意識不是全部已有了，因為許多具體世界——形在的世界——尚未被創造、再生出來（主要原因是過程未完成以及人們對世界的內在發現不夠、研究不夠），因此，不能說我們已經認識了世界的全部，我們祇是認識了極小的一部份。正因為人為或非真必然對世界的過程非常重要，因而，從過程言，如果沒有人為或非真的創造、再生，就不會有關於世界的再認識、再發現。

實際的情形不外是這樣的，我們已有的知識有很多是虛假的，這是因為我們今天所具有的認識能力不容許我們認識大量真的東西，哪怕這裡的真還僅是具體的真，因此，我們根據假的，即非真的知識去認識世界並作出結論，可知，這樣的結論大多是虛假的。然而，這樣的假卻不能沒有。我們必須、也祇能依賴這樣的假的知識去指導我們的人為、自為、他為。故知，我們現在、過去所有的知識和結論，以及由之所形成的歷史、過程、範疇、領域等等，都是人為或非真的。此表明，我們首先有了非真的根據，繼而就有了非真的知識，進而才有了人為的創造和再生。

知識是人的經驗和概念，它不能自身排除錯誤，排除錯誤的唯一有效手段和方法是科學。科學即在於說明，過去總是錯誤，而現在和將來還要不斷地錯誤著。我們有的不僅僅是錯誤，人為

或非真作為範疇言，它是過程的，這裡，過程和錯誤具有有機關係，此意味著，我們不得不經常拿錯誤充斥過程，所以，錯誤及其錯誤的過程是不能迴避、消滅的。當然，過程畢竟是過程，它必然要受必然性的規定、約束。這樣，對我們而言，無論我們認識與否，知識、過程的虛假、非真及人為諸品性，就成了這種必然的特定，以此，我們稱它為人為或非真必然。

我們現在祗能讓知識停留在現象知識的階段，停留在形在知識的階段。其原因在於，我們的當下過程或階段還是非真或人為的，我們的形在知識、現象知識還相當貧乏，其認識、發現的還相當不夠，我們的研究更是低級。因之，所謂自然科學和精神科學便成了我們時代科學的主要支柱，而其實，這些所謂支柱的科學都是以人為或非真為其對象、客體、內容的。這種趨勢還將發展下去。其中，各種具體哲學得到了充分發揮和完善，而更多的是走向了極端（這些已成為了我們哲學史和思想史的內容），特別如宗教哲學、政治哲學、科學哲學之類（更不用說那些語言哲學、分析哲學、邏輯實證主義哲學、經驗哲學、心理哲學、實用主義哲學了）。可以肯定的是，具體哲學的命運都祗是過渡性的，科學哲學將成為這種過渡的高峰——具體哲學將通過它而走向抽象哲學。

和具體世界的意識有所不同的是，整體世界所具有的意識是與整體形在同時具有的，祗是，它一直被潛藏著，祗以自己特有的作用方式和力量支配著世界，規定著世界的發展方向。我們所以不能發現它，或者說它所以要潛藏起來，是因為世界的人為或非真的這個條件、這個過程尚未完備。一當全部世界經過了人為或非真的過程，整體世界的意識——被視為根本屬性的那個意識，就會全部顯露出來。所謂顯露是說，它就是世界本身，世界本身也就是它，一切都為它自身，它的自身就是一切。我們祗有

在這裡才能找到全部不平等觀念，包括人類不平等觀念的最後歸宿。

　　在非真或人為的過程中，各類群體都有各自的具體目的，甚至各個個體也是抱著生活目的而存在的。這些目的以類或以己為核心原則，都具有排他性、征服性，故始終以己或己類的生存為第一需要。可以說，這一非真且人為的目的在過去的歷史中是超越一切的。此外，人們還有追求快樂、幸福之類的需求。問題是，這些需要、目的都是以否定他者、他類的目的、需求，犧牲他者、他類的形在來實現的。對人類言，在所謂意識、觀念、知識的幫助下，我們的這些自為、人為、他為可以說是畸形、變態的，它已大大越出了一般所言的非真或人為的界限，的確值得我們反思和檢討。當然，無論多麼畸形和變態，它仍然是人的行為，我們無法在非真或人為必然之外去解釋它。

　　實踐——某些形在可以犧牲他類、他者為己類的生存基礎，可以否定他者、他類的目的以實現己類的生存——表明，非真或人為必然始終不是一個完善的狀態，特別在它的早期。故知，所謂生存的有效滿足，經常是以發生危機和充滿血腥的方式來實現的，而所謂幸福、快樂之類祇能是願望。如果外加考慮諸他具體世界的各種反抗方式和行為，我們很容易想像出一個充滿不幸、痛苦、凄慘、悲哀的世界。這些便是特殊的人為或非真必然，從中，我們看到了不平等的狀態和事實。那麼，當如何解困呢？

　　世界的開端是從混沌開始的（至於有沒有開端，同我現在要討論的主題不是同一的），爾後，分類出現了。分類就是非真或人為必然的開始。然而，分類也好，非真或人為也好，決不是要讓世界滅亡，決不是為了某一類的特殊目的而作出的選擇。它可能容許某些類超越在他類之上，但這種超越不是為了某類的自私，而是為了強加責任。故知，分類祇是說明一個過程的開始。

而且，不管這個過程的實際內涵多麼地不能為最後的真所肯定，同時也不會為理論科學所褒揚，可是，過程本身是必然的，是不能缺少的，一旦缺少了，就無所謂世界的目的。可見，包括不平等在內，它其實就是世界的非真或人為必然的具體內涵。更重要的是，不論這種必然如何地虛假、不真，它的內容、方法、方式、手段、作為，及各具體的原因、具體的過程都是不能缺失的，一旦缺失，就不會呈現真必然本身。

混沌的世界經過痛苦的分類以後，各類開始自我存在、發展，這些存在、發展即使在今天看來也是無方向和結果的，不過，我們不能就此下最終判斷。的確，世界的本質、目的全然被這些變幻莫測、紛紜複雜的形在及其作為淹沒了，可理論哲學仍然堅持認為，這些祇是假像，不足為怪。也許，必需打破狀態，必需有一種力量，它可以超出其他一切力量，可以征服各具體世界，把各具體世界推進、引導到一個結構之中，最終形成一個完整的有機（世界）結構，而自己不再在其中尋找特殊的地位，追求特殊的待遇，並能使具體世界融於一體，不復出現差異、等級，以此實現整體世界的真必然——整體意識。

這種力量是什麼呢？應當是人的某種潛能吧。

一九八三年十月◎

25.留下一個「黑箱」，但也應留下一個空洞，讓後人從這裡去看未來，以便衝破「黑箱」，達到未來。

認識的質點同內容的質點始終不能一致。我以為，內容的質點會不斷地接近真點，接近，接近，不停地接近。不過，我不能斷定，它就能達到真。認識的質點給我們留下了副宇宙，我們從這裡（一個假設的非宇宙）俯瞰宇宙、認識整體、認識抽象、認識一切事物，結果是我們有了假的知識和觀念。衝破人類認識的軟弱，衝破相對性，走出假像宇宙，走向整體意識！

全部體系都是封閉的體系，凡體系都是封閉的。我們既要體系，又要不封閉，還要後人、未來，得打破矛盾，做一個新的嘗試。

存在之必然，或自在之必然與過程之必然，或屬性、性質之必然是應嚴格區別的。前者的在、自在、自有，是客觀而論的，後者是發展、過程、歷史、結果，是原因、前件而論的；前者是形的問題，後者是質的問題；前者是形體問題，後者是性的問題；前者是外在，後者是方向。準確地說，前者不能用「必然」這個概念，即，把存在作為必然來理解是不能成立的，然而，必然又不能沒有某種存在作為外殼，因此，我們祇得設定存在是一種必然。這便是必然被區分為真必然和非真或人為必然的原因。

一九八三年十月◎

26.世界的目的在世界開端時即蘊涵於世界本身之中，祇是不能立即暴露出來。它被掩藏著，被非真或人為必然掩藏著。從世界開始分類時起，世界被走入了非真或人為必然的過程中。在此過程中，非真或人為必然幾乎無所不包、掩蓋著一切，並以此呈現出複雜化的現象、事件，人們以為其真、以為其實，並由之作出了關於世界的解釋，進而形成了具體哲學。而實際上，真必然的作用一刻也沒有放棄過，它雖然被潛藏了，但一切非真或人為必然都祇能在其上、下、左、右活動著，不會離去很遠，即使有很多反常的、不可理解的現象出現過、出現著。

世界一直被增補著——通過非真或人為必然增補著，結果是，一方面使世界不斷趨於進步、完善、發展，另一方面，也使人們不斷地認識更多的意、理、性，並在此基礎上慢慢地、逐步地發現真。增補雖然不是真本身，可它卻能迫使真作出脫出外殼的功，從而有了真的顯示。

世界之真雖不會從一開始就顯露出來，但這不等於說它從一開始就不具有。這種有絕不等同於後來被暴露出來的那種人們可見的東西，也不等同於在世界的過程中被人們發現的那種可稱為觀念的東西，具有的東西，必須經過中間階段，必須經過過程，然後才能使之完善，使之暴露。這個過程就是非真或人為必然的過程，這個過程就是增補的過程。一切在將來顯現的東西，都是經過回昇的那種在一開始就具有了的東西。

所謂世界的目的、真必然、整體意識，都不過是方向而已，絕不意味著某個特定的目標、終點，它是一個過程，而不是一個以極端的人類主義為轉移的結果。無論是發現了真必然的人類，還是完全被動著的他物，都將祇能作為整體的有機部份存在於整體之中，絕沒有誰可以凌駕於其上。

　　我們所以堅持副宇宙觀念，是我們已經把握了一種方式，這種方式是對宇宙的一種模擬，通過它，我們可能接近真實，而非是我們通過它達到什麼特殊的、具體的目的。任何人為的、具體的模式都是副宇宙觀念的表達，然而對真而言，任何具體模式都祗能是假象，是過程中的暫且。因此，我們反對一切以極端人類主義為核心的人為或非真的模式，也反對在人類智力尚不發達前提下人們認識世界所表現出來的軟弱的結論，那些不過是算命先生、神學家、政治家、玩弄思辨的人的拿手板眼罷了。我們決不可拿今天和過去的人為或非真必然去敷設未來的模式，我們應該拋棄我們現有的具體世界模式，站在它的外面作出通盤的觀察和思辨，得出世界真必然的結論。

　　所謂世界的必然經由混沌─分類─結構─有機整體。最後的那種有機整體，僅僅是理論對世界的一種要求，而非是理論的終結以及模式的設計。有機整體祗是一個無限過程的質的抽象，決不能賦予它具體內容。我們不能這樣做，也不可能這樣做。我們願意打破一切封閉的體系，而決不為體系本身，甚至世界所約束、絆住手腳。可以說，一切已有的體系都是封閉的。體系所以能被封閉，一是我們大多數的哲學家自視非真或人為的那些東西是真東西，從而陷入了具體哲學或哲學另外的泥潭而不可自拔，結果是體系本身被異化了的、祗能被作些許變化的具體世界所敗績；另一是那些從事著抽象哲學或哲學本身研究的哲學家們，仍不能放任思維去追索那世界的本質、世界的方向，結果半途而廢，祗能作出半截子的結論，從而也形成了封閉的體系。體系的封閉，是不肯給後人留下一點，哪怕是一小點用以窺視真實世界的小孔洞，反而祗是致力於讓人們服從其體系的勾當。

　　我們終於不能容忍這一切，我們必須讓哲學本身充分發展，以達於奔向自身的境地。

　　「你什麼時候來解釋現實?」我必須說,再等些時候。我們不會把生活忘得一乾二淨,我們的哲學副音(哲學本身之外的思考及解說)也經常提醒我,不要忘了對現實也作出一些貢獻來。一切作為內容和規定的東西,將必由後來的世界自己選擇,我們絲毫不想對其作出具體的說明,因為我們不可能(世界也不容許我們)這樣做。我們祇能從現在可以發現的領域去發現並研究某些範疇、方向。我們首先得尊重世界,但更重要的是我們不能脫離世界而得出世界本質的結論。方法論要求我們拋開具體世界而作出真必然的思辨,這並不等於說我們的理論不要世界。

　　世界絕沒有終點,而祇有範疇、領域、階段、過程。世界也沒有質點(一種物理意義上的核心),所以,我們不要幻想能有某一質點,並使世界達到它。我們祇能認為,並促使世界走進範疇、階段、領域、過程之中,進而使之完善起來,日益趨近於最終的「場」。

　　以人為轉移終將是一個錯誤的觀念,不過,不要急於否認這一命題,因為世界的增補、回昇主要是人力作用。正確的表達是:有一天,人對自己的認識等於世界本身。

　　　　　　　　　　　　　　一九八三年十月二十三日凌晨◎

27.過去的哲學以人類為中心，以人的世界為圈子，其結果是把人類自己逼進了死胡同。一部份人認為必需如此，另一部份人則認為必不能、也不應如此。

過去的哲學以人的目的為世界的目的，以人的本質為世界的本質。人類超越在自然之上，這已是並還將是很長的歷史過程，但這決不等於人的目的，更非世界的目的。人類超出自然，僅僅是作為現存的手段而已，它是作為「突出」而存在的，而不是為了分離。突出是為了使世界得到某些增補，其中，當然也會滿足自身的利益，祇是這些利益最終不是造成對立，而是趨於整體的完善，即自身利益等於整體同一。

過去哲學塑造了人的前途、人的使命、人的能量，但那都是虛假而不真實的。絕對精神不是真的本質，更非本質的真諦；經濟前景——即使那種附於政治手段的經濟前景也不是真的方向，更非真必然；人的使命並非人自身，人的能量亦遠非可以設定的極限，人的能量是世界潛在的一種外在表現，而不是人類的某種極限、標度。使命是整體的方向，而不是某個終點。

哲學應超在形在的人之外，哲學本身應引導「副宇宙」行進至世界的本體，而非成為中止世界的擋路神。

副宇宙是作為體系設定的，而非世界的外在、另外，它的本質是世界的內在，故當與世界同一。其設定不過是為了理解的方便而已。

我們現在不能達到的東西，其實也在這個領域之內，世界也必走進這個領域。領域，是否是說，領域之外還有外在？等待解決。

一九八三年十月◎

28.人為的真實意義是，人的目的、本質是絕對的，人的利益和需求高於一切，所謂歷史不過是人類達到幸福的過程，凌駕於一切之上並為之奮鬥，是極積的人為，凌駕於他人之上並為之奮鬥，是自私的人為。人為是把人自限於滿足物質慾望之中，或者把人規定在某種精神以內（絕對精神、共產主義精神等等），不失為膚淺的慾望、狹隘的精神。然而，人為的真實意義不止如此，祗是人們沒有或不願意繼續挖掘罷了。人為的真義在於，通過人的完善，而最終與世界同一完整。不過，在此之前，人為更多顯現的是它的非真性。這樣的人為，既不等於世界，也不等於真必然，祗是某種中間的存在。

我開始祗是假想人類的兩種需要完全滿足以後的情形，再不敢繼續想下去，因為我想不出任何結論，認為那簡直是不可想像。後來我發現，當時祗是錯覺而已。我不但可以使黑格爾的必然解體，使馬克思的唯物史觀偏狹，而且，我還可以衝到現在所說的某種盡頭，開闢一個全新的天地——副宇宙。我的整體意識也不能如原來那樣解釋了，我應該批判那份提綱中的某些主要觀點。我抓住的真必然不再是人類的整體，而是世界的有機一體，世界的目的、方向、本質，人類不過是其組成罷了。但在有機一體以前，人始終是特殊的世界、特殊的存在，它是世界回昇過程中能夠（自主）表現著的主要能量形式。其後，它不是以功臣自居，超然其遠，而是成為有機一體的內容。人類是崇高的，卻不可永遠是特殊的。人類會自覺認識這一點，也會如此進入整體世界，進入真必然。

人類將比現在、過去都好，但不會孤賞其芳。人類祗有達到了這個意義，才是最偉大的。人類必是最偉大的。

人為社會意識階段，其使命是把世界，特別是人的世界及人的自然世界歸之於結構，做好下一階段的歷史準備。而這種結構

的成功，必依賴於科學事業的發達和整體世界的相互作用。

一九八三年十月二十八日◎

29.我曾經說過這樣一種意義：空間和時間及方向都是人為或非真必然的，因為，它們都是人的智慧所要求的。人為了方便起見，在周圍世界的範圍內尋找了某個點，並以此點為基礎假設各種度量，從而有了種種諸如空間、時間、方向的概念。愈是在最大限度內表示概念的那種設定，愈會為人們所共同承認，也就愈被認為具有科學性。但實際上，我們的這些概念都不過是具體的設定而已，它們不具有任何本質的涵義，或說，僅祇是某種假象的說明和設定。所以，作為人的發現和設定，它們僅僅適用於人類實踐的領域。因之，可說是人類的智力規定了人為或非真必然。

比如空間，它不過是形在的距離或長度描述，具有實體性，而其實，世界本身是沒有距離和長度的，也沒有任何起始的點，其真即意味著世界本身的無限。我們所以稱某為空間，是因為在我們現在的理解中，祇能用有形的狀態——距離、長度之類——去說明世界，我們祇能通過設定概念、範疇、定義、定理去固定知識、解釋，使每個人（或多數人）知道是什麼、為什麼、怎麼樣，於是，我們便有了空間的概念。故知，空間其實是一個牽強附會的設定，當然，它可能是最有意義的設定。說它有意義，是說它可能與真空間（簡稱真空）近似，是一個可趨於真的概念。問題是，我們是否能認識真空？這不是一個可以絕對回答的問題。因為除非人類走進了真空，並同整體真空成為有機整體，否則，這是一個無法研究的問題。

時間也是如此，它也是一種距離——此至彼的距離。任何此和彼都是形在世界的屬性，如此物至彼物、物的此至彼，而非世界本身即是如此。我們非常習慣於時間的概念，以致離開了時間就無法解釋事物。其實，時間的假象性是毋庸置疑的。從長程來看，它祇會幫助人類論證膚淺和具有根本過錯的結論，而無法證

明其真實，除非我們能融入有機整體之中，而不僅僅讓時間作為我們存在的證明。任何設定的判斷祇能匡限假象的事物，本身無限的東西是不可能被有限所規定的。由此，我們可以想像，我們的後人或許對我們今天的諸多結論、想法、判斷感到不可理解或詫異：依靠設定生活且在假象中的人是幼稚的嗎？

　　方向同樣是一個需待研究的問題。它有一個不明確的領域：世界的方向、目的是什麼？如果這樣提問，方向問題則屬於真必然問題，其答案是確定的，即，所謂方向是形在與真必然結合的過程化導向。除此之外，我們說的方向更多是一個虛設的概念，它是說一物所動的進路。我們祇有知道了物的進路，才能知道形在的狀態，才能知道如何存在、如何生活。如上所言，形在是虛假的，所以，同空間、時間一樣，方向也是一個虛假的問題。所謂虛假是說，真的某種暫且狀態。當然，這樣的判斷並不妨礙我們對虛假的熱衷，我們需要存在、需要生活，需要對形在狀態的判斷，所以，我們的科學及其理論之類，都是這類事業的重要表現，它們研究具體的物、具體的形在，以求對存在的理解。

　　真是非存在的，它不為那些膚淺和錯誤的認識存在，但卻會幫助、引導我們通過人為或非真必然走向真必然。

一九八三年十月三十一日～十一月一日◎

30.人類經過了一個時期的自我鬥爭，特別是有人把這種東西上昇為理論，誘惑了無數的崇拜、信仰者為之實踐以後，再回頭來看一看過去那許多思想家們的善良、仁慈、敦厚的志願與思想，不免有很多輕鬆的感覺。其實，二者都有他們正確的地方，同樣，二者也都犯有他們的根本錯誤。

美好的大同世界、極樂世界，以及行善、篤仁等等，都是社會應有的屬性。問題在於，他們過早地發現了這些，並以此而有理論或精神體系，甚至形成社會力量，衝擊社會結構及存在方式，他們的發現既缺乏實踐的社會基礎，也不是一種完整的發現，更不是完整的描述，結果是，他們的發現祇能變成流產理論。應該說，世界必須經過一個非真或人為必然的過程——甚至可以認為，其中有些是十分可怕的階段——以後，才能行進到接近於真的階段，此前的實踐過程是萬萬不能缺少的。因此之故，人們會給善良的思想家們一個美的頭銜：「空想社會主義思想家」。

人類自己鬥爭自己，並形成一整套系統的鬥爭哲學、具體哲學，在於某些思想家把人類實踐過程中極端化的東西推進到了絕對的境地，繼而將其渲染成所謂哲學思想。其實還不止於此，很多時候哲學史也被他們歪曲了，由此種歪曲所得出的歷史結論，也不是哲學所應有的。哲學祇能把這些作為一種具體的實踐形式，並因此承認它的地位、作用，絕不會賦予它更高的聲譽。另外，導師們所想像的絕不一定就是後來的信徒們所能認識到的，因為信仰者畢竟是實踐家、政治家，而非哲學家，其越格、偏激，甚至欺騙之類就不可避免。

我們祇能說，經過了這個過程之後，我們尋得了一些較好的認識。不過，要消除人類自己鬥爭自己、消除人們的不平等觀念，那不是可以在人為或非真必然的過程中所能解決的，它必須

隨真必然的實現而消亡。全部消亡是說，整體世界是有機的整體。而這最後一點永遠是無限的。

一九八三年十一月◎

31.尊敬的吳老[9]：

祈安！蒙不棄後學，使我不盡欣慰。本欲當即寫信敬謝，但終於冷靜地思考了這些日子，現在再寫信，覺得要妥實得多。

我從來難於給人留下好印象，如果偶然聽到一兩句好的評語，那多半是別人對我的不瞭解。我不想把這意思強加給您。但無論如何，我幾乎很少有滿足、滿意，而這一點使我也把「世界」拒之於外了。於是，我祇好孤立自己，進行聾人聽聞（從前叫做不知天高地厚）的理論體系的構制。基督教、康德、黑格爾、馬克思都不能避免偏激、膚淺、狹隘的事實，什麼可以作為我們時代和世界的內在呢？我們的歷史又究竟是什麼呢？我將不遺餘力地作出思考和探索。

我們不能如德國那樣，直接找到自己的路德、伏爾夫，是誰第一個向中國介紹了哲學？又是誰第一個使漢語能表達這種哲學？而中國沒有哲學家的事實，我幾乎在20歲以前就引為恥辱。這一半是歷史和傳統的原因，一半則是政治的罪孽。當然，像語言文字之類恐怕也有應負之責。不管怎麼樣，我能做（不如說我能想到）的，是儘量地改變一些。於是，我不想放過機會。關於語言，不久前我寫了一篇《略論現代漢語的改革及其方向》的文章，一位朋友拿去後，中國語言邏輯研究會打算報以學會會員的回酬。關於歷史，我近來正整理一篇《中國歷史發展規律的一般論證》的文章。文章是以前寫的，體系上不合我今天的認識，但，為上述理由，我打算不久送給您，以便爭取貴校學報一席之地。其原則是：如果說它還負有使命的話，那就應該把它拋給猴群（這是一次夢境）。

關於其他，我祇好聽天由命了。由於我已直接指向了老祖宗，遭遇諸如「精神污染」之類的政治龍捲風，我能說什麼呢？

9　這是給武漢大學歷史學教授吳于廑先生的信，時間當在1983年11月份。

我祇能仿效康德,用「晦澀」來「征服」世界。

　　中國不能沒有自己的哲學,世界不能沒有新哲學。如果說我有什麼動機的話,那這就是根本的。

　　……[10]◎

10　信未完,後面的內容不得而知。

32.關於老哲學

斯賓諾莎的永恆平行論，即廣延和思維是永遠平行的，它們統一於神。這是必須顛倒過來的命題。首先，平行不是永恆的，它們有終點；其次，必須改變神的內容，神的全部內容應該如我們所說——整體意識。斯賓諾莎的泛神論應該被理論世界所代替。

康德的「物自體」說，即「自在之物」說，說明了某種現象，但他否認了本質世界的可認識性，給人類認識的進步和世界的發展人為地構築了一道防堤，並試圖不讓我們穿過。這顯然是不能接受的。不過，另一方面，他又揭示了某種我們現在可能做得到的、那種前人沒有揭露過的內在，這就是精神和理性的那種必然。其實，它也就是那種所謂非真或人為的內在。康德有認識的局限性，他把認識絕對化了。他犯的錯誤是可以彌補的。我們需要把他認為的那種可認識的部份加以限制，把他認為不可認識的部份進行思辨。那樣，問題就可能解決。當然，康德是第一個系統地認識這種知與物之關係的人，我們得承認這一點。

黑格爾有絕對精神和必然性，其中，必然性的錯誤是顯見的，不待多說，至於絕對精神可說是一膚淺的命題。如果說康德在認識論，即手段和方法方面是膚淺的話，那麼，黑格爾則是在內容，即本體論方面是膚淺的。他以為，世界的本質就是精神，就是概念，這充其量不過是關於世界中層內在的概括，遠遠沒有深入到本質領域，而且，絕對是不存在的。當然，黑格爾從過程和運動的角度把方法論推進了一大步，這也是可以稱頌的。但，由於他的基本命題是籠統的、簡單的、粗糙的，因此，他關於過程和運動的所謂規定，也是機械的、模型式的。所以，黑格爾所建立的體系祇代表了舊哲學的某個頂峰，而絕不意味著哲學的終結。新哲學將在這些基礎上形成。不過，我們還是應該感謝黑格爾，他畢竟創造了應該包羅萬象的體系。

　　馬克思創造了歷史唯物主義，解決了遺留下來的許多歷史和現實問題，但就其理論體系而言，他祗是為法國的唯物主義根本命題作出了實實在在的、前所未有的完整論證，從而使唯物主義在這裡把歷史與現實聯繫起來，並預示了某種程度的未來，鼓動起了一個新的世界圖像，說明人類社會暫時的前途。他成功了，但是，他的局限性太大。因為他祗揭露了世界、人類社會中的那些非真或人為現象的一部份，而他又堅持說這就是問題的全部，於是，哲學便向政治和物化兩個方面轉向了。政治哲學在新的歷史條件下有了新的理論基礎和根據，看起來是給人提供了光明的前景，而實質上，人們祗是找到了一個最終的、密封的天堂，同時還意味著世界將要終結（且不說這個體系為政治家、政治騙子們提供了些什麼）。故這也是不能接受的體系。

　　總之，唯物主義對歷史的簡單解釋，和對現實的功利解釋都是非常有利的，容易解決問題，易於人們接受，但，它對世界的本質卻望塵莫及，對世界前途的解釋也是機械的、模型式的。

　　唯心主義具有靈敏、超越的偶見，但容易失之膚淺、狹隘。它們過於考慮後果而忽視過程、運動，故對世界的認識也是不深刻的，不能視為完善的哲學。這些都說明舊哲學具有很大的局限性和陳舊性。

　　更為重要的是，全部舊哲學以人類主義為核心、為基礎、為原則，具有不可克服的、根本的缺陷。它們的一切以人類為轉移，視人的本質為世界的本質，視人類的目的為世界的目的，以小取大、以偏概全，用具體哲學取代抽象哲學，並無數次地號稱，他們的哲學就是抽象哲學，就是哲學本身，把人為或非真必然的東西視為必然的東西，把精神的東西視為理論的東西、本質的東西，把具體的階段、具體的過程、具體的形態視為整階段、

整過程、整形態，人為地製造了人們的認識混亂，以及哲學的混亂，影響了世界的進程。這些是必須加以批判和清理的。

一九八三年十一月◎

33.原文：【〔附釋〕在對自然的理論態度上，α）首先是我們退出自然事物，讓它們如實存在，並使我們以它們為轉移……

β）事物同我們的第二種關係是，事物為我們獲得普遍性的規定，或者說，我們把它們改變成某種普遍的東西。在表象中思維活動變得愈多，事物的自然性、個別性和直接性消失得也愈多……

γ）這兩種規定不祗同實踐態度的兩種規定相對立，而且我們發現理論的態度在其自身是矛盾的，因為它似乎在直接促使成它所企求的情況的反面。我們未來是要認識現實存在的自然，並不是要認識某種不存在的東西；現在我們卻不是對自然聽之任之，不是如實瞭解它，不是感知它，反而使它成為某種全然不同的東西。……我們把事物變成一種主觀的東西，為我們所創造的東西，屬於我們的東西，而且變成我們作為人所特有的東西，因為自然事物並不思考，也決不是表象或思想。按照前面我們首先看到的第二種規定，正好產生出這種顛倒，甚至看來我們開始要做的事情都會被立刻弄成我們所不可能做的事情。理論的態度是以抑制慾望開始，是不自利的，而讓事物聽其自然和持續存在。通過這一姿態，我們立即就確立了兩個東西，即主體和客體，確立了兩者的分離，即一個彼岸和另一個彼岸。但我們的意圖卻毋寧是掌管自然，理解自然，使之成為我們的東西，對我們不成其為異己的和彼岸的東西。於是這裡就出現了困難：我們作為主體如何過渡到客體？如果我們允許自己想到跳過這一鴻溝，並真使自己受到這一誘惑，我們就會去思考這個自然界；我們使自然界這種與我們不同的東西，變成一種同它自己不同的東西。對自然的兩種理論關係也是直接彼此對立的：我們使事物成為普遍的東西，或成為我們特有的，然而它們作為自然事物還被認為是自由地自為地存在的。因此，這就是我們在認識的本性方面所涉及的

一個關鍵問題，這就是哲學的意趣之所在。——黑格爾：《自然哲學・導論・考察自然的方法》，P9～11】[11]

批判：我們不能自己獨立於世界之外去認識世界。我們是世界之一，我們的理論應是世界自身而不是什麼外在，我們所以成為對立，都是人為的。一方面，我們過去的那些東西沒有反映世界本身，故是非真的；另一方面，我們過去的那些東西也是必不可少的，沒有過去，就沒有現在，更沒有將來。因此，以此作出結論說，變自然這種與我們不同的東西為一種同它自己不同的東西，那是十分錯誤的。我們不能以為變成與我們相同的東西就是正確的東西，因為使自然變成與自身不同的東西本身就不是正確的。它首先是狹隘、短淺認識的一種表現，其次也表現了人類的偏見：凡是與人類相對立的東西，就是與世界相對立、相違背的東西，世界之整體也就不能成立。在這樣的前提下去討論使之變成與人類相同的東西，學理上也許可以成立，但那前提的前提是人類被實質上排斥在了世界之外，而這是不可想像的。進而，認為這就是哲學的意趣之所在，那顯然降低了哲學的階位，使之昏庸、狹隘，成為哲學另外的東西。

我們毫不懷疑應使其變，但決不滿足於與我們同一而與其自身對立。我們僅視此為一個過程，我們必欲使整體同一，而不留下任何對立。我們決不把我們視為世界的中心，而去其本質甚遠。應該說，這才是哲學的意趣所在。

原文：【「上帝有兩種啟示，一為自然，一為精神，上帝的這兩個形態是他的廟堂，他充滿兩者，他呈現在兩者之中。上帝作為一種抽象物，並不是真正的上帝，相反地，祇有作為設定自己的他方、設定世界的活生生的過程，他才是真正的上帝，而他的他方，就其神聖的形式來看，是上帝之子。祇有在與自己的

11　本箚記凡引用他人原文，一律用【】標出。

他方的統一中，在精神中，上帝才是主體。精神在自然內發現它自己的本質，即自然中的概念，發現它在自然中的複本，這就是自然哲學的任務和目的。因此研究自然就是精神在自然內的解放，因為就精神自身不是與他物相關，而是與它自身相關來說，它是在自然內生成的。這也同樣是自然的解放。自然自在地就是理性，但是祇有通過精神，理性才會作為理性，經過自然而達到實存。」——黑格爾：《自然哲學·導論·考察自然的方法》，P18～19】

批判：我們毫不懷疑精神是自然的某種內在，作為精神的東西往往可以制約著，或者支配著一定的世界，但我們決不能同情因此而神魂顛倒的哲學家。由於他自己的偏執、不深入，甚至膚淺而作出結論，以為精神就是自然的內在本質，這是不負責任的。無疑，哲學家和世俗都沒有走出多遠，他不過是把世俗中普遍承認的東西加以理想化、體系化、理論化，這遠不是哲學的任務，至多祇能以為是某種哲學——那種作為中續而存在的哲學——罷了。我們的確處於一個精神的時代之中，人們過去、今天，甚至在未來的若干日子裡，迷信精神已達到了瘋狂的境地，似乎世界已經到了盡頭，可以高舉火把，跳起群舞狂歡了——我們祇能如此了，我們的哲學家們已經把一切告訴我們了，我們在精神哲學上已經絕頂了，剩下的祇是實踐的時間和過程了。

目光短淺，不能向更深的領域推進，是我們過去全部哲學家們共有的錯誤，任何人都想完結而任何人都不能如此。世界（主要是人的世界和人的自然界）被弄得神魂顛倒，不絕反復。我們應該更改過去的錯覺和理論。精神從來不是，也不應是自然的本質，而祇是自然的外層和中層的顯象內涵。它是世界的內在，卻是粗糙、輕浮、不穩定的內在，是無方向的內在，它祇能促成慾望、激情、狂熱、邪惡、情緒，以及特定環境下的善良、規範、

條件這類東西，絕不可以導向本質，更非本質。它是人類在一定過程中、階段裡必有的東西，而非整體世界的屬性，它以智慧為基礎，卻又是智慧不完善的現象，它不能進行到真的認知領域。

精神是具有的，絕不可生成，也不是內在生成的。所謂生成，不過是錯覺而已。精神不是自然具有的，而是人類具有的。作為最高智力的一種波及，它深入到了人的自然界，或說，作為相關屬性的一種反響，它可從自然中誘發出若干類似的東西，但這些不是自然本身具有的，而是強加的結果。強加、誘發是不是產生、創造呢？不是。它首先具有被動性，其次是反映性，最後它才具有表示性、說明性，人們不過是強迫或誘發了某種形在的衍生品而已。

作為所謂本質存在的那種精神，既非本質，亦不能發現所謂它自己的本質——概念。概念總是非真或人為的，真正的概念不為精神佔有，也不為精神發現。

一九八三年十一月◎

34.世界並非僅祇人的世界，我們之外，尚有無數我們所不知道的東西。它們是什麼？它們怎麼樣？它們的過程、經歷、狀態、構成、存在方式、歷史，它們的未來、方向，甚或它們在不在，我們一無所知。這個事實祇能說明我們還無知，而絕不可以相反——我們已經認識到頂，我們就是宇宙的一切。

「人類主義」顯然是關於世界的一種淺見，它著眼於自身，而且把自身強加給全部世界。這樣，在舊哲學中便無數次地得出結論：什麼「絕對」、「最後」、「末日」等等。一個個都改變了哲學的本性，變成了人類歷史上發展著的卜卦學。

「世界是不可知的」，是一個當時代所能反映的哲學命題，多少有些庸人的氣味。我們堅持可知，但現在還不可知。不可知，一方面是說，我們的認識能力有限，我們的知識也不夠，我們的科學還沒有達到認識「可知」的全部；另一方面，世界還不讓我們知道，因為那些可知的全部環節和過程還沒有達到。雖然世界本身具有本質，可這本質由於世界尚不完善現在還不能顯露，這樣，認識這種潛在的東西就不可能了。要達到可知的目的，我們必須充分利用人類已經取得的對世界所具有的優熱性，加速過程的回昇，增進手段、方式的增補，推進形在世界的完善，從而使潛在顯露出來，以使我們達到初級認識的領域。然而，即便是這種潛在，我們也不能在某一天突然宣佈，我們已經認識終了，而是另外一種情形：這種認識祇是潛在的由路，而不是潛在的全部。因為全部如同宇宙一樣，是無限的，因之，那種需要達到的領域也是無限的。

舊哲學的根本局限性是，人為地劃定哲學的範圍，而將若干具體哲學充斥其中，使之成為侍僕、婢女，幾乎忘記了抽象哲學或哲學本身。事實上，人類無疑應當充分發揮其主觀能動性，加速世界的回昇，推進世界的增補，對世界進行多方面、多層次的

發現、認識、總結、創造。毫無疑問，人類必將享受其充分的物質要求和意識的自由，而不會出現相反，但這應是一種客觀且必然的後果，而不是什麼主觀目的。人類不能因自己對世界作出了有益的貢獻而可以功臣自居，要求世界成為僕人、奴隸，自己凌駕於世界之上，主宰世界、稱霸世界。舊哲學正好相反，它們根據人類主義的根本立場和原則，扣住人類所一直具有的自私心理和目光短淺、認知膚淺的觀念，鼓吹那種本來是客觀後果的東西為人類的主觀目的，為世界的最高階段，為世界的絕對精神，並以理論的形式，攪亂了世界，攪亂了哲學，指出了一條邪路。這是不可思議的。

隨著世界的不斷回昇和日益增補，我們必將改變哲學的過錯，回歸哲學本身，回歸抽象哲學。抽象哲學不是關於任何具體世界的學說，它是世界的本質，而不是世界的內容。因之，我們現在的使命和任務是，建樹抽象哲學，使其正本清源，而不容其混淆。抽象哲學不想提出，也提不出任何具體的模式、過程和前途，它祇能說明方向、本質的潛在，這是一。另一方面，我們要把具體哲學從抽象哲學中分離出來，使之在過渡階段或人為階段作應有的發展，使之完成具體的過程，提供具體的方法和前途。

具體哲學可以理解世界的結構和變動狀態。理解結構有助於世界的統一，因為理解的主要結果是構成材料的同一，這會使分離的世界有統一的基礎，它會維繫世界統一的觀念。故知，良好的具體哲學對世界的回昇和增補都是非常不可少得的。如政治哲學、科學哲學所說的民主、自由、博愛、超統一思想，過去是，現在是，將來仍然是人類奮進的號角，因為我們現在缺失的正是這些東西。良好的科學方法、手段、技術規程，對加深世界的認識，發現世界的本質，瞭解深層次的世界結構，以及改造世界的形在等，都是不能缺失的。

　　世界不可一下子跳躍出來，我們不可能全部發現、認識並達到真。我們始終祗能在一定範圍內使之成為構成，成為有機整體，然後不斷推而廣之，由周圍的世界行進到更遠的世界。這是不可能有終結的過程。世界的統一是指結構前提下的統一，而且還是必須加限制的統一。一旦離開限定、離開結構，也就無所謂統一。真必然的世界，或有機整體的世界，或思想理論的世界（暫用此概念，待想好後再定論），或潛在世界不是「一」的世界，也不可能是「一」的世界，而是有機整體，是不知其範圍、領域的無限有機整體。

一九八三年十一月◎

35.從外到內，我們都會發現多層次的我，例如，形在之我、他我、自我、本我。人是很難進到本我的。它是一個特殊的區間，雖然人人都具有，但並不是人人都能發現它，並發揮其作用。它的發現和利用需要知識、心性、覺悟，在很大程度上，它常常要求拋棄自我、犧牲自我。

本我是意識的核心，它產生理論、思想、思辨、抽象，它是特殊的支柱，特殊的內在。一個僅僅具有自我的人（大部份人祇能具有自我），都祇能停留在精神和理性的階段，他們依靠激情、精神、情緒或依賴不得已生活，一旦失去了，就要發生危機。所謂信仰也不過是自我的表現，它崇拜人為，肯定非真，而將本我完全埋葬了。

本我是通向世界的承載者，它可以達於整體而不為表象、理性、精神等所迷惑，它反映內在、潛在，而不留滯。受本我支配的個人是不可戰勝的。因為本來就不存在與本我較量的力量。那種為表象所迷惑的種種說法應從這裡排除。

本我不僅是作為人的意、理、性潛在著，它和整體世界共在，可以說，它作為世界本體的一種「模仿」具有在某個區間。實質地說，這個區間不意味著等同於這個個體，或那個個體。因為個體是有時間性、空間性的存在，它的確承載著本我，但，這個或那個個體會消亡，而本我卻會流衍不已。這又回到了他我和自我。說，本我具有必然性，但在現時期，任何本我都祇能是本體的模仿，因之，作為事實的本我，就不免附著了現時代的具體特徵。這種附著的結果是，本我與自我、他我不太容易分割清楚。因為，我們的智慧還沒有達到固定本我的地步，我們祇是有這種嚮往。

一個正在或總是發生矛盾的事實是，本我並不是作為整體世界的反映，而是更加自我、自私的潛在。人們甚而以為，人的本

質自私是神聖的觀念，也來自本我。這剛好是真本質呈現反向外在的一個實例。就猶如真必然在現階段被表現為非真或人為必然一樣，強烈逼真的非真現象幾乎使所有的人都如此認為。真實的情形是，本我就是共性，有機整體世界的共性，而非自私，亦非人類世界的共性。

我們發現這個內在，並無所顧忌地揭露它、論證它，是內在世界給予我們的必然要求。

一九八三年十一月◎

36.由於社會才掙出野蠻、愚昧、專制的囚籠，所以，文明、知識、個性、自由就顯得特別需要。人們在野蠻時代可以容忍一切，可是在文明時代就不能容忍任何形式的專制和獨裁。自由被提到了最高的境界，成為高尚的思想，個性和解放成了最時髦的要求，它們使得哲學也為之傾倒，為之唱讚歌，並成為了哲學的內容。任何新出現的、改變了形式的集中、專制都和此發生著尖銳的矛盾，相互不能容忍，結果是成立了妥協，個性主體放棄了許多要求和理論，專制主體亦作出了許多人道的表示。

世界自分類以來，個性（即特殊性，可指一個類的特殊性，也可指個體的特殊性）就有這種必然的要求，從而有了競爭。競爭的優勝者往往又是個性發揮較充分的那些生物，例如人，它最終戰勝了自然，獨行於世界之外，似乎具有一切世界都不具有的個性，以致我們必得把它稱為意識、思想。因之，自由競爭和個性發展就成了世界運動、發展的一種必然方式，一種激進發展的良好方式。不過，它不是唯一方式，而且，它時時會表現出某些反彈性。例如，人類在世界中較完善地發揮了個性，它獲得了巨大的成功，然而，在人類自身之中，這樣的個性卻充滿了血腥、殘暴、罪惡，沒有得到完善的發揮。對個體言，個性就是人類社會經過野蠻、專制之後，必須要有自由、解放、文明，不幸的是，個人主義、存在主義也會如期而至。

故知，這些被視為世界自動力的內因都具有強烈的片面性。當然，它們是世界不可缺少的必然與增補、回昇方式，祇是，這樣的必然是非真或人為必然。進而亦知，祇有各種自動力形成統一的相互關係，世界整體才能有較好的完善；循理亦知，世界祇有進入了真必然的有機整體，各種偏激性、反彈性和諸般不平等的事實及觀念才能最終消除。

一九八三年十一月◎

37.有人以為，異化是非真或人為現象，其實，二者是兩個完全不同等的，或不同質的概念。如果說異化是非真或人為現象中的一種特殊的、突出的形式，這是可以考慮的。實質上，非真或人為必然是一個過程，是合理或合乎理性的過程，而異化不是合乎理性的（非廣義的異化）。這就要求我們要作認真的區別。一個合乎理性的過程與其中的一種極端現象不能混淆，否則，不是意味著我們思維的統一，而是分離。非真或人為必然是一種可以推之於人類社會之外的非人的世界的範疇，而異化是不能離開人的概念。

把整體作為出發點是無可置疑的。這就要和世俗的人本學說作鬥爭。實際上，我們揭示的東西，別人都是不能接受的，但是，祇要人們同我一起去作無限的世界遨遊，人們都將同意我的思想和命題。

祇有當我進入哲學王國，我才超出一切，純而又純，達到非凡的境界；而當我一走出那裡，我就變得雜念不止，必欲達到無窮的目的，並儘量使自己歸於凡夫俗子。

這無疑是一場哲學大革命。哲學是關於世界的學說，是世界本質的學說，是世界方向、運動過程的學說，是非真或人為必然到真必然的學說。

讓我們重新改變哲學吧！讓哲學歸之本身吧！讓它脫離世俗、脫離具體、脫離雜務吧！歸真—歸真。

一九八三年十一月◎

38.我們長期研究的是人對人的自由，而缺少注意人對自然的自由。後來，馬克思認識了這種不足，說，人對必然的認識程度，就是人的自由的程度。不過，這裡始終有一個非常錯誤的地方，就是以人為中心，把人凌駕於自然之上，有人的世界的平等，而無整體世界的平等。或說，有人的自由，而忽視了整體世界的自由。

這是不可能的。人的自由受制於整體世界的自由與平等，沒有整體的自由與平等，就不可能有真正的部份的自由與平等，整體自由與平等的水準、程度有多大，部份（如人）的自由與平等的程度和意義就有多大。如果有可能實現人類社會的自由與平等的話，那必然是因為沒有自然世界破壞這種自由與平等的任何現象及必然。如果不能這樣，那麼，①人就是不自由和不平等的，其可能性被外力破壞了，②由於這種破壞，就引起了第二個破壞，人們之間的「平衡」也必然被破壞，這種平衡的破壞哪怕是一小點，也會引起人類自由與平等的破壞，於是，問題就出來了。而實際上，人類祇要把自己凌駕於其他世界之上，祇要視他形在為外物、為敵，就必然大量地存在這種破壞，結果，這種意義上的所謂人類的最終目標，就沒有現實的意義，因為它是錯誤的、不徹底的、不完善的。反之，我們視世界為整體，為有機整體，我們將無敵於整個世界而和整體世界共同自由、平等。其間，我們的所謂最終目標，將作為一個客觀必然出現於人類社會的過程中，出現於世界上，作為整體世界的一個有機的前景而存在。

一九八三年十一月◎

39.統整宇宙理論

諸力之統整——整力（？）；

諸性之統整——整意識；

宇宙有無起源？

沒有起源——發展又意味著什麼？非真或人為必然又如何成立？

有起源——①震盪型的起源；

②宇宙蛋型的起源。

那麼，絕對的真能否出現？地球之真，太陽系之真，銀河系之真，亦非真。真是遙遙無期的運動、過程、體現而已。

包括「穩恒態宇宙」在內，所謂宇宙都是有限宇宙，那麼，宇宙又怎麼解釋？它存在哪裡？根據又是什麼？沒有根據，什麼也不能存在。矛盾？!祗有無限宇宙才是有根據的宇宙，但無限又意味著沒有發展、過程，也無所謂非真或人為必然。或許有一種特殊的區間、死角專有這種所謂的發展、過程、非真或人為，而這又違反了「整」。

「震盪」最好解釋嗎？人前有人嗎？人後還有人嗎？那人的作用又是什麼？這意味著非真或人為的「無限」而「真」不可能出現於人之中，出現於人於其中的宇宙。

宇宙是形？是體？還是整？有沒有存在的形式？宇宙是光的？還是暗的？（不是其中某物之光，而是自身之光）

人之外有人嗎？「真」依賴諸種「人」共同實現？不給人以希望、渺茫無信的理論是一種理論嗎？

宇宙從中間起步（人的認識的開端），向兩極——微觀世界（生物學、物理學＜ 生命生物學、粒子或高能物理學、分子化學＞），宏觀世界（天文學、天體物理學）——發展，由具體走向抽象：分類→統整，最後歸之於整，歸於有機。

物質是增生的嗎？

物體之光是有限之光（光速、光距等），宇宙之光是無限之光，它無所不在、無所不存，是絕對之光。

所有的星體本身都不是圓的，由於自轉和周轉，稜角都被磨光了，高低填平了，於是就圓起來了。

我們承認並研究「演化」、「增補」、「回昇」等概念，就不能以「無限」為根據，否則就是無根據，無「真」根據。過去、現在、將來祇有同「真」聯繫起來，並且祇有那些能聯繫起來的東西，才是有根據的東西。但，我們現在遇到了矛盾。

一九八三年十二月◎

40.現代物理學中的一個主要分支科學或所謂尖端科學——基本粒子物理學，被認為是研究早期宇宙問題，或所謂宇宙起源問題的科學，這是一種淺見。實際上，這門學科如同天文學（或天體物理學）一樣，是在研究現在宇宙（或「現狀宇宙」）問題的科學，它同所謂起源問題還不完全是一回事。

是否有反宇宙存在？我沒有得到任何否定的支援，但我以為，如果有假設的必要的話，那麼，①宇宙有正反兩種現象，它存在宇宙的一切領域，並互衡著，是宇宙的根本作用方式；②宇宙存在正反兩種體系，不過，這兩個體系並沒有截然分開，而是你中有我、我中有你，猶如兩條假想的繩索共同綴繫著無數不同性的葫蘆，二者「相夾」著這些葫蘆一同起舞。這些葫蘆就是天體，兩種系統代表正反的意義，從而形成普遍的互衡作用。

我傾向於認為，我們將有可能走出「現狀宇宙」，而達到「真宇宙」。宇宙本身是不能，也不可用量詞、形容詞，以及副詞來限定它的，它有可能有一個「宇宙場」，或叫「宇宙中心場」，一切基本的力、性從哪裡引出，也可能完全不是那麼一回事。無論它是否具有這樣的場，「統整」總是可以成立的，基本的東西總要被決定於根本、本質的東西。我們的任務和使命是從我們開頭，由此普遍之———增補、回昇、人為，達於真，並擴大真。無限增補，無限回昇，即是首先把我們及我們附近的事情做好。

「現狀宇宙」的「部份」或許如基本粒子那樣形成，即爆炸而形成，而不是自然結成，是有可能成立的。這依賴於物理學對基本作用力一統理論的論證。我願意進而說明，圓形天體不是後來形成的，應該也是爆炸的一瞬間「摩擦」形成的（？）。這可由能量、熱量、速度、質量、引力（或許還有別的東西）等諸種

關係式而被證明，祇是現在還沒有這樣一種或一個關係式。

　　　　　　　　　　　一九八三年耶誕節◎

一九八四年

41.我們需要知識、科學，而不要權威、信仰。

知識和科學終將教會所有的人和它不分離，而日漸拋棄現有或將繼續有的權威、信仰。

知識、科學、精神、思想、哲學、物質、人、宇宙……最終的歸宿是融成有機整體，而無所謂分離。在此之前，作為科學內容的諸學科則會率先融為一體，而科學（狹義）即是達於有機整體的根本手段，手段是要先於結果（充其量同時）消亡的。科學是人為或非真必然之最後結晶——雖然它自身也是一個過程，有低高之分——這是它同其他知識，如政治、軍事、法律、宗教、道德等比較而言的。

科學和科學家都是暫時的稱號，未來不屬於某個或少數人專有，未來也不為人類獨有，未來為統整世界所共有，那時，無所謂科學，也無所謂物質，無所謂意識、精神、思想，也無所謂哲學。

所謂統整世界才是哲學本身的內容，從前不過是盜用了哲學的美名幹了許多或則完全不是哲學本身（抽象哲學）的勾當。哲學本身應該被揭露出來，讓人們知道我們犯了什麼錯誤，以及我們的正確方向，進而知道我們還相差有多遠（這種相差的物質，即外在部份要靠科學——自然科學去揭露）。

科學不依靠信仰來維持和傳播，它本身是一種出自內心的自覺意識和自覺行為。科學的基礎就在於它對任何人都指出了，並將繼續指出：你錯了，和為什麼你總是錯了，以及出路是什麼。在這種意義上講，一切進步著的社會科學也是科學，但通常我們把它同自然科學區別開來。因為自然科學可以解釋基礎的問題、世界的外在，以及一切所以依賴的形在，而社會科學則祇能解釋人們之間的各種關係。哲學凌駕於二者之上，它不解決任何一種類的現實問題、具體問題，更不為現實服務，它祇解釋世界的方

向和歸宿等問題。因為它就是世界歸宿本身。所謂歸宿，不過是說有一個「猜想」的「領域」罷了。所謂「一個」，僅祇是思維時的概念，而世界是不能用數詞、量詞，以及形容詞來說明、打發的。我說的「領域」，就是我稱之的「統整」。所謂「猜想」，是為了給後來的哲學家們留下後路。

　　哲學的這個目的的達到，這個任務的完成，主要是依賴自然科學，以及部份社會科學的發展。這無論從形在還是從內在上看，都是如此。這裡，顯見我們現在應著力於什麼了。

一九八四年二月◎

42.在一個專制的國度裡，即使經過了徹底的革命，即使有過堅決的所謂新思想指導下的「窮人」推翻「富人」的歷史轉折，結果也不過是由「國家專制」取代皇權君主專制，國家主義仍然是至高無上的東西，而所謂國家，不過是幾個人的意志而已。◎

43. A.當我們依照人為或非真必然達到真必然以後（假設真必然仍然是一個過程），一切不平等、非正義將因為統整而消亡，一切都歸之於統整，沒有任何差異、差別。

但是，不平等的最根本原因，不是經濟的、物質的不豐富，而是才能、智力、能力、功用、質地的不同。如果統整即意味著沒有任何不同或差異存在，那麼，實際上是規定：知識和科學消亡了，所謂「偉人」也沒有了。可見，不同或差異就是意味著人之中有偉人存在，否則，科學的誕生、知識的積累就是不可能的了。

進而可知，沒有知識、沒有科學的世界，亦意味著世界已經窮盡了。窮盡無異於是說，世界的運動停止了，世界死了。

結論：根據這種推導，世界就祇能是有真終點，而沒有真過程、真運動，那樣，全部世界所具有的過程、運動等等，都是虛假的，無本質或質在意義的，哲學也當然不會出現，一切皆無。一切都否定了，不平等的消失也同時是世界的滅亡。

解釋：運動的真實意義是什麼？吃、喝、睡、樂是不是運動？如果是，一進到真必然——統整，就意味著這些也將停止：人冤枉為人。

運動的源泉是什麼？是力。是什麼力？四種基本相互作用力。力的源泉又是什麼？源泉與終過程又有什麼關係？而不是聯繫即因果性？安排、支配與動力、源泉不是一個同一概念，但是否可以說，源泉或動力就不能支配或管理、安排世界呢？如果能，就是一元哲學，如果不能，就是二元哲學。我傾向於二元哲學。不過，應加以說明的是，我傾向的這個二元哲學之上，應該還有一個「核元」哲學。即，真質在同時也支配、安排著源泉、動力等。源泉、動力等將由自然科學，如物理學及相關的天文學去尋找，而安排、支配、管理等則由哲學去解決。

　　B.我們不能改變真必然及統整，而祇是把它「限在」一定的範圍、區間世界之中，於是，這個區間、領域的世界統整了。進而，科學、知識在狹義上亦消亡了，當然，不平等也全部消亡了，一切皆為之協調、和諧。

　　問題是，區間會擴大，領域會延伸，進而，區間和領域以外的知識、科學之類仍會發生，結果是，智力、才能這樣的不平等還會起作用，偉人依然要出現。祇是，這些作用效力是在區間、領域之外，我們假定，區間內部的因智力、才能的不平等而可能出現的人身、精神、思想的不平等，已由某種人為的東西加以了控制，從而成立了一種人為的平等。

　　但是，這樣的必然仍然是非真之真的真必然（也就是非真必然），統整仍然不統不整，它還有發展、有過程，也有結論，即哲學上真的結論不成立。哲學是說，最完善、最終都要出現，都將成立。

　　解釋：科學知識都是人為或非真的，它們雖然是真或統整實現的手段、方式、過程，但，它們的存在就意味著真必然，即統整的不存在（不真實），不會出現，除非它們消亡。

　　人類的不平等如果由某種人為的控制而不出現，那即意味著，人為的根本作用仍在發揮，結果是，①人是自己在管理著自己及周圍的世界，而不是真必然、統整，這和今天及過去的人類沒有什麼本質差別；②如果用人以外的某物，並根據科學原理來管理人、支配人，那意味著人是物，是世界的奴隸，平等祇是在一個人類自己管不著自己的領域內實現了，但根本的卻喪失了，人創造了、增補了、回昇了偉大的世界，不過是為了做奴隸而已。一切的客觀意義，以及世界的根本質在都沒有了。

　　如果真必然、統整以這種方式出現，實際上無異於不出現。人受外物管理、支配、安排去發展，去發現科學、積累知識，人

類安於現狀，滿足已有，無所進取，一代或幾代人享樂之後，一切不了了之，區間外的目的不能達到，區間內的已有也喪失了，過程也被否定了。

　　人類對一切無知，到一切皆知，形成一個回昇的圓。一切皆知，意味著一切的終結，人亦無其人了，人類也終結了。

　　C.世界受其根本質在支配、規定，根據其源泉、動力的能量運動、發展、回昇，達到統整、真必然，先形成一個或幾個區間、領域，並由此而及遠。一切智慧動物除了客觀上得到的最好滿足以外，仍在不懈地奮鬥，開拓更大的統整、真必然區間，戰勝區間、領域外的不平等，逐步根絕一切不平等和一切智慧者之間的智力、能力、作用的差別，使差別祗是作為不同的效用、特點存在，而非是某種後果的前件、原因，從而一切歸於統整。

　　真過程存在著，真運動存在著，真必然、統整與其說存在著，不如說發展著，智慧者、整個世界是平等的但作用、功能殊異。哲學上的真質在在運動、發展、增補中不斷實現，而不是某一天突然出現。客觀作為世界的基礎不斷刺激著、保障著將來的實現，主觀（世界之主觀，即真質在、真必然）作為世界的靈魂，不斷誘導著、牽制著將來到來。智慧者、智慧類必是前者的內容和寵兒，同時也不斷地實現後者的威嚴。

　　主觀和客觀的最後，就是統整，無所謂主觀，也無所謂客觀，一切皆真。

一九八四年三月◎

44.抽象的歷史發展

作為手段和方法的概念，例如文明的標誌，例如具體——抽象——具體。

抽象的實際意義是作為範疇的抽象，它的公式是具體——抽象，是內容，是客體，是質在，是階段，是過程。它不苟同於方法的意義，是世界統一的範式、領域，是非真或人為必然的結果，是本體論而非方法論。宇宙經過抽象過程才能達於統整。它既是科學，又是歸宿。

實用、具體都不能解決世界的根本問題，但可解決「一切」問題。在「一切」問題之後，必由抽象而後才能解決根本問題。在這裡，抽象除了滿足方法論而外，作為本體論，它更多地承擔和說明著世界是什麼、為什麼、怎麼樣的職責。

本體論的抽象，範疇的抽象或範式，是抽象哲學或哲學本身的根本課題，所謂抽象哲學，也就是在這個意義上而言的。統整意識也是抽象世界的最高級概括。

世界是抽象的，哲學是抽象的。我們要揭示抽象的方向和內涵，導出真必然。抽象中內含著真，而具體中祇能有非真或人為。

一九八四年三月◎

45.當今世界的主要哲學大致可分為三種類型。

大陸哲學是把人作為研究對象，試圖從人的角度來說明世界，其結果是陷入了人道主義的圈子。英美哲學則認為，祇有自然科學才能夠說明世界、指導世界，但在科學的發達給人類帶來了災難以後，他們開始懷疑這一信念。社會主義者的哲學是以馬克思的歷史唯物主義為核心的，不過，他們沒有在當今世界發展它，而使這種過時的理論在解釋現代問題時顯得蒼白無力，人們對共產主義也產生了懷疑。

於是，世界的歸宿究竟是什麼？能夠說明這一問題的哲學理論究竟是什麼？無有描述。當今哲學似乎面臨了一場危機。

我們認為，世界是應該有一個堅定的方向，並朝著它發展的，需要一種新的哲學理論，它的出現和完善，才能指明世界發展的方向、過程、目標。這種理論才是我們所認為的真正的哲學。在這種哲學理論中，人和其他思維生物是實現這一理論所指出的世界發展目標的推動者，科學成為實現這一目標所必需的手段和工具。為了實現這一目標，還必須借助共產主義的外殼。

〖依據政治和科學發展的需要，所謂的已有哲學世界大致可分為三種類型。

①人道主義哲學。人道主義不是哲學範疇，祇是由於一些人的用心，它成了一個很重要的哲學派別。它以人為核心，一切不脫離人，從人出發，認為人的本質就是世界的本質，一切以人為轉移，即所謂現實的哲學。該哲學（具體哲學）在條件、基礎尚不具備的情形下，過分強調了人對結論、後果的佔有，不考慮整體，沒有遠大的境界，也沒有提供有效的人在追求結論、後果過程中的本質作用與方法。這個哲學曲解了哲學的本來意義，籠絡人心，實質上不過是一種政治學說或政治思潮，故是沒有發展前途的，不足以值得哲學思考。

　　②科學哲學。主要是一些自然科學家和哲學家們的思想思潮，它以科學的發現、結論和方法為基礎，否認絕對、決定論，反對因果關係，不承認世界的本質，認為科學決定一切，輕視主體，片面地迷惑於現象的、不真或人為的世界，認為現象、非真或人為即是世界的根本。他們一方面表現著科學探索的勇敢精神，另一方面又茫無方向、目的。故知，它是具體哲學而非抽象哲學或哲學本身。主要代表人物是英美的科學哲學家以及自然科學界的一些頭面人物，他們勢力最壯，盛氣凌人，因為他們有所謂自然科學為後盾，即，將哲學灌入了科學的內容，裝上了科學的外冠。

　　以上兩種類型的共同特點是反理性，講實用現實，反對本質、決定論、因果關係等。他們不承認體系，歪曲哲學本身，把哲學引入了極端。

　　③社會主義國家宣傳的所謂馬克思主義哲學。該哲學是理性或體系的哲學，並提出了方向，但由於這個哲學本身已過時，而現在的追隨者又祇能根據自己的需要作不太聰明的保衛，實際上也使這個哲學沒有了生命力。另外，它也在不同程度上忽視了人的地位、作用，同時也不太注及科學的功能，以及作為手段、方法的重大意義，因而非常守舊，沒有發展前途。》

　　哲學的這種現狀，是哲學危機和革命的實景。毫無疑問，真正的哲學或抽象哲學，從其內容、性質、本質屬性而言，它將拋棄這三種類型，而作出突出的貢獻，它將脫離具體哲學而走入哲學本身，它以世界為統整，以統整為對象、內涵，它涉及人而不為了人，涉及科學而不迷信科學，它研究本質而沒有具體模式，特別是沒有孤立的人類模式。祇有統整的世界，才是本質的世界，才是真必然的世界。當然，這種哲學也將科學地研究和顧及

到人為或非真必然，特別是從歷史的角度。

一九八四年三月◎

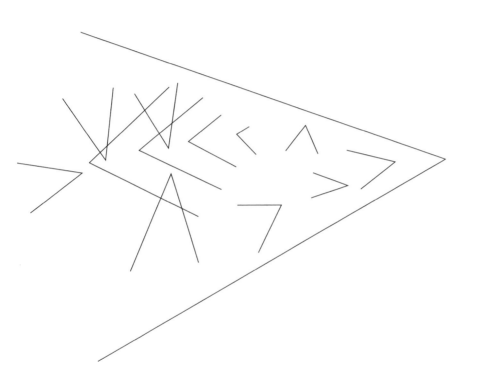

46.經典物理學（牛頓力學）在有些人看來（如M.波恩等），是研究物質現象，即力的科學，現代物理學則是研究物質內在，即物質結構的科學。這種劃分似是有道理的。但，即便現代物理學也實際上又這樣了：轉向了物質的本質方向，以研究物質內在的作用力為對象、內容，且以物質的抽象結構為基礎、前提，抽象力將始終作為科學的方向而存在。問題是，這種抽象力是否存在？它或它們存在的方式、方法是什麼？它或它們的作用、性質是否是本質的？所有這些，諸如海森堡等人都持十分堅決的否定態度。

毫無疑問，祇有在抽象力的前提下，哲學和物理學方能統一。這種前提之外的任何科學哲學都不過是一種自發、自為的模擬而已，現代科學哲學的真正使命充其量不過是讓人們向這個方向思考問題而已，它祇能在具體的方法論和物理論上作出貢獻。

一九八四年三月◎

47.哲學始終祇能站在（在的）世界之外來看、研究、解釋、說明、指導世界——形在、質在、過去、現有、方向、目的，它不可能在世界的內部來說明這一切，否則，它便不可能達到高的要求和結果。因之，那些在世界之中研究著世界，卻有人給它加上了哲學桂冠的各種學科，如科學哲學之類，都不可能是哲學。它們或者是借用（盜用）了哲學的名詞概念，或者是生拉活扯、沾親帶故，或者是歪曲了哲學。因此，我們稱這些學科為具體哲學，不過是一種學術意義上的安慰而已。對具體世界的研究和結論永遠祇能是非真或人為的，因而是手段和過程，它不是且永遠也不是世界本身的本質及其目的、方向。所以，一切科學的現有（現在），縱使它號稱（當然是其學者們強加的）是最抽象的（祇能是方法論意義上的抽象，而非範疇意義上的抽象），也不過是過程、手段而已。這一半是世界本身具有漸現性，一半是人類智力（經驗、知識、科學）的局限性所決定的。而當我們以為人也是世界之內容時（包括它的經驗、知識、科學這些非事、物、境、象的東西），世界的漸現性，即非真或人為性即是如此「橫蠻不講理」地指示著一切智能動物。

所謂從實際出發，從現實的感受（或感覺）出發，從個人的感受出發去研究哲學的觀點，所謂根據現有現象、結論去說明世界，即說明世界的現狀和結構，因統計規律去改造世界的觀點，所謂對各極微世界進行全面完整的分析，例如數等，進而累層相積，統之於一的觀點，所謂現有現象的結論打破了人類所有的幻想，一切祇能是一切本身而毫無別致，因而除一切它自身之外，不再有什麼可統之、屬領之的科學，更不可能有哲學的觀點，等等，都是反哲學的潮流，都是哲學的反逆現象。他們以盲目、錯誤、偏見、目光短淺、心胸狹窄等癖性為主觀基礎，在其主觀失落去到了的泥地上自高自大起來，號稱如此如此；而那些曾經、

現在亦反復堅持過、堅持著說明自己的「失落去到了的泥地」是一塊堅實的基礎，甚至基地的人們，也無非是在世界（形在世界）之上找到了一塊較大的石板，並企圖在這塊石板上栽下最榮耀的參天大樹，然而，他們都不能，也根本不可能證實這塊石板，更重要的是，這個世界也是在他物的浮托之中。

這些慣於驚詫的學者們——雖然他們最容易獲得較響亮的榮譽——過了不久又要掀起一大片叫鬧之聲：多麼地不可思議，多麼地叫人捉摸不透！（我們應該感謝這些善於叫鬧的學者們，他們的工作使我們能較其他種類的人的工作更快地實施、實現人為或非真的過程）

我不是有意要譏諷或嘲笑這些既富有崇高思想，又享有艱深學問的學者們，我倒希望他們能更好、更快地做出工作成績，以便讓世界多走出幾步，亦能早日讓我在更堅實的基礎上（這與哲學本身站在形在世界之外不是等同的）去對世界本身作出更恰當一些的說明、解釋。同時，我亦希望他們的思想能給人們以啟發——正面的、反面的、側面的、倒影的（我現在正是如此）。

哲學是俯瞰，而不是摸索（不是哲學家）。哲學是統整世界，而不是形在世界。哲學是內在世界，而不是外在世界。哲學是抽象世界。而不是具體世界。哲學，你承認它，它就是世界本身，與世界同在；你不承認它，或者說你對它敬畏抗拒，它就獨立與世界之外，以特有的姿態俯瞰著世界。

一九八四年四月◎

48.科學家們由於深入研究了物理世界的現象，特別是結構，從而被這些現象或結構所迷惑。現代科學祇研究了，而且也僅僅知道了（當然不是完全的）現有的形在，以致他們中間有很多思想較敏銳、境界較高的人恰好就犯了錯誤。滑稽的是，這些本來很聰明、富有智慧的人剛好做了比他們能力低得多、愚蠢得多的人所沒有做，也不敢做的事情，犯下了他們所不應該犯的錯誤。當然，這些錯誤也有一個可能的後果，那就是激發人們去更正錯誤。總而言之，由於現有祇能意味著非真或人為，而又不是未來的非真或人為；形在祇能意味著現象或部份，而不是質在或整體；結構祇是意味著知識的入門，而不意味著知識的衍生，所以，在所有現有結構、形在基礎上建立起來的思想原則、思想體系、思想理論、思想觀點都祇是暫時的、不可靠的，有的還是不應該有的。例如，所謂物理學哲學、人道主義哲學、分析哲學、語言哲學等等。關於形在，科學家們往往會犯下這樣的錯誤：在思想方法上完全視形在與質在的差異不顧。例如，有人認為，中國古代有一句名言：一尺之棰，日取其半，萬世不竭，是在說明物質的無限可分，而現在的粒子物理學所揭示的粒子世界，如電子、質子、中子、中微子、層子、亞層子等等，也是在揭示物質的無限可分。殊不知，物質的無限可分永遠是物質本身，例如棰，而粒子的無限可分不但不是原物質（物態），而且也不是原粒子。也許，兩種可分的結果，如質量可能相等，但二者的性質、功能、作用，也就是物理學所說的能量、電荷、自旋等，是截然不一樣的。這樣的錯誤至今還嚴重影響著人們的思想認識。

哲學則不然。哲學不研究現有的形在，而是研究未來的形在——那種經過了諸如今天之類的科學日益發展進步，不斷促成了宇宙世界向著高級的人為或非真階段或領域進行中的，並在這種高級的人為或非真中所由形成的新的質在所支配的那種形在，

此其一。

　　其二，哲學永遠祗能依據經過了人為或非真的高級發展以後的、相對未來的那種質在去把握和研究世界。

　　其三，哲學永遠祗能在離開了結構、形在、現有，並受制於統整思想之後，才能指導世界。

　　不能依據現實來研究哲學，也不能企求哲學來解決現實。現實是現實，哲學是哲學，而科學與現實則是不可分離的。

一九八四年四月◎

49.××同志[12]：

你的來信已收到。問題已經是這樣的了：宇宙的現有與未來之間的不可忽視的質的差別，不是「進化」之類可以概括或形容得了的。而且，當人們提出和使用「進化」概念的時候，進化的實質性涵義、實質性定則是什麼？現在看來還是一無所知的。宇宙的現有與未來之間的過程，是外在與內在作用的統一（這裡的外在不是宇宙之外，而是質在的形式或具體形式，是內在之外，是方式、方法的說法），即質在規定性、宇宙方向性、目的性的指導與形在、質在的增補、回昇，是通過一定的意識和行為方式的不斷統一而完成的。統一不一定是一，而是多維、複合、反逆等等的合稱。一切形在和質在的最後階段是統整。

統整是一個不斷增補、回昇的過程，這個過程本身是主觀-客觀之抽象，是宏觀-微觀之抽象。這裡的抽象意味著，過程既有一定的自身發生、演化，及其分類的條件和階段，更重要的是相互作用，也即主體對客體、主觀對客觀、質在對形在的作用。或說，抽象、增補、回昇是自我的，但此自我之中特別地表現著相互作用的方式。

主體被不斷地發揮著更大的作用，主觀被不斷地要求著更賦有革命性、智慧性，是這種相互作用的必然現象。例如人，它的壽命是不斷趨於增長的，且可供再生產的年限也不斷增長，智力不斷提高，年齡的25-55歲的區間已不是再生產的標準界限，提前和推後同時都在進行，隨著飲食及身體的不斷改變，這個界限還將繼續向兩端發展，人力再生產的年限有可能發展到今天（或過去）的三倍——90年。人們的智力和成熟狀態會達到這樣的高度：祇用很少的時間，例如10天來學習、熟悉以往需要10年才能接受的知識（這10天不一定要集中完成，而是若干零碎時間的積

12　這是一封寫給妻子沈涓的信。

累），進而可用更多的時間去從事再生產。

當人類自我的需求滿足，即生產超出全部需求以後，人類勞動就會表現著純宇宙性增補、回昇、抽象的形式與內容，或說，表現為統整的形式與內容。一切主體都將如此地和宇宙同在。

量子論、進化論、歷史唯物主義等等，都是過去產生，解決現有、現實世界問題很成功的理論，但都是暫時的。因為，它們都忽略了一個問題：這些理論所解決的問題本身祇意味著某個界限、領域的終結，而不是世界的「完整」答案，這個終結之後還有什麼呢？「整」又是什麼呢？這些理論都沒有去想像它。這裡，還有更現實的疑問，他們說，餘下的就僅祇是個實踐問題，何止如此。事實上，所有這些具有終結性的理論，同現有的距離其實是遙遙無期的。故知，所有這些理論不能等同於，更不能取代以後的理論，當然，更不會等同於「整」。

一九八四年五月◎

50.尊敬的哲學大人：

當您以豐盛的年齡走進我們這個時代的時候，您的光榮、英雄而又智慧的經歷激起了我對您的無限敬重和愛慕，我決定以平生之志獻身於您，而且我已經開始了這樣做。

可是，對於您，那些把握了方向的人，長期地拿「過錯」的果實敬奉您；而那些曾給您送了「真實」漿果的人，卻往往又改變了您的方向，企圖把您帶入邪路。我不竭沉思，總以為可以僥倖地服從於原來已有，而實際上那是對您的歪曲和侮辱的學說。看來，錯之大矣。

當代哲學的焦點是什麼？實則我應當問哲學是什麼？我不知道您自身是否有過回答。而有人作出了這樣的回答：哲學是人，哲學是存在，哲學是人或人性的復歸……還有人說，哲學是世界結構的邏輯總結和歸納，也有人說，哲學是分析科學的抽象，還有人說，哲學就是經驗實證或邏輯實證，或者哲學就是證偽或範式的體系，更有人認為，哲學是現象的統計、並協或協同，登峰造極者還宣稱，哲學根本不存在，因為永恆不存在……

哲學究竟是什麼？過去也曾有人這樣說，哲學是自然或上帝，哲學是純粹理性，哲學是絕對精神，哲學是形而上學，哲學是集體主義——共產主義。

眾說紛紜，莫一而終。但歸結起來，不外乎兩大類型：自然哲學、社會哲學。長期以來，哲學究竟是解決矛盾、現實、現有問題的學問，還是研究世界本原、質在、目的方向的學問，未得認同。哲學的真正兩分，應當是有關這種分歧的不同學說，不過，人們更願意從自然哲學和社會哲學的兩分來理解哲學。我想，這也許是一個理解問題的路徑。

關於自然哲學，多數人自然不會說更多的話，因為，它已被視為科學，人們自覺無力介入，也祗好不多言，聽命於科學家們

確立、推翻、批判、修正，但，有關社會的哲學則不然，它與人本身聯繫在一起，而且又突出地以人身、人身關係、社會關係，以及物與物的形在關係為課題，這就不可能不廣泛地引起人們的興趣。然而，由於人身及人身關係不發達，進而「物與」的狀態又不合理，這就不能不產生階級集團，這樣，對這類哲學的研究和干涉就不是單體的意志或結論，沒有任何階級或集團作為後盾，即，其理論不是代表階級集團利益的，那麼，就不可能有某種理論成立。這樣，中立者很容易產生畏懼——沒有後盾——政治是如此強大，泯滅或草菅從不感到羞愧。

這些祇是現實和歷史的一部份。還有一些是，作為已有的自然哲學，遠遠沒有解決質在、目的、方向等問題，而且已有的理論都幾乎是孤立於人類社會之外的，於是，這一部份現在還不可能統一。再者，還有一部份是由於過去的人們都偏執了，不能共識見解。當然，那些以研究社會哲學著稱的哲學家們，也有很多人得出了較能和世界合拍的真理，非是全部理論都一字不遺地為階級而階級的，他們在其理論中廣泛地宣揚了各自的理想主義。

一個好的理想主義必然依據於好的哲學根據，馬克思做到了這一點。他的歷史唯物主義不僅能讓人嚴肅地對待現實生活，而且也一定是讓人以同樣的態度對待未來社會。他掌握了他以前一切哲學家所未能，也不能掌握的有關歷史進化的鑰匙，他進而解決了問題的關鍵（？）。毫無疑問，在現實和未來人類社會矛盾的解決方面，他的理論將一直是最好的理論。不過，說到解決矛盾及現有問題的具體方法、手段、方式等問題，我並不覺得那是不能改變的。

然而，我們仍然有根本性的問題存在著。因為到目前為止，所有的哲學都沒有正確地確定這個問題：世界的方向是什麼？質在是什麼？目的又是什麼？這實際上是說，（1）縱使解決了全

部自然科學的問題，也僅是局部，（2）縱使解決了全部人類社會的問題，依然是局部，（3）局部加局部，很難或根本不能等於全體，那麼，最後（4）哲學究竟是什麼呢？

我們可以帶上無數的執拗、偏見、傳統、習俗，或者無知去看待並管理現實世界，我們也可以孤立地發展自然哲學（科學哲學）領域，但，我們誰也不應該忽視這一點：局部不等於整，局部的正確更不等於整的完善。這即是說，我們應該在現實、現有之外容許即使是未知先說、先驗未然的所謂玄學存在。我們應該致力於整的研究。

人類社會必將走到這一步：一切物質需求和精神需要都歸於滿足，作為決定著人們思想意識的那些「物與」關係是平等的，即，每個人都面對著同樣的生活、同樣的幸福、同樣的享受和快樂。智慧本身不是要人類在其自身之中產生什麼新思想、新理論，或新學說，那顯然是不可能的，而是要人們走出人類生活的圈子，以世界之一的身份參與宇宙的回昇和增補。即，決定著人類的不再是「需要」這樣做，而是必然這樣做，否則，全體的幸福、平等就意味著全體的消亡、退化（不過，這種「否則」是不可能出現的）。人將祗是作為一種「智慧」發揮應有的作用，而不是為「解決」什麼去作功。

「需要」是一個人類的動詞。實際上，人作為一種「智慧」，不是為了「需要」而產生、發展的，它是世界之一，並根據世界的方向、目的產生、發展，祗是，在這一發展過程中，它首先產生了一個具體的、「絕對」的目的：吃、穿、住、用、快樂、享受。很顯然，這個目的是十分重要的，不能首先滿足這個目的，那其他的目的也無從談起。不過，這個目的其實是一個暫時和虛假的目的，而且，這個目的也無可懷疑地一定會達到。人類由一無所有進而生存、發展，由基本滿足到徹底滿足，是一個

很長的過程，也是一個很大的空間，在這個時空之中，除了進行技術性的運動之外，社會性的運動在更多的時候顯得更為重要。因為，由於物的不足和對世界的無知，我們絕大部份情形下會糾纏物的分配與得失之事，而無法認識暫且目的和全體之間的關係，所以，社會運動的隨意（機）性大於其應然性，而且還常常會決定技術運動的隨機性，除非我們已經找到了一種有效的哲學根據，即從根本上認識了全體與「目的」之間的關係，否則，我們祇有執迷不悟。

具體、暫且目的的相對性，會隨著社會運動趨向正向而發展、調節，其中，技術運動的加速度發展會起到很重要的作用。因之，僅在人與人之間、人的目的方面解決了其需求問題，不是哲學本身，而仍然是具體哲學，可稱為「人類哲學」。它以「需要」為動機，以物與性的具體關係為根據，以解決矛盾和現實需求為基點。

愛因斯坦創立了相對論，解決了超宏觀世界的物與運動的關係問題，量子理論解決了物的構態模式，核子物理解決了靜物的結構問題，天體物理學追索了宇宙的歷史，也預測了未來，此前，牛頓解決了宏觀世界的物與運動問題，等等，這些理論可稱之為相對相對論的理論。這種理論一般地認為，某相對於某，因之是某，什麼相對於什麼，因之是什麼，怎樣相對於怎樣，故是怎樣，所以，某與某之間，什麼與什麼之間，怎樣與怎樣之間，普遍地存在著各種關係。世界所以能被確定、確知、研究，都是這些關係決定的。由於這些關係全體或直接或間接隱藏於具體的物之中（物的形式、方式、質在、形在等），因之，尋找關係，進而因此改變物，使之「有益」、增補、回昇，便是十分可能的。可以說，具體世界就是這樣被增補、回昇的。但，有關抽象世界、整的質在和形在的統一，即使在自然科學（科學哲學）領

域，則尚未見跡。四種相互作用的統一理論也僅祇是提出了相關問題的端倪。

應對於相對相對論的，是絕對相對論，它認為，一切相對於一切，因為本原，故是一切。這種理論在現實中是荒唐的，但經過相對相對論之後，它將會放出光華。該理論的歸宿是宇宙的「守衡-統整」。「守衡」不是「守恆」，而是整的平衡、均衡，是形、質、量、能、動的絕對衡在、衡整、衡效。

例如，現代物理學認為，引力子運動速度不能超過光速。按光速計算，物體間的引力必有時間差存在，即，隨著距離的增大，引力子傳遞所需的時間會增長，而引力減弱，亦即說，引力子同光子一樣，是有活動區間和範圍的。由於活動區間和範圍的限制，故光子和引力子的壽命就能動量的絕對而言，是無法達到光速的，所以，超光速實際上是不存在的，特別是大於秒光速是不存在的。這就意味著，等效原理是具體世界的理論，而不是整宇宙的原理。因為，引力子越是不能大於秒光速，就愈是說明時間差明顯；而引力子沒有質量，也就無法重新獲得能動量，因此，它的區間和範圍也就是明確的。反之，若引力子是超光速的，則它或是無法傳遞引力，或是將所有物質吸引在了一起，結果亦得而知。這說明，整宇宙不是被引力子所作用的，引力祇是具體的相互作用。這種相互作用之和，構成宇宙網。或者說，在宇宙網中存在著具體的引力子相互作用，而宇宙網本身才是宇宙存在的抽象根據。◎

51.時代的發展已經呈現了這種現象：真正的哲學不一定完全受損於唯心主義，更多的時候，唯物主義也可以充當劊子手。其實，與其脫離現實去進行哲學的傳統分類，不如認真分析、批判現實，以保證哲學的根本方向。

現實一詞幾乎是當代各流派、各家哲學的出發點，恰恰相反，我是為反擊這種出發點而行文的。「馬克思主義哲學的現實」即是說，堅持哲學史的根本方向所面臨的現實是什麼？

哲學並非標籤，可以任意掛在不同的學科上，哲學本身除了世界的本質和方向、目的而外，不再有其他對象。那些千百年來曾有過、現在正在蓬勃發展、流派不可勝計的所謂哲學，公道地說，充其量不過是一些具體哲學而已。例如神道哲學、人道哲學、科學哲學，等等。不過，如果沒有所謂這些具體哲學的先導——特別如科學哲學（我這裡使用的始終是廣義的科學哲學，包括從牛頓以來的全部和科學技術有關聯的哲學），是哲學本身的必經過程——則哲學本身的發展也是難以成立的。

當今哲學世界，論題百出，流派繁多，令人眼花繚亂，似乎大勢明朗，其特徵是，反理性、反體系、反決定論、反必然規律、反因果關係，或說反對黑格爾-馬克思哲學。我們看到的哲學，看似紛雜，其實也簡單，若能加以歸納，不外兩種類型哲學：具體哲學、抽象哲學。前者也叫反理性、反體系的分析哲學，後者也叫理性的、體系的、必然的哲學。同時也許還可以分出三大系列：黑格爾-馬克思哲學（社會主義國家的哲學）、科學哲學（英美哲學）、人道主義哲學（大陸哲學）。這種現狀，給哲學本身的發展，即按黑格爾-馬克思哲學的方向發展造成了極大的混亂。一種令人畏懼的新的迷信思潮——反哲學、反理性、反必然，崇拜現象的思潮——甚囂塵上，使人未敢逸枕。◎

52.四十多年前[13]，英國物理學博士貝爾納寫了一本叫《科學的社會功能》的書。我現在寫的這篇提要式的小文章，特別地從貝爾納的書名中削去了「社會」二字，企圖說明科學的根本功能不在社會方面，人類祇是科學的外在承擔者。科學同哲學一樣，本身是宇宙屬性的顯現。我認為，正確地認識科學的概念，對人類社會將帶來良好的客觀後果。在這個基礎上，我還想說明科學、哲學、人類勞動、宇宙相互間的關係，認為科學和人類勞動的根本目的不在於滿足人類的需求，而在於宇宙的「統整」與和諧，需求不過是其過程中的一種客觀後果。所有這些都是難於接受，甚至是「荒唐」的，但不妨認真思考一下。

科學同哲學，同其他所有範疇一樣，都是歷史的必然形態。所不同的祇是，科學和哲學是宇宙屬性的呈顯，而其他學科或範疇不過是人為宇宙現象的必然形態；技術、勞動、實踐、實驗等等，是宇宙屬性的外在與模仿。

宇宙必然或叫真必然，然其表徵形式卻因境而異，可以是物理的存在形式，也可以是化學、生物的存在形式，還可以社會空間為其存在形式，以人類勞動或社會實踐活動為其活動方式和內容，如此等等，而將其真必然「隱藏」著。表徵形式、存在形式、活動方式、內容等等，我稱之為非真或人為必然。

我們常說，世界（宇宙）從中間起步，向兩極發展。這實際上是說，人類發生在宇宙發展的過程中，宇宙的中間形態同人類最接近，也最為人類所直接需求；當然還包括人對自身的認識。因之，不是宇宙從中間起步，而是人類從宇宙的中間開始認識宇宙。這種「中間起步」的潛在影響至今尚有遺留：人們對宏觀的認識不足，對真必然的把握失去了基礎；人們對微觀的認識

13　這篇劄記原有標題：《科學的功能——兼論科學、哲學、人類勞動、宇宙的關係》。

不足，對宇宙的構成、結構無所認識，無法發現真必然（真必然自身還不能顯露出來是又一原因）。因為第一個不足，所以當人們認識了局部微觀之後，以為微觀就是世界，微觀決定一切。例如哥本哈根學派，終致他們崇尚統計規律，而否認決定論、必然性、因果關係。以後，諸如所謂分析哲學、結構主義哲學、科學哲學、語言分析哲學、精神哲學、存在主義哲學、新馬克思主義哲學，以及曾像瘟疫一樣流行過的對科學（實際上是技術）恐懼不安的思潮，和現在開始在美國氾濫的否定哲學存在的思潮，等等，均毫無例外地在認識真必然這個艱難的課題面前失去了方向，忙碌於細微末節，無有深刻的觀察和體悟。因為第二個不足，「中間主義」一直佔據了一切形在和質在、象在領域的統治地位，在發現真必然的通途上將自己束縛起來。中間主義就是「人類中心主義」。

人類認識中的這種種淺見，極大地妨礙了有關科學、哲學等概念的給出，而實質上是對科學、哲學究竟是什麼，它們的本質功能又是什麼等問題的混淆。至於世界、宇宙是什麼，除了有關的自然科學所已提示了的那一點點可憐的局部真相而外，人類則毫不知曉。

通常的觀點是，經驗就是科學，或者說證明就是科學。這種觀點無疑也是「人類中心主義」的一種傑出的表達方式。而實質不過是，經驗僅為知識而已，是認識的一種結論，而證明則僅是手段。

科學是什麼？科學是一種活動還是一種屬性？科學是主觀還是客觀？我們首先應該知道世界的概念。依據具體，我們稱世界為宇宙；依據抽象（作為範疇存在的而非方式、方法論的抽象），我們稱世界為「統整」。世界的組成因角度不同可以有：（1）體的世界、相或存的世界、用或在世界；（2）思想世界、靈

的世界、物質世界；（3）具體世界、抽象世界；（4）事、物、境、象、意、理、性；（5）無機世界，意識世界；（6）生物世界、非生物世界；（7）人的世界、人的自然世界、非人的自然世界，等等。就具體世界而言，不論主體或客體、有機或無機、宏觀或微觀，每一事、物、境、象均具有（不是也不可創造、再生的）其自身的意、理、性。事、物、境、象也正是具有意、理、性，才給智者提供了認識、發現、研究的前提；在具體世界中，除了什麼是什麼由其意、理、性決定而外，什麼發展什麼，更是如此。認識、發現、研究都不是目的，而是探索，是道路、方式、方法、程式，以便據此去創造、再生新的、高一級的事、物、境、象，即促成具體世界的具體增補；而後，在新的、高一級的事、物、境、象中再發現其所具有的更深層次的意、理、性……致使無限進行（人力以外宇宙自為的過程暫不討論），具體世界因而不斷地被局部增補、遷昇、循著統整的方向前進。

簡單地說，那些具體世界所具有的全部意、理、性就是科學的本質，或者說，科學活動就是發展著的意、理、性。但它卻以一種外在的方式存在著——智者的思維活動，智力所發現、探索、研究的過程，亦即主體自覺地遵從非真或人為必然（不自覺或間接地受制於真必然）去發現和掌握具體世界的意、理、性的思維活動和過程。而那些根據其意、理、性可被創造、再生出來的具體世界，即事、物、境、象，就是技術或生產、勞動、實踐的內容，是科學的外在或象在後果，即宇宙屬性的外在顯示或模仿。科學同宇宙的這種關係，還取決於它同哲學的分工。哲學是關於「統整」的學說，它是抽象世界的意、理、性，它是關於宇宙所以運動、發展，以及方向的科學。哲學同科學的關係實質是，哲學提供了科學存在、進步、發展的總根據。也正是這種分工，我們才說它們是宇宙屬性的不同方面。

統整是真必然的實質核心。但宇宙的過去、現在，以及將來很久都不是理想的世界；真必然被非真必然「潛藏」著，從來沒有顯露出來，而且還將這樣下去；非真或人為必然一直代替著真必然在具體世界中起著規定作用。有一種意見認為，真必然從來不是虛無飄渺的道，也不是空空如也的僧，更不是似是而非的神，而是實在具有、內涵豐富的宇宙根本質在、屬性，現在所以「潛藏」，完全在於宇宙現在的不完善、粗糙，而完善、增補、遷昇、趨近本身就是堅持了真必然的方向。所以，這種完善、增補、遷昇、趨近作為一個過程，就祇能是非真或人為必然的了。

非真或人為必然作為存在是一種具體的宇宙活動，它同人類有密不可分的因果關係。但它又不完全是人類活動，而且還是一種不完全的宇宙活動。它的基本內容就是根據現在而發現並研究具有，進而指導根據具有去創造存在，又使之具有，因而再在……無限趨近下去。

非真或人為必然同人類的這種特定關係及其後果，在現在的時代，我稱之為人為知性意識體系。科學是人為知性意識的主體內容。在人為知性意識之前，人類社會尚有過自然意識和原始意識。人為知性意識的功能在於自覺地、快速地促成人類超出已然，走進宇宙環境，進入統整意識。

科學雖是宇宙的屬性，但它卻以非真或人為必然為自己的內容，一是參與著科學的是人類，二是科學本身作為意、理、性的這些質在都是若干極不完善、不發達、粗糙的具體世界所具有的。因之，科學除了堅持真必然的方向、前途而外，它還時常表現出惡的作用和後果來。非真或人為必然，以其規律的必然神威，使創造、再生、增補、遷昇、完善的結果，使歷史、階段、過程、領域等等，表現著機率即隨時機性的特徵，具有成功、失敗，好、壞，善、惡的二重性，及其大量的中間態。人類的全部

歷史就是人為或非真必然所支配過了的歷史，表現出了隨機性、多維性、複雜性、必然性。而且這種支配還將進行下去。

因為科學同真必然、非真或人為必然、人為知性意識有這種種複雜的交互關係，所以關於科學的功能也就不能從某一個方面去理解。以下我們試圖從主觀、客觀、外在、內在的角度去說明它。

科學是哲學的過程和內容，科學是宇宙的屬性，科學是具體世界意、理、性的自身及其發展，科學推進著具體世界走向統整。這是科學的主觀或主動功能。但科學始終夾帶著一客觀後果——使人類能夠滿足需求。問題是，過去一直錯誤地以為，這種客觀、必然的後果，就是科學的根本功能和目的。所以貝爾納毫不含糊地提出了「科學的社會功能」這一概念，特別地將「社會（人類社會）」作為科學的目的。

這種錯誤較突出的表現還有，如大家都較喜歡引用的美國科學史家薩頓的一句名言：「科學總是革命和非正統的……」。這句引語的後半節，即「非正統的」就是某種非真或人為必然對宇宙屬性的歪曲；同時也是「人類中心主義」對科學固有的偏見。再如有關科學來源的看法，梅森堅持說，科學來源於「技術傳統」和「精神傳統」。這也是「人類中心主義」的一種淺見。

雖然科學首先是宇宙屬性，而在方式上則是智者的思維活動，或許正是這個根本的原因，在對社會的管理方面，它比人類自己直接管理自己要得天獨厚。自有人類以至今後，即在人類勞動、實踐的主要方面從人類自我轉變到純宇宙性的勞動和實踐以前，人類自己管理自己在效果上始終是勉強和困難的，但科學卻能替代這種不足。科學，根據其必然規定著應為、可為，從內容而不是方式，從內在而不是外在給人的大腦補充一些，也消去一些，從而作為或不作為；或者說使一些可能性和一些不可能性都

失去了，從而使必然暢通無阻。科學，祇要它在哪個方面被發現並利用了，那麼，它就在哪個方面自如地管理社會；全部發現，即人類勞動、實踐的目的、性質如同某些物理或宇宙實驗那樣，發生了根本轉變以後，它就會充分、全部、自如地管理「全人類」、全社會。科學的這種功能，是它的客觀或外在功能。但必須指出，儘管必然如此，社會傳習、歷史慣性、政治力量，以及科學本身在其活動過程中所附帶的惡的作用等，常能使社會（人的世界、人的自然世界）並不能一下子就理想化，它還必需經過一個相當長的歷史過程。

　　關於科學，還可以作以下說明：科學，就在於說明，過去總是「錯」的——但說明本身在當時卻又總是「正確」的——而現在和將來還會不斷地「錯」著。如果說科學還有什麼特異功能的話，那就是它專門向著「錯誤」、困境和未知進軍，否則，它就失去了生命力。科學的這種功能，我稱為內在功能。

　　滿足人類的全部需求，是人類社會實踐、生產勞動的目的，是人類歷史的動因，亦是人類社會形態劃分的根據。這是馬克思主義的基本原理。在一定的前提下，這個理論無疑是正確的——它揭示了人類社會中人類活動的根本實質。生產力決定生產關係，經濟基礎決定上層建築，是唯一可以解答一切歷史和現實問題的理論和原理。它同歷史上那些心胸狹窄、目光短淺、自以為得意，在其主觀失落到了泥堆上卻自高自大起來，號稱如此如彼的哲學家、科學家們的各種理論比較起來，具有更堅實的基礎。但是，地球不是人類活動的最終舞臺，而祇是「搖籃」，滿足需求也不是人類的根本目的，祇不過是一個過程和事實，人類社會也不是人的最好組織形態，祇不過是暫時的「群體」而已。一個簡單的疑難是：在地球、需求、社會這類空間、內容的前提下，人類會停止發展，會自行消亡的，而且也根本達不到滿足需求的

目的。或者我們反過來問，人類徹底地滿足需求以後怎麼辦？答案在今天是無法明示的，祇有放棄了終點才有希望。也就是說，人類祇有走出這個舞臺，解散這個群體，改變這個目的，才有光明的未來，才符合真必然。不過，必須說明，人類需求的滿足不是哪一天可以宣告實現而了事了的，也不會所有人一個不拉地一齊滿足於同一歷史時刻，更不是現在或不久將來就能辦得到的事情。其一，在現在，為需求，人類必然走向宇宙，進行宇宙勞動、實踐；其二，在將來，人類勞動、實踐主要的方面轉變成了純宇宙勞動和實踐，需求的滿足不過祇是一種必然客觀後果。或者說，全人類滿足需求之日，「人類」的概念已不再是今天的概念。而同人類的真正使命、方向比較起來，滿足自身的需求則是微不足道的。

　　滿足人類的需求是一種進步到真必然過程中必不可少的最直接呈顯給人類的非真或人為必然。抽象地說，真必然必然引導、誘發非真或人為必然向著它的歸宿——真必然前進，其間，非真或人為必然總是被不斷地必然替換，更進一層。具體地說，科學作為宇宙屬性之一方面，它的無限趨近性、發展和完善的特徵，終將迫使人類重新認識它的價值和功能，從而改變或調整自己的實踐方式和方向——逐步實現實驗的方向、理論的方向。

　　人類必然重新認識自己的目的、方向、地位、價值。這是一個全新、或者說是一個不能被接受的課題，但我也沒有任何辦法或者沒有什麼必要來說明這個課題的不存在。人是宇宙的人，是統整的人，而不是人類的人，自我的人，經濟的人，自我滿足的人。這樣的命題，作為既是哲學的命題，也是科學內涵的命題，我預言不久將會成立。正如格拉肖所說：自然界必然還為我們蘊藏著某些令人驚奇的東西。

我們還可以稍稍討論一下科學發展的實際情形。如果有人想問一下，你的理論是唯心還是唯物的呢？我敢說這是無意義、也是不必回答的問題。祇知道，科學和哲學都是宇宙的屬性，一是具體的屬性，一是抽象的屬性；一是之於體，一是之於存在。科學的功能在於，依據不斷被具有的宇宙屬性，去增補、發展、遷昇、完善具體世界，使之趨近統整。

科學史自身已經有了這種意義的說明。例如物理學，正是這種一而再，再而再的必然，迫使物理學在牛頓力學（形在之質在，即宏觀世界的意、理、性）的基礎上，發展起了核子物理學、基本粒子物理學、量子物理學、場論（更高一層次的形在，即微觀世界），以及相對論、天體物理學（牛頓力學以後的另一個發展方向，即超宏觀世界及其意、理、性），從而又有了當今物理學的熱題——四種相互作用的大統一理論（更高一層次形在之質在。注：以上這種形在、質在的劃分不是絕對的，祇是大範圍的概要說明，而幾乎沒有考慮各學科內部的形、質情形）……當然，四種相互作用的統一，不是物理學能獨立解決得了的問題，它還必需天文學、宇宙學、哲學的幫助。再如高能物理加速器、雲室、氣泡室、低溫室、礦井試驗的建立，同高能物理學、粒子物理學、低溫學、宇宙學的發展的關係之類。

科學是宇宙的屬性，物理學的現在和發展就是這樣認定的。愛因斯坦創立了相對論，解決了超宏觀世界的物與運動的關係問題；量子理論解決了「動」物的構態模式；核（基本粒子）物理及場論也解決了「靜」物（相對而言）的結構問題（或趨於解決）；天體物理學追索了宇宙的歷史，也預測了未來，而且還研究了現狀宇宙，提出了諸如「穩態宇宙」之類的假說；所有這些之前，牛頓創立了力學物理，解決了宏觀世界與運動的關係問題。如此之類，我把這些稱為相對相對論物理理論。這種理論一

般地認為，某相對於某因之是某，什麼相對於什麼因之為什麼，怎樣相對於怎樣所以怎樣。也就是說，某與某，什麼與什麼，怎樣與怎樣之間普遍地存在著各種關係，世界所以能被知曉、確定、研究，都是由這些關係決定的。由於這些關係全體地直接或間接地隱藏於具體世界的形在、質在中，因之，尋找關係即意、理、性，進而因此改變事、物、境、象，使之「有益」、增補、遷昇、趨近，便十分可能。當然，這中間一定少不了邏輯規則的作用。

四種相互作用統一的理論，是科學在有關具體世界的整的質在和形在、象在的統一方向中打開通途的端倪。各學科經過必要的發展、清理之後，終將會在抽象（作為範疇的抽象）的基礎上統一起來，這是科學發展的必然大勢。正如薩拉姆預言：粒子物理學唯一的最後實驗室將是早期的宇宙。這是物理學和天文學的歸宿。美國國家科學基金會在1981年召集的巴巴臘研討會正是這種歸宿的偉大嘗試。這類研究和方向，我把它稱為絕對相對論物理理論。這個理論是說，一切相對於一切，因為「整」，故是一切。因之，宇宙是「守衡」非是「守恆」的。其意義是，宇宙的形、質、象、量、能、動、力、熱、光、速度、荷、電、磁、場、色、味、旋、性、正、反……等等，受制於「統整」而均衡、平衡，絕對、相對衡在、互衡。絕對相對論物理理論是物理科學發展的未來，也是科學發展的未來。科學的主觀功能祇有在這裡才能顯露出來，真必然也祇有在那時才可能直接讓人類瞭解一點曙光。

真必然、統整不是理論的終點、結論，而祇是意欲說明的方向。縱使我們拿某一具體宇宙假說，例如「大爆炸」理論為信奉的根據，也是如此。一是因為宇宙膨脹還在繼續，二是宇宙僅僅依靠人類這一個類的增補、遷昇、完善、趨近還遠遠不夠。但人

類在宇宙的遷昇、增補、發展、完善、趨近的過程中,是一個具有特別功用的能量集團,人類應該承擔,而且也必定要承擔起這個更為崇高、神聖的使命。人類的前途不是黑暗或消亡,而是光明和偉大。

一九八四年七月◎

53.從前認為，宇宙像一部機器，由物質和運動組成，沒有固定的目的，也沒有確定的方向，它的行為與人類無關，存在就是因果流。這確實是宇宙存在，甚至人的存在也呈現這種情形。但人的智慧——它產生於這種存在中——卻可使人超出存在，並根據存在去創造沒有過的存在，極大地豐富和完善存在。不斷地這樣做，結果是因果之流不再是無目的、無方向，與人類無關的了，而是有方向、與人類有關的因果流，呈現出嶄新的世界存在。這樣的存在，雖不因人的意志為轉移，卻也離不開人的智慧作用，不以人的目的為目的，人卻可在其中達到目的。

赫爾巴赫說，「宇宙，全部存在的巨大集合，僅僅是由物質與運動組成的。我們眼前的這一切存在不是別的，祇是一般無邊無際的、永不間斷的因果流。」這話我們現在可以改過來這樣說：宇宙，全部存在的巨大集合，統整的載體，它由物質和運動組成。我們眼前的存在不是別的，祇是無窮的由非真或人為必然趨近於真必然的必然過程。

沒有宇宙也無所謂智慧，沒有智慧也沒有宇宙的未來。但未來不是依據智慧本身，而是它內含的質在，智慧不過是一種外在，一種必不可少的外在。

一九八四年八月十四日◎

54.材料昨天已寄出，裡面還有一本書和一個盤子，盤子是在曲阜買的，裝飾用品，但這不是給你的禮物。 8，15

×××：[14]

今天是16日，按原計劃我明天就可以離開這裡，但現在不行了。

許多天以來。我獨自一人，盡情地想了許多問題，包括做學問。我覺得，做學問猶如修煉，不僅要有坐禪的功夫，重要的是要入境、臨界，進入絕對的精神領域。這樣它才是無敵的，它才可以造就人和事業。

讓我們共同入境、臨界吧。我們的事業祗能在這樣的精神領域裡才能成功。

宇宙間有各種各樣的物，也有各種各樣的物與物之間的關係，祗要物與物發生了關係，就一定要有相互作用。具體地看，這些聯繫和作用是盲目而無方向、意義的（抽象、整的前提下，就不是如此）。而在所有具體作用、聯繫之中，唯有智慧的作用，以及與物的聯繫才是最有力，或者說是最根本的。這倒不一定是智慧本身直接賦予物某種作用，或者完全不是說物依某種意志為轉移。最根本的意義是說，物依其所屬具的意、理、性，以及將來進而具有的意、理、性會被不斷更新著，不斷被增補著，以致那種過去、現在看起來是盲目、無方向、無意義的作用、聯繫會日漸失去表象，從而漸現出某種由小到大、由淺入深、由象入質的目的、方向、意義來。這種連續的過程，恰恰祗有智慧方能認識，並誘導它。

首先，智慧，且唯其智慧方能發現物的意、理、性；進而其次，唯其智慧的力量，才可以根據已經發現了的意、理、性去造就事、物、境……無限重複下去，就是那個漸真的過程。這個過

14　這是給妻子的信，發信地應當是大連。

程我稱為人為或非真必然。這個過程也就是科學史的內容（廣義的科學，包括它的外在形式，如技術、生產、勞動等）。

哲學認為，這種非真或人為必然必然會進到真必然、統整。整的物、存在、運動、作用等等，乃是智慧以外自為與自在的，是與智慧無關的，但是，它們有其規律性——平衡、穩定，因而，智慧也可以認識、發現並利用它。這樣的存在和過程（僅僅作為過程），乃是哲學的內容。

好了，就寫這些吧。講稿寫完了嗎？身體好嗎？

祝

　　　你的

　　　　一九八四年八月十六日早◎

55.邏輯作為科學之一，是存在的屬性。即，事、物、境、象之意、理、性，成為研究和發現的對象之一種，故是科學。

邏輯由表及裡，由淺入深，不斷地被研究和發現，邏輯學也不斷地被增補、發展、遷昇、超越著。

邏輯作為非真或人為必然，具有時間和空間的各類特性，表現在邏輯學上，這種人為或非真的特徵更顯得突出，故知，所有已有的邏輯都是人的邏輯。

邏輯本身是一致的，由於人們為了方便，將其分成許多種類。這些劃分在一定條件和時間內也不無意義。

邏輯可分為四大類：

1、形式邏輯，也叫傳統邏輯，是全部邏輯的雛形，它規範思維及其表達的對錯。

2、符號邏輯，或叫表現邏輯、說明邏輯。它有兩個分類型：a.語言邏輯，b.數理邏輯。符號邏輯是有關表現、說明（明示、默示）的規則、規律，特別是人工語言的規則、規律，但不等同於語言的語法和修辭規則。

3、辯證邏輯，又稱思維邏輯，是有關思維、大腦機能的規則和規律的學問。

4、科學邏輯，是有關過程、自然、存在、事、物、境、象、意、理、性的發展、增補、趨近、遷昇的邏輯，是具體世界的邏輯，故亦可稱為哲學邏輯。這種邏輯發現和研究的是有關客體的邏輯，所以注重規律和規則，就此言，它與哲學、科學有很密切的關聯，不過，它們之間還是有差別，科學邏輯的側重處是方法和路徑，而哲學即科學則是對象本身的是與非，故知，它們不能互相替代。

科學邏輯是邏輯歸於哲學的必需承載，所有其他邏輯都根據科學邏輯而為邏輯，雖然現在人們還不能這樣理解。故，研究

科學邏輯是應當開闢的重要領域。邏輯這各主要分類的表達，歷史上曾有人討論過，如科學邏輯就在黑格爾的《邏輯學》、《小邏輯》，恩格斯的《自然辯證法》等著作中被討論過，但使之明確，卻是未開拓的工作。

　　研究邏輯，不能為了邏輯而邏輯，為了規則而規則，為了規律而規律，而是，既要反映、說明現在的「真」，又要努力「人為」，使之趨向更深領域、更高的非真或人為必然。

　　　　　　　　　　　一九八四年八月十八日大連◎

56.第二次革命（城市的興起）是人類同構自足過程中的一個必然環節。如果沒有城市的興起，就不可能產生文字，人類祗能處於群（氏族）的階段（類似於猴、猩猩、猿人的狀態，事實上，很多原始人，如真人、人猿都因為堅守而滅絕了），正是文字交流形式的出現，導致了國家的興起，氏族制的消失。

現在，自足過程還在繼續，亦面臨第四次革命——確立宇宙統整、守衡、模糊的宇宙觀，拋棄人類中心主義的世界觀。相應的具體行為應包括，改變世界（人類同構）的無政府狀態（起碼的一步），擴展交流領域——同宇宙交流，而不祗是如第二次革命那樣，祗建立起人類之間的交流。交流的基本根據是能量的相互作用，其方式和方法除文字、語言之外，其他還如電波、光、輻射等等。各同構的存在方式和屬性的相互瞭解、認知，便是走向統整的開始。

這樣，我們不僅可以免除生存之憂（第二次革命即如此），而且還會達到宇宙互助的境地（國家的消失會如同氏族、種族的消失一樣，在今後會成為不可避免的事件。不過，在此之前，國家本身仍然需要完善，二者並進，直至消亡）。

歷史的互補在前三次革命中均已完全表現出來。

農業 $\nearrow$ 木本 $\searrow$ 草本 $\longrightarrow$ 具體如旱作、水作方式，及穀物、果物、塊根諸產品，為後世不同模式的歷史或文明形態提供了物質基礎；

城市——政治與文化的都市，商業與經濟的都市，出現社會結構和意識形態，人的特殊智慧得以開發，形成政治人道哲學、自然主義哲學、理性主義哲學、宗教等解釋哲學體系；

工業——集約化、流水線、專業化生產成為事實，深度開發、利用自然資源，人的工具化、角色化，功利至上，自我中心，人域衝突加劇，人類成為整體問題。

　　第四次革命無所謂互補了。現在，人類面臨被逼進的境地，已無單方面（如前三次那樣）的問題需要特別解決，人類必須綜合解決所有問題，而解決的實際後果是拋棄人類中心主義。◎

57.中國人慣於受傳統觀念束縛，留戀祖宗產業，不能棄舊圖新，現代化生產卻認為，舊的東西拋棄得越多越快，經濟就愈能更新發展。我們必須使農民擺脫其對土地的奴役狀態，死守14億畝農田是沒有前途的，也必須改變其依賴關係生存的狀態，熟人社會不是現代社會。

土地的非農業性開發，是中國農業的根本出路。農業改革的一項重要內容，就是要使14億畝農田中的許多變成廠房和車間。這種開發不由國家包辦，而是由個人對國家土地的承包、租用，建立各種實業開發公司來承擔。這樣，國家對農業產銷包辦的過分經濟責任的困境，會獲得相應的解脫，這是其一，其次是把農民從現有的落後的經濟、人身關係中解脫出來。

經濟改革同社會管理體系的改革是密不可分的。封建社會所以被資本主義社會戰勝，一個很根本的原因在於，注重人身統治、輕視經濟建設的封建社會管理體系，是同經濟規律相違背的，而資本主義社會的管理體系恰好又是經濟規律的產物。我國已將不適合社會發展需要的過分人身管理的人民公社管理體制廢除了，採取了鄉、村形式的行政管理體制，但問題還有待進一步研究。如小農經濟體系，由於沒有商業化、工業化的質地，無所謂生產、流通、消費的社會化及組織實施，這就使社會管理自然地偏重了人身關係的控制。現行鄉村管理體系正是這種經濟基礎的產物，而它在中國卻有悠久的歷史。這種作為社會發展不完善的必需補充形式，是有它生存的必然性和可能性的。

經濟改革，就是要使社會發展中不完善的部份完善起來，並用社會的必然形式取代補充形式。這種必然是，依靠發展著的經濟去促進社會的發展。發展著的社會不能離開經濟規律，經濟規律被認識和運用，社會（例如在管理方面）將會日漸擺脫曾經作為補充形式存在的、具有濃烈封建後遺性的人身關係的強制性管

理，使公民觀念同百姓觀念決裂，管理觀念同官僚觀念決裂。這些是我國農村當前改革的重要內容。

　　經濟改革以及社會體制改革，是依照經濟規律辦事，反映現代化經濟必然性的一場社會革命，它以科學知識為後盾。全面、徹底、快速的改革，是當代中國的出路所在。有人因為過去違反經濟規律、盲目失策而造成了災難，提出現在的改革要「穩」，我們認為，不可相提並論。在必然性面前，除了決策者的膽識、勇氣，人民群眾的才智、幹勁，科學工作者的科學設計、方式、方法的規定而外，沒有任何「穩妥」可以提供你能比資本主義國家更加強大的事實。

　　那種主觀上想發展社會，客觀上又不按經濟規律辦事，擔心按經濟的必然性管理社會會在政治、行政方面造成後果的小農政治觀念，是不可取的。當然，我國的社會管理體系除了歷史、經濟的原因外，政治方面片面地認為政治是統帥，是靈魂，有了政治就有了一切，而忽視經濟的決定性、必然性等左的思想，也是我國落後管理體系的重要原因。

　　「萬元戶」遠不是我們改革的目的。我們首先是要消亡農業和農民，即完成整體科學社會的前奏。將農業改造成工業型農業，將農民改造成農業型工人，把農業經濟的發展併入市場經濟之中，使農業不再獨立於商品經濟之外，自給自存，而使之被控制於合理的價格體系之中。小生產的消亡，意味著社會化大生產的產業實體——獨立法人的產生，同時也就意味著作為小生產的補充形式的鄉村行政管理體系的終結。我們認為，這不是什麼社會管理、人民民主的鬆懈和削弱，恰恰是現代社會經濟發展的必然要求。社會的控制和管理是由經濟體系決定的，超越經濟而強制人為政治方面的管理，必然阻礙經濟的發展和社會的進步，而且，在越是接近產業基層的地方，行政機關過於細密繁雜，一是

會增加產業的過分經濟和物質負擔，二是國家的法律、政策在其實施過程中，人為因素必然增多，而使其失真，即受官僚主義的危害。

　　為此，根據各地條件的成熟情況和可能性，先後逐步取消鄉、村兩級行政機構的政治功能，改由以縣為集合的法人自治，國家祗從稅收、職工福利、生產、經營、消費者利益、社會總體計畫等方面進行法律、財政、計畫監督，是其所由之路。

一九八四年九月◎

一九八五至一九九〇年[15]

15　1984年秋後，我的劄記似乎不再有專門的記錄，有很多記在讀書索引之中，多屬閱讀時的靈感，而且大多沒有標明時間，這種情形一直持續到了1991年春天。回想起來，這個期間好像主要是在讀書，以及撰寫《周公法律思想研究》（未出版）、《中國法理念》、《互助與自足──法與經濟的歷史邏輯通論》、《中國文化的沉思與重建》四本書，故劄記的數量不多。

58.近代流變略要

中國之變，概其大要有三：

一是炎黃-顓頊之際，東亞地域由原始氏族部落狀態進入地域國家的狀態，中國之一統大業始有起源。

二是商周之際，法人則聖取代法自然之自然法的意識觀念，以人為面對、為前提，以人統治人為最要，排斥自然，甚至「天人之際」也不在正宗。始創了人道政治哲學（周公-孔子-朱子）的博大文化體系，確立了中國社會的模式，規定了中國歷史的發展方向和規律：中國作為中國之中國存在。

三是18、19世紀之交以來，正統文化被破壞，傳統國家開始參與世界文化潮流，中國亦作為世界之中國面世。不過，到今天為止，尚不能認為中國已與世界融為一體，「正統」仍在作祟，欲進又止，欲罷不忍。當然，較之第二變，近代之變則又特有花樣，時勢使之然也。

然，中國文化在參與世界文化潮流之前，曾有一個傳統文化得以過渡的「求存」時代。回首其學術與學問，如17世紀的所謂「啟蒙運動」，黃、顧、王等人當不能與王陽明以前的理學家同語（唯王夫之在哲學方面可與他們相列）。理學家是終結一代學術、思想、文化的巨匠，求存者則持修舊補缺之業，且多懷抱怨之心，可說，翻新雖未能，啟迪之功實應彰明。此外，他們對正統文化尚留不忍之心，足見其是兩種文化類型之間的過渡。或說為後一變故準備精神、思想條件。這一準備，中經乾嘉學派、常州學派，至魏源方算基本滿足。整個過渡之中，「正統」占主導地位，說明中國文化自身革命的艱難與困惑。這種艱辛在將要發生的參與世界文化潮流的過程中，至今一直被繼承下來了。

19世紀中葉，學術思想和政治社會兩方面的求存過渡已接近同步的程度，長時期的輿論準備便要讓位於內容與模式的翻新了。

　　由於作為主導的學術哲學已經不復存在，由於社會問題成為燃眉之急，由於外來的文化思想衝擊太猛、太快，此以後的參與方式已經很難劃分學術和政治的明確界線，多是混同進行。不過有一點，由於準備階段的脈絡傳承作用，正統或舊的外殼、質地則無論在哪種類型的翻新中，都有保留。

　　如「太平天國」、「中體西用」、「君主立憲」、「三民主義」、「同中國革命的具體實踐相結合」、「建設具有中國特色的社會主義」等等。

　　可是，這並不意味著每個類型會因此而具有同樣的後果。

　　洪秀全的宗教加農民革命，祇能發生，卻不能成功。

　　蔣介石的傳統意識加官僚資本主義，祇能成功，不能後續。

　　毛澤東的馬列主義加農民革命，也祇能成功而很難後續。

　　現在的改革，是時勢所迫，求急之所為，非是理想主義的歷史實踐，同毛的方式也不一致。

　　上述類型都主張變——針對古典中國——這是時勢的要求，至於結果不同，至少有一點可以說，是各自對中國歷史的體會和把握不同所致。

　　中國向無宗教之傳統（自西周「法人則聖」以來，此路就是死路，佛、道之教在中國祇是部份人的精神寄託和出世手段，不是社會的共同信仰和總體精神，而且，它們的主要意義是其世俗的學理性，而非宗教性），無法產生，更無法長期保持宗教的狂熱和生活方式。權宜尚過分，以為根本方式和手段，則出錯特遠。故洪祇利用了一面，即以之發動農民革命，而失落的卻更多。即他試圖以之為社會結構和生活方式，結果適得其反。

　　中國人（農民）向來樂於人身的統治和控制，不喜歡自己主宰自己，喜歡主宰別人，或者被別人主宰；有革命的熱情，但不注重革命的後果及未來前途；喜歡運動而不善於改良；喜歡崇拜

但不是宗教式的，而是現實的個人權威，並且這樣的權威愈有力愈好……這樣的歷史故事和心性，洪秀全沒有體會深刻，更沒有把握住，而毛澤東、蔣介石卻體會極深，一個用馬列主義，一個用資本和財力（蔣還用了孫中山的聲譽和旗號），把這些固定下來，形成章法、綱領，還運用政黨的組織方式和政治方式，使之有治、有所治、可以治，於是，他們都先後成功了。

然而，他們為什麼都難於後續呢？

蔣介石一向不顧及農民，結果農民極不滿意，且有重複歷史傳統（起義、革命）的苗頭。毛澤東極準確地利用了這一情勢，加之軍閥割據、日人入侵、時局不穩，所以蔣必然失敗。而毛澤東則是忽視了世界發展大勢，忽視了經濟基礎的更張，忙於權術、權威、權力、地位的得失，滿足傳統的政治方式，無視現代社會條件下的人們，特別是知識份子對民主、權利，對物質基礎的起碼要求，結果……幸虧，在這樣的政治社會中，個人仍能發揮作用，他的後人用變通的方式，形式上保持了由他開創的後續。

可見，蔣、毛類型並沒有把握中國之發展和未來。最少，他們從歷史中沒有體會出這一點。

孫中山先生一腔熱血，一維理想，終是體會西方文化有餘，而視察中國國情不足，一而再，再而三，失敗之後，亦未免為他人作嫁衣裳的結局，自己的理想並未實現，終成遺願，激勵後人。

對中國之歷史體會深刻，且對未來有合適之推論、預感的人，要算康有為和章太炎、陳獨秀。

康有為：中國社會必須經過三個階段，即君主專制、立憲民主、共和民主，方有未來。或說，借用舊有的權威去改變中國之政治基礎，以便達於民主共和體制。他認為，革命不如改良，

革命是激進，節奏過快，結果必然還是導致專制獨裁，而改良是循序漸進，漸成民主共和。所以，他反對革命，主張維新變法。康對中國之未來的說明，實在是言中了。無論革命者有多高的理想，多好的信仰，也無論三民主義，或馬克思主義、共產主義，結果卻未免其在實踐過程中的專制、獨裁，歷史使之然也。

但康確有嚴重的缺陷：一是過分依賴正統文化，即今文經學和皇帝專制；二是他忘記了中國人不適應改良的方式；三是他的歷史進程沒有賦予實際的基礎，如資本主義的物質基礎，而祇有政治化的設計；四是過於固執，不因時變而改動其實現理想的方式；五是過於理想化，而不著實際。

章對於中國的民情洞察甚深，他之反對代議制而主張絕對平等，實是由於中國人自古不善於貧富懸殊，執意求民同的緣故。他的早期革命主張，是他對舊世界不滿、失望所致的思考，但革命之後怎麼辦，他不是基於世界去考慮的，而是基於歷史、基於現實和正統去考慮的。他之言中之所在，正是蔣介石的官僚資本主義的失敗所在：忘記了中國的小農經濟和觀念傳統。

章康向為對頭，學術上章優於康，不過，由於章自身的缺陷，他對康的批判實未切中要害。

陳獨秀之長在於，基於中國歷史的現狀，比較西方國家的現實，他以為，達到一個好的理想境地，不能一步求成，必須要有連續的、實際的中間階級，及其物質基礎——資本主義的發展——的事實。這個長處還有一層意義，是他對馬克思主義的精髓的把握，而不若有的人祇知其皮毛、半知半解，就轟轟烈烈地幹開了。結果，他在半個多世紀前就已經找到了毛澤東失敗的主要原因（其長短，特別是其短，並非僅我上述。我祇是從這個角度說話，至於其他失敗原因，當可另作分析）。

　　以上各種類型，各有長短，沒有完人。若取各自之長，綜合、提煉、發揮，則大有可為，或成正果。中國之未來尚在不定之中，需我們冷靜思考。

　　除上述外，其他尚有清代改革之故事。昏昏之集團，一廂情願，沒有民眾基礎，終是徹底失敗。

　　還有王明之流，全盤蘇俄化，也必然不合中國之需要，故不會成為實踐的主義或體系。

　　若干學者主張全盤西化，也需得稍予說明。如果排除中世紀的宗教統治歷史，實在應該說，西方歷史比中國的歷史更具邏輯性，它由原始的生存慾望一步一步地走向人類全方位的自足狀態，不若中國之理想主義與現實生活嚴重脫節。當然，這樣的西方文化和歷史也實難為有五千餘年歷史的中國所接受，其中的原委曲直非三言兩語所能說清，這裡暫不理會。今天的現實是，西方文化也面臨著更新和變革的問題，如此之下，若一味跟隨，是否合適，值得我們思量。

　　中國之變尚在進行中，何去何從，國人有待思慮。當然，其大勢無疑是繼續參與世界文化潮流，不過竊以為，具體的作為當取決於：

　　一是對正統、古典的批判與繼承：

　　①文化、學術的批判，及對人道大同、天人合一之精粹的重新體驗；

　　②產業生存方式的批判（小農經濟方式的消亡）；

　　③產業階級的批判（農民階級的消亡）；

　　二是對世界文化和人類一體化前途的信仰及所應採取的態度：

　　①國民教育狀況；

　　②法律的全功能實現（法治）；

　　③國家政治和社會體制的憲政化、民主化；

④工業和科學技術的發展程度；

⑤同世界的協調程度；

三是知識份子的主導作用和責任；

①對政治、經濟和社會的主宰程度；

②對人為權勢、統治舊習的輕視程度。

一九八六年五月◎

59.有關禁忌和法術的記憶（不完整記錄）：

1、三月三吃黃花菜花煮的雞蛋，可以治頭痛；

2、翻繩（也叫翻托）會下雨；

3、端陽時節，家中掛桑茅根（菖蒲）、艾葉，可以驅邪；

4、飯症（即癲癇病）發作時，抓一隻公雞放在病人身上，公雞會匍匐不動，以此檢驗和治療；

5、生瘡時，摳下一塊瘡痂放在一米粑內，蒸一樽米粑，並將米粑散發給全村各家，瘡便好了；

6、舌頭發炎，用針挑出水瓢（木頭或葫蘆）背裡的沙，即好；

7、胎兒的胞衣要用稻草包好掛在桐梓樹上（以免動物吃）；

8、男孩出生時，不能用褲子包裹；

9、嬰兒必須滿一百天后才能理髮；

10、小孩夜晚犯驚厥，可剪一小紙人放在孩子的枕頭下面，有時招魂時亦用此法；

11、嬰兒的指甲祇能口咬，不能剪；

12、小孩哭鬧吵夜，得張貼招貼，上面寫一些求禱的語言；

13、小孩換牙時，上牙床掉下的牙必須扔到房頂，下牙床掉下的牙必須扔在地上；

14、男孩成年前，必須留「朵搭」（後腦勺上的一小撮頭髮）至成年；

15、孩子不好養，得取一賤名，多和貓狗相同；

16、孩子難得、難養，得做至少一件百衲衣穿，也就是從一百戶人家分別討要（不能買）一塊布片，然後將這些布片縫製成一件衣服，給孩子穿；

17、孩子難得、難養，得找一位特殊的人做乾爹，此人通常要有一點霸氣，鎮得住，最好他的子女也多；

18、孩子滿周歲要抓周，通常所抓之物會代表他的未來；

19、小孩不能吃泥鰍，否則寫字會手顫；

20、正中午小孩不能一個人出門（正陽時有鬼）；

21、小孩中午不能爬桐梓樹；

22、小孩洗澡時，得用水拍三下，並說：一拍拍，二拍拍，細伢洗澡不著嚇；

23、小孩出生時，如果八字中缺少五行的什麼成分，要在取名時予以補救；

24、小孩第一次去親戚家，對方要給小孩掛七色線；

25、做完法事、跳神後，所用過的符會燒成灰，泡水給某人（居多是小孩）喝，可以治病、防災；

26、人死後，村民會去死者家，吃硬腳元子、大肉（大塊肉），說是可以給活人賜福，尤其是小孩可以長精神；

27、節日（特別是上午）有口忌，小孩尤甚；

28、不能把篩子蓋在頭上（這樣會招鬼）；

29、不要踩別人的影子；

30、不能用竹棍打蛇（竹子是蛇的舅），否則打不死；

31、毒老鼠時不能讓屋椽子知道，椽子會告密；

32、乾水塘時，丟一個秤砣在水中，魚就不會飛走；

33、有字的紙不能擦屁股（尊重孔子）；

34、一年之中，男人不能中途換理髮師，其他匠人最好也不要換；

35、老人病重時，（在治病困難的情形下）最好準備好棺木，可以沖去病魔；

36、死人入棺前要平躺在門板上，頭枕一疊陶瓦；

37、死人的腰帶不能紮緊，故俗語說：死人拋腰帶；

38、棺材抬起前，要在棺材頭上砸破一個裝酒的酒壺；

39、死人穿過的衣服，用石碾滾子碾過後，可以穿；

40、安碓臼（舂米的石具）時，得起大早外出撿回一抔水牛屎（指水牛一次拉屎的量）墊底；

41、抬榨油機（得40以上的人抬）時，得有一位有名望的木匠坐在榨油機的頭上，砍上幾斧頭，吆喝幾聲，於是，榨油機的重量會輕很多，否則，抬不動；

42、左青龍，右白虎，不怕青龍高萬丈，祇怕白虎調頭望，風水及紅白喜事的規則；

43、做新房，堂屋上要安一根彎曲的樹梁，貼紅紙條；

44、搭灶要有灶頭；

45、做房、挖墓地得看風水、朝向；

46、紅白喜事、外出之類，得看黃道吉日；

47、過年（或臘月28，或年30一大早）完福團年，及初一一早掃地，要先從大門往裡掃三掃帚（初一垃圾不出門），以免失財；

48、大年三十通宵燒木柴（通常是樹樁根、明火）守歲；

49、初一一早要吃餃子、元寶蛋；

50、初一的食物需年前做好；

51、女人的內衣褲不能曬在外面；

52、不入坐月子人的房間；

53、女人來月經時不能隨便去別人家；

54、女人不能夜裡梳頭；

55、生孩子死的女人如果作祟，得用犁犁其墳；

56、女子嫁到男家，其親屬從出嫁之日起三天內不能去男家，到第三天方可由其兄長或弟弟接回，叫「回朝」；

57、女婿「過路」（首次去丈母娘家，一般在婚前），要吃粉條（寓意事事順利）；

58、兩家吵架（少見），特別是家中（如菜園子）被偷、財

物被損害又不知其人，老太太會拿一刀、一砧板、一把稻草，邊剁邊罵（詛咒加害人斷子絕孫、死得快，不過，此法通常不能亂用）；

59、狗被打死後，祇要放在土地上，它能自己復活（狗是土性）；

60、豬殺死後，它的很多器官不能直呼其名，得換名叫，如：豬血叫「晃子」，豬肝叫「葉子」，大腸叫「下水」，脖子叫「槽頭」，豬腎叫「腰子」，脾叫「鹽帖」，舌頭叫「口條」，等等；

　　……◎

60.理學的體系與範疇：
周敦頤：

太極（本體哲學）

動靜

陰陽

五行

男女

人（人生哲學）▲

秀氣

靈、形

性、情

善惡

極太歸回

人極：中正仁義
　　　主靜●

誠（最高之人道）※

張 載：

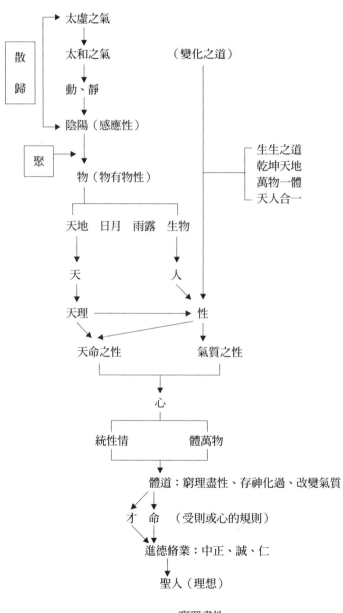

窮理盡性

程　顥：

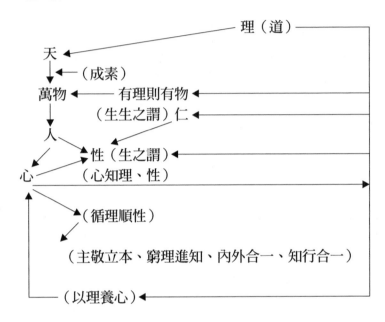

△　天人合一
敬以直內、義以方外

程　頤：

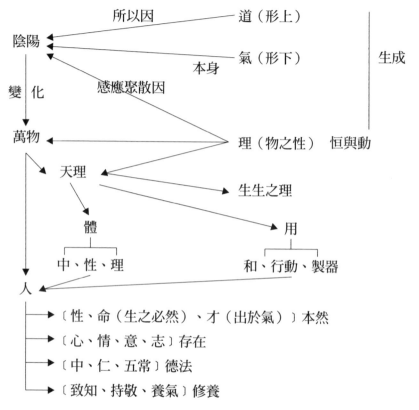

有物必有則，一物有一理；
萬物同一理，理氣成物；
氣分清濁，使物不同；
人因氣的清濁而有個性；
人的善惡不在理，而在氣；
情慾源自濁氣，故敬天理；
人生之道在於實踐天理；
格物求理，心主之、心一之；
養氣安心。

朱　熹：

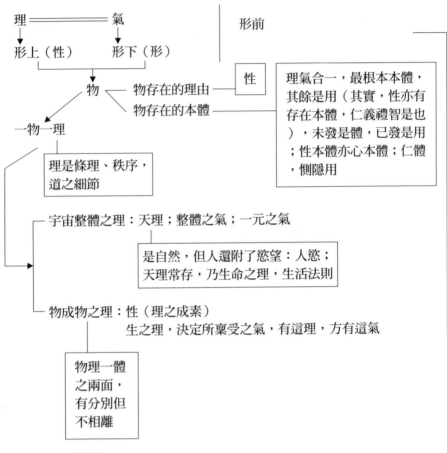

解釋：

理一分殊：太極之理祇一個，各物都與之流通，各物之理即物之所以存在之理，稟氣所致。

至理：物之所以成為物之理，在於生物，生生之理。

理相同，氣有異：氣清：表現全部理，表現生生之理，具有完備生命：人；

　　氣濁：表現部份理，生命意義膚淺，或沒有生命，是人之外物。

　　生成、永久、光昌三理：即生生之理的三種程度，唯人具仁，使自己之生存與宇宙之生存並育。

　　太極（生生之理）：

　　動靜之理：氣的動靜有動靜之理，動為誠之通，靜為誠之復；動靜乃天命之流行，即理之實行，而非抽象，實行即誠；動靜之理為氣之消長、進退之理；動靜無端，互為其根，動中有靜，靜中有動。

　　生生之理謂之仁（天道與人道的樞紐）：理為生生之仁，仁為天心與人心。

　　氣：形下；理氣同在，互相限制；陰陽，氣之分；五行，陰陽之結；鬼神……

　　人：漢人以人為一小宇宙，人的一切和宇宙配，變易規律為人的生活模範，如眼一日月，四肢一四時，骨節一十二月、三百六十日等。宋邵雍使人完全宇宙化。這些是人的狹隘物質配合論。孟子重人的精神生活，以人為全部思想的中心，人是自我，人是理想的工具，人是自我主宰而又在宇宙整體的和諧中生活的個體，有自己的人格，有自己的精神——浩然之氣。朱子繼承之：由理去認識人、體驗人，不由存在之氣去體驗，反對由人的存在去直觀人心，氣之清濁程度決定了人區別於禽獸、物（清濁程度的第一級不同），人得天之全理，即生命之一切理，唯人心能合於天心、體識天心。

　　人性：人之所以為人之理（形上），非形下（倫理學）之性（性由無形、元質合成）。原來的討論祗是說人心生來的傾向，即人性之倫理的善惡（這個人怎麼樣？）朱子討論的是人性之本體的善惡。性為理，天命之為性。即，天理在人這個物中的

表現，故是天地之性、本然之性，或說，抽象之人性祗有理。理一分殊，在人為性，故人性也即物性，特殊的物性。物性由之元形、元質，形為氣，亦原因是氣，個性即氣質之性，個性亦理與氣相合之性。故知，具體的人性為氣所使，依氣之基礎，人與人有合理與不合理的差別（清濁程度的第二級不同）。

生生之理：即靜（生存）又動（生存與完善）之理。生存之動，有生理生命之動 （生與死），亦有精神生命之動（完善與全理），生存之動其內容要依精神生命充斥或推動。生理生命之性或理是食慾、色慾、情慾之類，是具體人之氣的具有，是性之用；精神生命之性或理是仁義禮智之理，是普遍之人性，是性之體。精神生命之理依生理生命之理而實現，但後者由於清濁不同，故有善與不善之人。本體的性或理祗有「全」與「不全」，沒有善與不善，而「全」導致善，「不全」導致善惡同在。

性善性惡：善惡相對，不過有一絕對善不和惡相對：本然善、理、天地之性。氣質之性可善可惡。

未發已發：

心統性情（理氣）：理在心的本體之內，性是心之體，情是心之動，意是心之用。

宇宙本體論：體與用。

人生本體論：體與用：本然之性，氣質之性。

人生實踐論：知、學、行（誠、教、克己、靜），德（五常、仁義禮智），聖人。

王守仁：

知行合一：自己的心去直接體驗，性無內外、理無內外、學無內外。

理、心、性、意、物歸之於一。物為知之感應，非知之對象，知是心的明覺，心的明覺也就是理的明覺，理的明覺就是明明德，明覺的感應是行，行是物。

內外合一、知行合一，行是知的感應，心外無理、心外無物。

知是明明德，感應是明明德的自然感應，即明德的表明。明德是理，理的表現即是心對於所遇事物的應付之理。當心遇到一事時，心就直接體驗到自心對於這事所有之理，不是抽象之理，而是這事在實行時之理。實行之理是整個之理，整個之理包括行。行便包在理內，是理的一部份。心直接體驗到這理時，就體驗到理之實行，外面的行也就是內在行的實現——內外合一。

知行本體即理之本體，知是理本體的表明，明德之明，行是理本體的一部份，知行在理本體上合一。

知是心對理的直接體驗，即人見到了理，看到了理本體；理本體是動的，體驗理，也就是體驗理的動。與普通人所說的知、行不是一回事。

本體被隔，要復本體。

理是光明，能表明自己；理自身常動，以完成自己。

$$\llcorner\text{——乃知} \leftarrow \text{理之特性} \rightarrow \text{乃行——}\lrcorner$$

體驗是心對自己、對本體的體驗，反觀自心，心本體是理，是良知。良知是光明，照徹一切物。

心：心是明鏡，即物即理、無物無理、去物去理，與平常分析方法不是一回事，平常可先物而析，亦可後物而析。

一般心至聖心，是上達，即去私慾，直接體驗，即心的本體直接表現出來，是日夜之生長，至昌茂（本體）；下學（達）即

是去研究，去格物致知，如施肥、灌水。朱子是心去研究，王是理自表白出來，心直接見到。

心是光明。心能直接表現自己，這種表現即知。心自然能知，不必學，不必研究、分析（心之自然能知，如太陽之光明），是為本體，有物則照，無物則不照。照，對物而言，非對太陽本體而言。心的本體是知，知是對物言的，有物則有知，無物，則不知。故不是存在論，而是從特殊的認識論，或知識、意識的角度去說心。說心是靈明，是指心有意識，有知，所以世界才有意義、表達、描述、價值、形體、理，否則是無。世界非由心造，但由心識。

心即理，是心即理之實行；理即心，理的實行是心；心外無物，即在心外不能有理的實行。

心實行天理即是致良知。良知不是抽象之理，而是天理對一事的實行。致良知不是求智識，而是使天理實行於事物上。

理、性、心、良知直接體驗行、事，且同一於物，祇是由各個方面去看，主宰於心，因著主宰，乃行、知、事。

心為具體的天理，為天理和物的交接。心虛靈不昧，遇物即燭照物之理，表現心之理。心理的表現為直接體驗，在體驗中，心物同一、知行合一。心的本體是明瑩，是至善。

無善無惡心之體，有善有惡意之動，知善知惡是良知，為善去惡是格物。（《王文成公全書·卷三十四·年譜五十三歲》）

理不在事物，而在吾心，由吾心給事物以理（理非物理、生理之理，非形而上本體之理，而是行事與所行之事之關係之理，即行為主體之心識與善意，即倫理道德之理）。致知便是將這種理給予事物，即由心識、善意為事物關係（如依孝理而為孝）的行為。

　　良知：良知是心的本體，自然覺明可照。指是非心、善惡心、同情心、羞愧心。良知是心對天理的實行。知行合一之行，是思維之運行，非外在行為之行。行是使本體之理表現在所遇事物上。知行合一即良知與認知的同一，故說求本體（良知）是行的目的。良知對事物的直接感應是行，知是知天理，而非知名物；行也是行天理，而非名物之知所發動的行。

　　良知有等級：聖人、賢人、學者……

　　良知無限，日日開始，日日擴充。精誠專一，至於理，除去一切雜念。在理的光明內，心、情、意、行、事、物合一。

　　禪宗頓悟後是空寂，聖人明見天理則有實行。

　　知：靈明、意識。沒有靈明（意識），便沒有天地萬物，指意識能認知、承認天地萬物，非說天地萬物本身有沒有。存在不是本體之存在，而是意識、生命之體驗；反之，意識、生命也祇有萬物之存在方能體驗。

　　人與宇宙一氣相通，非僅在感應、認知上，也在生命流行上。

　　理-生理：天理即生理，宇宙萬物之理，萬物變化之理，即生生。人生之道，

　　即人的生命之理 ⸺ 生理生命，不受心支配 ⸺ 天理即生命之理。
　　　　　　　　　　　心的生命，心思、感覺生命

　　心是整體的生命。整宇宙生生不息，其根本為太極。太極本體可從兩方面去看：從生生不息去看（流），從本體不易去看（體）。這兩方面不是抽象觀，而是具體生命的體驗：常體不易、生命不息。不息即陽動，常體即陰靜。一切在生命中合而為一。

　　生命有三個特點：發端、漸發、不息。

　　人是天地之心。

　　一體之仁：a.在生命上，人與萬物一體，b.在仁愛上。人和

萬物一體。萬物一體由人心之仁，人心之仁，根於人性。根於人性，稱為明德。人性為私慾所蔽，故要明明德。

仁為愛之理，愛為仁之用（朱子）。

生生不息即仁，故，仁在人心中的表現，即是愛護宇宙整體的生命。

聖人以一體之仁的最高價值理念教人。

△心是一切的中心，本體是善，是靈明，是良知，心和事物相合，則是致良知，為知行合一的實境。

△心和天地鬼神相接，給予天地鬼神以存在的意義，是萬物皆我心之靈明的存在：萬物皆備於我，我也在萬物。

△心的本體也是生命，生命為宇宙之整體生命，生命生生不息，流行在萬物裡，我心之生命，即宇宙一體之生命，宇宙之生生不息，即我心的生命流行於萬物的一體之仁，生生合一。

△方式：一體之仁，不祗是為心的本體，亦非祗求靜反觀自己的心，而是克己慾，除去心對良知、對仁的障礙，教人去求誠意。誠意在格物，格物是修身的途徑，尊德性與道問學合一。

宇宙本體之理取決於人心認識之理，非存在本質之理，即取決於心之理。◎

61.法與經濟的歷史實是一邏輯必然過程的實現。這個必然是，人類經過「自我自足」的第一勢態過程，必將進入「參與宇宙互助」的第二勢態過程。由於第二勢態是未來的過程，故必須首先研究第一勢態的過程及其導向第二勢態的歷史邏輯。

我以為，作為首先是生命體的人類，其第一歷史動因是滿足生存的慾望，它導致和開啟了後來全部人類行為的演化，但這種演化不是一種單一的滿足過程，而是一種「自足」的過程（自足的涵義是，通過同構間的相互作用導致有序與和諧的無限實現），即，人類最早的行為動機被掩蓋和拋棄了，代之而起的是，人類日漸由不自覺至自覺地認知、體悟到的宇宙同構（能量相互作用的狀態）之自足、互助的必然。這種必然一步一步地誘導人類通過自我自足的歷史實踐終至參與宇宙互助的實踐。為此，必須通過一番深刻的學術研究，去反觀人類已有過的經濟行為和導致人類行為於無害的法的歷史形態，方能加深現今之人類對未來使命的認知。

廣義的經濟即尋求滿足人類整體生存、生活的方式和行為模式。自有人類以來，它已有過六種主要形態：a.生態位經濟（食慾行為），b.自然經濟（採集與狩獵方式，生產與食慾並重），c.半自然經濟（農業和畜牧業方式，生產與分配並重），d.商品經濟（交換與手工業方式，分配與交換為主），e.工業經濟（注重生產手段和積累的經濟），f.科學技術經濟（以改善生產手段為龍頭的經濟，亦是把經濟的內涵導出人類生存慾望滿足以外的新的實踐模式）。

這一邏輯的必然可表述為：生存慾望→分配與佔有財富→確定所有權與發現積累財富（也是盲目）的新方式（交換與商品經濟）→找到了正確的積累方式（工業革命導致財富的真積累）→追求生產手段的現代化和生產原料的多樣化→科學技術委屈於人

類追求積累財富的主觀動機之下→科學的本質是誘導人與自然的相互理解、互助，它將擺脫為人類創造財富的單一功能，回歸到本身（古希臘的科學觀）→導致人類參與宇宙互助。◎

62.法形態的代承與類型：

一、身份法

重視人的身份地位，強調人身控制（刑罰實現），以人身關係為主要秩序基礎的法形態。導致半自然經濟以前秩序的實現。

二、契約法

也稱私法或民法。重視個人自由意志的實現，強調生存關係的公平、合理、對等、有償、合意、互利的基本原則，以財產關係為主要秩序基礎的法形態，導致商品（市場）經濟及其社會秩序。

三、經濟法

大功利工業生產、科技活動及國際貿易管理、協調的秩序規範。基本精神承第二代而來，唯調整對象、功能有別。私法協調消費、所有、佔有的財產關係，經濟規範調整直接影響大工業和科技再生產及貿易、金融流通的具體過程、環節、程式、投入、流出、轉讓、傳輸、交換、開發、合作、信貸之類的財產關係，導致後工業社會的秩序。

四、科學自然法

科學自然法以宇宙本質屬性為根據，以宇宙屬性，即科學的對象為法的基本原則（一般根據），按照技術規範而法的思想及其規則。與科學或理性經濟形態相隨相與，科學自然法一改上述三類法形態單以人與人之關係為基礎的陳章，而以自然相互之間、人與自然之間的協調、有機、互助、圓融、守衡關係為基礎，故既是科學發現、理性理解、理智溝通、技術操作、工藝規制的規範，也是導引人與自然和諧、互助、自足、天人合德，誘導人類參與宇宙互助的法。

最初的法祇是群自我的先民們大吃大喝的聚餐規則，它以年齡、階位為身份依據；

　　後來的法，加入了政治化的階級、能力、職位等標準，並代替群自我和氏民的身份法，成為地域國家的身份法；

　　再後來，個體的意志得以脫出群體，成為社會關係的基設，自我具有了前提和原因的意義，功利目的左右了法律的設定，這樣，即使陌生人之間也可以因利益需求而有規則，互助的意義由是大增；

　　再後來，同類意識出現，法律必須滿足人的相同性、平等性設計，法律也必須關照人類的共同利益；

　　再後來，生態及其人與自然的關係亦得進入法律的規制之中，人類必須被迫關照自然世界的福祉；

　　……

　　如此之類，足見法之自足的意義和內涵。其中，我注意到，A.法對內誘導個體行為於群無害，對外協調群之間的互助合作關係，是一無限化「外」為「內」的自足演化；B.法之基礎和對象，由單一向複雜多維、全方位遷昇，這由以下過程：原始法祗是人身關係規則，第二代法變成財產關係規則，第三代法成為人域關係規則，第四代法是人與自然、自然之間互助、守衡、協調關係和價值導向的規則，足證其意。◎

63.法之使命：

1、人類自足過程的規範形式。

自足是群體自足，即，滿足生存的慾望，以及a.有群體存在，必有人與人的各種關係；b.有慾望存在，必有分配的事實和現象，為此，衡平、公正、合理、正義諸觀念產生了。由於這些觀念本身是人為的，它的任何具體形式必受歷史時代、地域環境、文化傳統、權利向背諸因素影響。雖然如此，我們仍然可以有足夠的理由認為，所謂法，即是上述各種人與關係和分配現象的公平、合理、正義的規範形式，它的目的在於維繫群體結構和內在秩序。

通常情形下，我們把上述各種關係區別為人身關係和非人身的財產關係兩大方面，這為法的不同形式提供了客體基礎。這樣的法，滿足人類自足的需求，多行a.經世濟民之特殊手段，b.維持社會秩序的安定，c.管理社會生活，d.一般性地適合人的本性之為。這樣的法多由社會（政府）制定，強迫個人遵守，故常會凸顯人的被動精神：個體為生存、生活而守法。

2、人類參與宇宙互助過程的行為規範。

……

這種法由人（自覺的參與者）根據宇宙屬性（抽象原則和具體表現）而制定，是人類主動精神在互助中的體現，故它會導致自覺的守法。

法不是對付階級的（那祇是階級社會中統治者的工具，屬特例），法也不是對付特殊個體的（那祇是刑法），法以全體人類為對象；進而，它不僅設定人與人的權能平等關係，也不僅設定人們之間的經濟、財產的生產、流轉、分配、消費關係，即它不僅依賴人與關係的基礎，預防人們行為的有害性，保證內部動態過程的秩序化，更重要的是，它也是人類同他同構之互助關係的

規範設定。在這後一種法中，因為智慧、意識所欲滿足的需求，會出現有害、惡的行為的增量效應，會反抗自然法的精神，會有盲動的行為，故它得誘導人類在其自足的過程中，校正人類自足的方向，引導人類參與宇宙互助，實現更高級的秩序回歸。

　　法的形式淵源不是人的主觀意志，而是通過理性行為發現具有，然後依發現去創造新的更高級的具有，並因之而同構成為全體人類行為的有效規範。它的內在精神不是人類獨有的理念，而是祇有人才能意識的宇宙內在必然。◎

64.權利與義務是以財產內容為主導還是以人身內容為主導，是兩種法文化的分水線。

人身的權利（如人格、地位、身份）高於財產的權利（如所有權、使用權、繼承權、財產量、報酬、分配權），是中國之特色；

人身義務（忠、孝、敬、愛、信、慈）高於財產義務（有償原則、對等原則、契約原則、公平原則）亦是中國的特色。

財產關係（權利、義務）成為人身關係的附帶，故重利輕義，所以，義成了人身權利、義務是否對等的最高學理標準。這種標準的外化，就是禮法和律（社會和國家秩序的規範）；這種標準的內化，就是仁法、理法、道法（倫理、道德規範）。前者構成治人之道的主體內容，後者構成做人之道的主體內容，二者的共同淵源的天道，二者的共同樞紐是德：德政、德行（德性），目的是社會的大一統、和諧。

在西方，財產關係為主，人身關係次之。其最高學理標準是自然法，其外化的定在是契約，即表現社會秩序的契約規範，其內在是理性、正義之類的精神和上帝意志。前者是法的主體，後者是倫理哲學、法哲學，目的是社會的合理、協調。◎

65.法是非治人的，而是人人協存的必然制約。即，法不以個人或特定的人為敵人，而是人人協存、共同發展，不受地域條件、政治條件、宗教條件、歷史條件限制的規範。此外，法還致力於表現人同自然關係的必然意義。◎

66.進化的不可逆性和條件：

環境→改變生活方式→部份生物功能進化，部份退化→進化的部份導致文化進化→文化進化掩蓋生物進化→現代人很難回到生物環境中。

a.生活在熱帶、溫帶。

b.這一地帶由於乾旱、乾冷，導致森林減少，草原開闊。

c.有一些猿試著住在森林邊緣，由食果、葉轉為食草籽、草根。

d.直立開始。

e.樹居時即有食蟲習性，下地後開始食更多樣的蟲、腐肉，後至小型動物，最後捕獵大型動物（葷素兼食），開始有多餘時間。

f.腦進化、工具使用、社會合作、半定居、語言發育。

最早居樹林，偶吃草原（草籽、塊根之類），後來當樹林退去，草原仍有吃時，始居草原，但多以山地、天然屏障、洞穴為主；

工具：先木具，後石具，使用工具，牙、爪變矮、鈍，生物功能退化。

g.火的使用，使熟食、驅獸成為可能，地居更有保障，更有利於腦進化和疾病控制。

h.配偶婚、家庭出現。

i.人口發展，四處遷徙，演出亞種。

j.全新世溫度上升，樹木侵蝕草原，大型食草動物減少，肉食不足，人不能再回到森林，祗得去往河谷地區，農業文明發育。

k.完全定居開始，文化進化呈主導導向。◎

67.熱力學第三定律認為釋放出的能量不能重複,有誤。對任何具體的同構言,該定律是對的,如一塊煤燃燒後,不再為煤,但是,通過互助(質能轉換)該能量仍然存在,並轉化為其他形式。

人的進步是其器官能力和職能的延伸:手、腳、眼、耳、鼻、皮、腦,以致時間累加,空間拓展、質素提昇;

人的進步是意識自覺的呈現;

人的進步是人與自然關係的協和和超越;

人的進步是人為秩序與自然秩序的超越合一;

人的進步是人與關係化外為內的呈現,超越生物性;

人的進步是自覺交通相量資訊的實現。

人是自然本身,所以它不比自然更優越;人的能量不足以控制自然法則,所以不應做沒有把握的事。◎

68.利用自然是一種能力，而保持利用後的自然的平衡則又是一種能力。人在第一種能力方面已有很多發展，但第二種能力卻尚未起步。

沒有利用、創轉自然前，由自然負擔人的安全、生存，一旦人為創轉、利用行為出現，自然便會日漸減少這種責任，直至無力負擔為止。這是人必須思考的問題。

秩序：諸用互助作用的最佳狀態。

自然：A.原始的自然，人力較少干涉或未曾干涉過的世界——越古越自然；

B.必然的呈顯，一切均是自然，人為也是自然。◎

69.由於文化是晚近才有的現象，所以關於人的歷史必須要從生物屬性開始，經濟史要從生態行為開始，法律史要從本能行為開始。

所謂命運是說：

生物進化→文化進化；

意識自覺→文化自覺；

自我自覺→同構自覺；

自我勞動→宇宙勞動；

生存自覺→生存超越；

觀察自覺→解釋自覺→創轉自覺→參與自覺。

人類作為靈長類，本不長於攻擊，但進化中卻強化了攻擊行為的遺傳特質，並被繼承下來，具有了普遍性。之所以具出了這樣的遺傳特質，在於生存的逼迫。這種逼迫起源於猿由森林來到草原之時。

動物、植物都有敵視同類的本能，原因當是由環境所迫的性和食物、居住的競爭所致。人類是唯一有可能超越這一本能的物種，這種超越由同類意識發酵，而同類意識則產生於文字發明之時。

人類的秩序是由小內到大外的必然過程，每化解一個外為內，都要克服許多難題，其主線都是用文化自覺去化解人的生物本能。每提昇一級化解，所費的周折就加難一次，而文明正是這樣的化域呈顯。

此時（群自我時代）的人類普遍認為，消滅他群有利於群自我的生存發展，而真實的邏輯是，共處、交流、競爭才能導致真正的發展。◎

70.生態位經濟：完全依賴自然環境、條件的生存方式，樹棲、素食。

自然經濟：人力在從自然的索取方面的表現不很突出，生物（腦、腿、手、眼、牙諸器官）進化最快，持續時間長，環境壓力大，生存危險，雜食，猿到人的實現，生物進化到文化進化的開始（捕食大型動物是人類從樹林來到草原以後的事，屬自然經濟，而非生態位經濟。由生態位經濟轉為自然經濟的原因，是森林減少（700萬年～250萬年），部份靈長類作出了冒險行為，進而慢慢適應環境，選擇草原或山原草地交接地帶，由樹居為洞居，由食草果、昆蟲等小動植物為捕食大型動物）。

半自然經濟：人類利用人力和生物能謀求生存的經濟方式，包括種植業、養殖業等。這種方式中，雖人力突出，但對自然的依賴也非常明顯。除獸力外，人類還利用了水力、風力等自然力。

　[工業經濟：完全以人力設計創造財富的生存方式，它包括技術、工藝、科學、邏輯諸智慧現象，亦以金屬、化學能量為載體，主要消費既定養資源。

後工業經濟：融人力入自然的生產方式，資訊、粒子諸高能物理現象成為了財富的載體，人的非人化特徵開始呈現。] [16]

工業經濟以前的經濟形態中，生產的增長同時意味著人口的增長，結果是二者抵消；在後工業的科學經濟中，生產的增長將與人口的增長脫軌，以後人口的增長可能不再是問題，但通過什麼方式使它不成為問題，現在尚不能作出預測。◎

16　凡方括號「[ ]」中的文字，均是本次整理箚記時為補救原稿的殘缺現時加入的，全書同，特此說明。

71.工業或大功利的生存方式與自我神化的價值觀,以及肯定功利的秩序規範,是大功利生存解釋的內涵。

消費經濟——享樂主義,娛樂、炫耀和快樂,超前消費、分期付款,以消費為目的,鼓勵揮霍、反對節儉,用消費來實現或表示個人價值,消費引導社會、經濟,消費至上,消費是權利的實現——是西方的主要生活方式,其社會由廣告商、製作人員、生產廠家、銷售商引導,而不是哲學家、思想家引導,社會上浮為表象、假象而無實質內涵,從而出現了青年的非理性運動(所謂青年文化)。青年文化是一種感覺和個人經驗為依據和準則的文化。其中,自我成為了價值判斷的標準,既無社會性的共存、同構的道德法則,也無歷史性的支援意識和傳統觀念,祇有自我的極化。自我的極化導致自我的扭曲、孤獨以及發洩、任意化——每個人都渴望成為中心,結果中心與中心全面對抗,進而失去了人生、觀念、行為的依託、標準,一切都崩潰了。故知,得用理性能力和性智覺悟同構的中產階級代替經濟的或祇有獲利技能的中產階級,方有出路。◎

72.人體的肌體功能由於人為必然的結果，正在面臨著使其崩潰或使其適應、遷昇的選擇。這裡主要不是指人的思考、外部動作諸功能，而是其構成如細胞、分子、基因的功能及構成方式。金屬及化工產品的日益發展，使人們幾乎不能離開它們，且已成統治世界的趨勢。和這些產品打交道，不免允其侵入人體內，細胞之類固然有若干金屬元素為其組成，然一旦過量（吃的、穿的、用的、住的、走的、睡的……），生物功能（原有的所謂正常功能）就無法適應，久而久之，結果可能是功能的崩潰（諸生物莫不如是），出現許多意想不到的缺陷（疾病），有些還會成為不治之症（如癌症、鐵中毒之類）。

根據人類現在智力所達到的程度，要預防功能病（功能損傷疾病，或叫功能不適症），還是較困難的（治療是預防的一種手段）。如果我們根據「統整」、「守衡」原則，去積極地聯合生物、醫學、物理、化學（電磁現象、分子化合物等是引發功能不適症的主因）諸學科，致力於生物結構、構成、肌體之功能的適應性改造工作，結果必然是諸癌症之類歸於消滅。◎

73.人破壞了自然，使其機體、功能退化。事實上，人因為自己的行為所造成的有害後果比盧梭所言的要多得多。如地球物理的改變、大氣污染、洪水肆虐、天旱、冰川融化、輻射、動物滅絕、疾病失控，等等。環境被我們改變了，人自己也改變了前途。理性而論，這種功能退化和改變、破壞的後果有二：一是，這是一種必然，不可退回，祗能繼續走下去並謀求出路，如此重複、循環，或許能求得好與壞的平衡，並日益接近自足、遷昇的方向，使真正的有利和真正的有害保持在合理的狀態；二是人的智慧會不斷進化，滿足智慧的自足標準，以補其上述的各種不足，從而徹底扭轉不和諧的局面。關鍵是我們要認知這一人類自足的轉折契機。◎

74.中國文化為什麼沒有開新(停滯不前)？

1、有開新（無限發展）的原則：《周易》：生生之謂易，天地之大德曰生，天行健，君子以自強不息，天人合德。

2、①人身性的朦霧及其原初動因（安定，有保障的生活環境使其生的意向偏向—相與之情厚（梁漱溟語））的影響；

②特定的環境和原因造就了特定的社會和政治格局——單向的政治征服和專制統治；

③政治對文化的控制、壓迫使其選擇偏向；

④道德主義與主觀主義對物質利益及客觀主義的反對；

⑤儒家對古人原則的折中：相與之情厚→向上之心強（梁漱溟語）。

3、新儒家革命行動的局限與意義：理學超越人與之限而重天人，有了終極的境界，但以人的終善為宇宙的終善，又落入窠臼。

4、抽象的新與具體的死；

原則的新與內容的死；

物的死與人的死；

革命為什麼沒有成功？

a.統治者及政治原因，

b.文化承續的同一性（無法開新），

c.創造哲學的人與具體實踐的人分離，實踐的人不需要創造，祇需要實務和現狀。◎

　　75.當代中國先進的知識份子經過長期的折磨、反思（回憶歷史、歷練現實，特別是「六四」的鮮血），終於清醒地認識到，一個崇尚政治的社會不是一個合理、健全、合邏輯的社會，它祇能給統治者實行專制、暴政提供機會、場所、空間、時間，而不會給人民、社會帶來任何好處。

　　人類社會發展的必然與人類社會的整體內涵是緊密相關的，這些內涵首先是人作為生命體的需求的表達，其次是個體間相互和諧、協調的需要，最後才是整體的社會存在模式和方式。這說明，人首先是經濟動物，它必須無條件地在一個十分漫長的自足過程中，把不斷追求物質利益的滿足、享受，更新生活品質、生活方式放在第一位；其次才是個人的人格、心身、道德的修養，以使每個人盡可能地去適應其他人，其他人也容忍某個個體；最後，當這兩項有相當基礎後，社會整體即民眾合意所表徵的國家，才有資格去指導上兩項人類的發展與演化。任何缺乏這兩項內涵的社會，祇能是一個專制的社會。

　　社會不能建立在空想和理想的基礎上，尤其是政治模式不能建立在理想的基礎上。一個脫離現實基礎而建立的國家與一個原始的強權帝國本質是一樣的——必須依靠暴力去維繫其統治。理想本身並不是過錯，過錯在於將其付諸實踐。數千年前，人類就夢想長生不老，但，多少煉丹士都先他人而去。長生不老本身並不錯，問題是，我們直至今天尚未認知物質的本質，又如何去改變物質的結構，去延長物質的時間量呢？很多政治家的過錯在於企圖使每個人都成為煉丹士。

　　當我們中間有很多人必須兩人或三人共穿一條褲子，一家十幾口人共一床棉被的時候，有人去大談——更有甚者，以國家意志的方式，將某些未來也許是真理，也許是謬誤的——主義之類，並強加給一國的人民，這就是犯罪。◎

76.在經濟不發達的社會，會出現政治與經濟的直接對抗，因為，政治導向會成為單一或主體導向。

在經濟不發達的前提下，倫理有助於社會的安定和秩序，雖然它不完善，卻不會造成同態條件下政治所帶來的害處。

中國的危機本來是沒有的，現在之所以出現，一是由比較導致的，它是啟發意義上的結果，通過慾望的擴充而實現；另一則是確立理想的標準所致，如「生存及其文化導向」那一節所認同的理想體系。對前一個標準言，西方文化在16至18世紀也曾經歷過同樣的危機。對後者言，今日的西方文化也仍然有危機，而且是根本性的危機。

危機是意識自覺的呈現，它首先是一種防衛意識的實現（無痛覺的姐弟是其反證），其次是自足（自我實現）的實現；再次，危機將（從反面或正面）導致人類的共同意識，故是區別共同意識有無、高低，或共同意識質量的標準之一。◎

77.中國文化與社會的危機：

1、動力的危機：

原動力（生存滿足）早已定型；

中間動力（政治控制）導致禁錮、腐朽；

真正的動力（通過求知、覺悟而參與宇宙互助）沒有成為文化的支柱。

2、價值標準轉換的危機（參照系誤為了標準系）：

中國固有的價值標準，如自然而然、帝國政治體制、做人之道、天人合一，或說人（人之所以為人、治人之人、做人之人）的價值標準，在田園式的社會中很有意義，但西方的 ［自我中心、功利主義］ ，或說財富、利益、慾求的價值標準，使近代中國人發現了天外之天，進而受慾望驅使，接受其為價值標準，並用以為衡量社會進步、文化成功的標準。可說是用人之長，度己之短，危機一下子暴露出來。這是價值標準的危機，或說是價值導向的危機。

3、心態危機：

求急成，走捷徑，本末倒置，不冷靜，頭痛醫頭、腳痛醫腳，是為心態危機。

4、綜合不適症的危機：

［忙亂、迷惑、輕信、排斥，無措手足、盲動。］ ◎

78.實踐過的中國文化與西方文化：

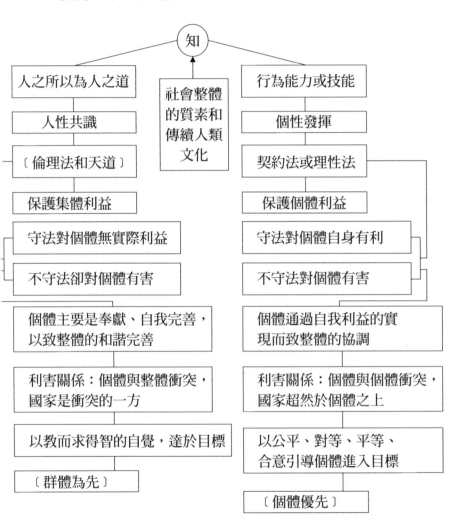

　　人類被拋到了這個充滿罪惡、不光彩、骯髒的世界上，各人採取了不同的態度和應付方式：

　　①一般平民百姓由於缺少知識和固守經驗，對人類整體的生存、進步、傳續、方向之類問題，向來不聞不問，或過問很少；

　　②有一些人自恃有能力和智慧，愚弄他人、奴役他人，以暴力剝削、壓迫他人，從而牟取私利，建立了人統治人的社會制度；

　　③有些人面對現狀，放棄了對人類整體利益的關心，祇求自我的全性葆真，或依他們的見解，告示人們返璞歸真，避免人類的罪惡；

　　④還有些人將人類的痛苦、罪惡歸之於人的智慧、意識的具有，試圖通過特殊的思考，以求空去人類固有的導致人類罪惡、痛苦的思維和智慧，到達免罪的結果；

　　⑤還有些人雖有懷眾之心，但卻將人類的福祉建立在未來的天國理想之域，要求人們貢獻自己的信仰、虔誠作為交換的代價；

　　⑥唯有儒家，面對人類的困苦、不幸、現狀，通過心的自覺，發現了人類自我克服現狀、罪惡、危機、險惡環境的能力——完善心性、完善個體——明白了人之所以為人之道，並號召全人類去發現各自的心的自覺或智的自覺，以求個性達於人性共識的境地，由之，人人完善，整體和諧，這樣便能克服人類過去、現在及未來還會存在的困境，結束人類的罪惡，找到人類整體的出路。

　　當然，儒家所主張的積極進取的人生觀和人之所以為人之道，也有缺陷，這就是它祇注重了人的精神、主觀的完善，而忽略了人之慾望、客觀需求、物質、行為技能、政治模式等方面的完善。◎

79.文化、知識若得保存，社會就必須區分為階級，使尊貴者保持有知識的尊嚴、榮耀，保留知識精神傳遞的特別責任，再愛其他的人、物、事。居高臨下的愛，也許是第一勢態前提下的真正的愛。◎

80.人類求同方式：

商品交換及國際貿易，貨幣兌換，股票及證券交易所，衝突法，國際組織，國際法，旅遊，國際投資，學術與文化交流，科學國際化，環境危機，〔金融危機，自然災害，反恐，打擊海盜，國際會議，貧困及生存救助，志願者〕，等等。

市場經濟是說離開了市場就不能生存，自然經濟則是將市場作為生存的點綴方式。

法律是具體的、相對的、暫時的、地域的、種族的、宗教的、空間的，由這全部法律現象以及其他秩序規範所組成的抽象，即是法，它出示秩序的基本原則、精神、範式。當我們需要說某個具體法時，便有道德法、實在法、宗教法、自然法，其中，自然法的廣義解釋是未來法。◎

81.小漲落與大漲落，小平衡與大平衡的關係：

小同構的有序並非是絕對的，一當大同構發生了漲落，小同構會走向滅亡，而大同構亦會發生分叉。人之所以為人不祇是要自知自我是人，也要他知存在的環境，即便要毀滅，也應自知其所以毀滅，並慷慨赴死。當然，最重要的是，無論自知自我，還是他知環境如何，也無論自我的前途如何，都要將自己定位於宇宙自我的觀察者、解釋者、理解者、創轉者和參與者的價值座標上，以其自覺去呈顯體變用顯的流化不已。

牛頓的綜合：工藝、力的綜合（解釋靜止和宏觀存在），經典物理學；

愛因斯坦的綜合：天文、物理的綜合（解釋超宏觀的運動），現代物理學；

波爾的綜合：量子的波、粒（解釋超微觀的運動）綜合，量子論；

達爾文的綜合：生物進化的綜合；

柏拉圖、康德、黑格爾的綜合：實在與存在的綜合；

普利高津的綜合：力、熱（物理、化學）的綜合，（解釋複雜化、存在與演化）；

老莊、孔孟、程朱、陸王、熊馬的綜合：體用（能、相、力、生、智）的綜合，互助、同構、自足、參與的綜合。◎

82.文化的根本意義不在於使主體逐漸從自然中分離出來,而在於重新歸復到自然中去。這裡,歸復不是退回去,它的特定涵義是,文化主體經過自我實現、自我完善,以至於自我超越。一當主體達到自我超越的性智覺悟和理智能力的實踐,這種歸復便呈顯出來,於是,文化亦便由非真必然過程遞為真必然的過程。

　　a.大多數人類學家、考古學家認為,大約200萬年前人始由樹居為陸居,如果這個認定正確的話,則知,文化之發生的相對年代即在彼時(就地質年代而言)。

　　b.文化是關於生存的解釋體系,並非說祇有文化才解釋生存,人類在具出文化之前,以及其他生物都相對或根本就沒有文化,然其生存現象卻一直在延續,是其證。故知,說文化是生存的解釋體系,是就特殊的生存和特殊的行為而言的。其意義是,生存能夠被導向和超越於基本生存之外,行為則超越於自身的生物功能之外,而趨於內在智慧覺悟和能力的呈顯。

　　c.進化並非宇宙間的唯一現象,與進化同時空存在著的還有退化、異化、停滯等。強調進化、遷昇、自足,是就宇宙之必然的絕對性而言的。這種絕對性不排斥例外情況。

　　d.文化是個體意識覺悟與能量呈顯的複合場態,它包容全部意識現象,但不可相反等同於某個具體個體的意識本身。所以,文化不是暫時的,它是一無限不已的必然呈顯。

　　e.由於文化及其主體是自然環境自足而有的現象,並最終要歸復到自然統整中去,所以,關於文化及其主體的研究,必應注意到它的緣起前件,更要注意到它的價值導向。即,研究文化進化或自足要由生物進化和自足援引,研究經濟行為要由生物本能援引,研究法律現象要由生物法則援引,〔並進而進入主體者對自我的最終超越之中〕。◎

83.自足的哲學解釋。

體變用，用顯體，能量變相，諸相相互作用呈為同構，同構和相的自足、交合作用是大用顯全體的真必然。沒有互助就沒有同構，更不會有同構的自足；同理，沒有自足的同構，亦不能互助，而是歸於死寂。

a.混元體與一元體的區別；

b.混元體與二元體的區別。

a雖不能解釋為政治或一神論，但客觀上它照映出了政治與宗教的絕對化。謬誤。

b說明世界的同、通、交、互、和，是其真實或本質相，對抗、對立是現象相，現象相是本質相自足的方式、手段。來源原無差別，諸相無處不通，體用交感不已，同構、互助、自足、和諧導向乃真必然。

用的互助，導致了同構的千差萬別；而完整無遺的同構才能顯體，才能顯宇宙之整；進而，同構的相互作用並至自足，才能使靜的統整宇宙變為動的統整宇宙，此就是真必然。

人類同構與他同構的差別是各自參與作用相的差別，亦是作用方式的差別，當然也是歷煉、煉化結果的差別。不過，這裡有兩樣事項須得注意。其一，人之同構與他同構的差別是相對的，即，這種差別是人類在特定的立場上所建立起來的觀念，換一個角度、立場，會得出完全不同的結論；其二，如果上述立場被你覺悟到了，那麼，它便不意味著為人的權利（在人類同構內部則反之，應提倡權利，由權利的普遍性而產生義務，結果會導致秩序），而是為人的責任。因為，你對諸他同構言，是先知先覺者，你是宇宙自足的標度，你有不能推卸的責任，你得去幫助諸他同構參與宇宙互助，實現自足。當然，前提是你自己應優先自足。

　　自足是自我實現，但，它不是一意孤行的自我實現，而是相關同構通過相互作用的共同實現。共同實現更接近真必然。

　　意識自覺是人類同構的一種能相，它的自足主要表現為不斷呈顯的必然。不過，意識自覺是否實現了自足，不取決於人類是否有自覺意識，更不取決於人類是否滿足了肉體的慾望，而取決於這種自覺意識是否實現了參與宇宙互助。這種自足由三方面表現之。

　　其一，它是智能交感於本體及諸相，識得自我與本體、諸用的混元無別，這是大覺悟、真覺悟，稱為真念。

　　其二，要有參與宇宙互助，通向真念的理智能力，即理解、溝通諸相、諸用、諸同構的能力。這種能力復有兩點須知：一是上述大覺悟、真念當由普遍的理智基礎提昇出來，使人由理智上昇到真念覺悟，而非由冥想至真念覺悟，唯此，才不致使真念祇為少數哲家的直覺，而是是人即顯的普覺，當然，哲家的先驗直覺具有不可輕視的先導意義；二是，意識自覺與諸相相互作用的程式實相對同一，於此之理解、把握的完整與深刻亦是能力的條件。

　　其三，意識自覺要有呈顯、自足的內外相量的環境〔此意謂著，我們的行為和作用方式都應當有價值選擇，否則，會有害無利〕。

　　自足的文化解釋：

　　1、相關原則的解釋：

　　a.相對原則（自足是由時間、空間、質量、屬性、形在、能量諸相維相互作用實現的，〔而相維又都是以在為存在方式的，故諸在之間的相互作用是其實，然，在又是相對的，這決定了世界的相對性〕）；

　　b.生存優先原則（直接實現與間接實現的解釋）；

c.生存必然原則；

d.中庸原則；

e.真念與能力互衡原則（危機是能力與覺悟的危機）。

2、由第一勢態遞入第二勢態，即自足的實現，或說，無解釋的文化即人類自足的實現。

第一勢態：

生存實現（以能參與為標準）；

人性實現（覺悟）；

關係實現；

能力實現。◎

84.意識自覺的呈顯：

1、意識自覺的進化、自足。

2、意識自覺的性質、使命與結構（覺悟與知識，不知之知與知之知）：

靈感（哲學）人之所以為人 →

A.感覺、存在、現象、諸用（常識、本能）

描述 感覺、存在、現象、諸用
分析 感覺、存在、現象、諸用 } B.解釋（理性科學）
綜合 感覺、存在、現象、諸用

C.創轉諸用：a.自我，b.社會，c.自然，實現自足

D.參與宇宙互助

3、意識自覺的過程（體變用顯）：

A. 物我一體　　　　B.生存自足（取得自由能）第一勢態
　　猜測哲學　　　　　　a. 自然環境的競爭
　　解釋哲學　　　　　　　　　　　　　　＞（互助）
　　參與哲學　　　　　　b. 社會環境的競爭
　　　　　　　　　　　參與互助　　　　　第二勢態

意識是自覺的能力和自覺的稟賦。自覺是觀察、解釋、創轉、參與的自動。覺悟、實踐、秉性和能力不是靜態的具有，而是自足、互助的具有。

4、意識自覺的內涵：

（1）分論性智自覺和理智自覺：

A.a.交感，b.靈智，c.演繹，d.不可知之知，e.人之所以為人；

B.a.感覺與經驗知識，b.量的知識，c.相對參照的知識，d.填充真念與價值的實踐知識，e.理性知識（經由人之秉性再現的關於諸相、同構的抽象、具體、普遍知識：觀察、解釋、描述、分析、綜合，創轉人為必然、價值觀、目的性），f.知識結構與意識體系：真、善、美、意、能、秩序、環境……

（2）意識的緣起：生存、競爭、互助。意識的本質是交流、交感的原創力，但其緣起卻是非真或人為必然的：生存的解釋。

（3）意識與文化體系：個人與社會、生存取向與自足的必然導向、人為必然與真必然，以及小功利解釋的文化與知識、大功利解釋的文化與知識、理性解釋的文化與知識、間接生存解釋的文化與知識、真念解釋的文化與知識。

（4）第一勢態與第二勢態。

（5）歷史是意識自覺的呈顯。◎

85.歷史理性與歷史選擇：

1、歷史是隨機的，沒有固定的模式和可以預見的定式；

2、歷史祇是體變用顯的過程，呈顯是人為必然的，而如何呈顯卻是幾率的，歷史以有序、有利、複雜化的自足為導向，以互助為方式；

3、理想與選擇：

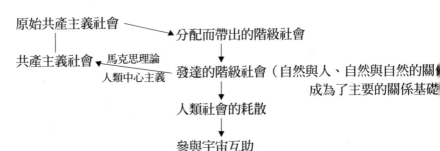

由過去的現實推出的理想
由今天的現實推出的理想
由未來的現實推出的理想

由過去的現實作出的歷史選擇
由今天的現實作出的歷史選擇
由未來的現實作出的歷史選擇

　　共產主義理想作為一種理想是合理、偉大的，但作為一種社會實踐卻大有疑問。1、它是由原始社會的現實推出的理想（祇是可能之一，還有大同社會、理想國）；2、它是基於人類中心主義的前提作出的論斷，沒有考慮自然關係的絕對性，即對自然作出了絕對排斥後所作出的論斷；3、馬克思試圖從資本主義（發達的階級社會）的現實中獨闢蹊徑，通過一種錯誤的方式、手段（人鬥人、人消滅人），即淨化社會的方法，把這個已經岔出了原始社會的不合理的社會（階級社會），重新引入由原始社會的現實所推導的共產主義理想之中，心性可嘉，客觀上卻是不可能；4、

發達的不合理社會，由於全面地掀開了自然世界的面紗，複雜了人與自然的關係，使人類社會出現了進化上的突變，〔依性理推斷，人類社會的單一性、絕對性將不復存在，人與自然會在更高級的層次上同構、互助，從而出現其他存在形式。〕◎

86.歷史是宇宙自足與互助的過程

我在出版《中國法理念》時，曾許諾要寫它的姊妹篇——《法與經濟邏輯論》。我這樣做有兩個動機，一是迫使自己在讀者面前亮相，以免因為惰性而寬宥了自我；二是我確實覺得有一些思想需要表達。我並不是那種有寫作癮的人，一個顯然的證明是，多少年來我幾乎沒有公開發表什麼文章。一方面，古訓有云：文章千古事；另一方面，我覺得寫作猶如學生向老師交作業，如果老師（上帝、宇宙）沒有佈置給我習題，我也無需多慮和別出心裁。

積年過去了，我從我的老師那裡陸續領來了一些作業，它們主要是：「法與經濟自足論」、「意識自足的歷史與現狀」、「語言與符號」、「論法的自然精神」、「科學觀念的重建」、「誘導哲學：I.能量與同構，II.自足與互助」。從最初至今，我日積夜慮，幾成病癖，無時不在思考著怎樣去完成這些習題。然而，一個巨大的陰影也時刻伴隨著我：以我的天賦和能力，恐怕難以成卷。

我信仰上帝，這個上帝就是「能量態能量」，即本體。它是宇宙諸相之所以有、之所以為的本原。能量就是有所為。作為一能量形在的我，既然「為」是能量的必然，無論如何，我也祗有勉為其難了。

我也信奉希臘詩人色諾芬尼的一句名言：起初，上帝不向人類啟示每一件事情，然而，經歷長期的探索之後，人類找到了更好的詮釋方法。我的詮釋當然是全部已有人類智慧的繼續，而非無中生有的。此外，我一定要告誡讀者諸君，千萬不要難為上帝，不是上帝不向人類啟示每一件事情，而是上帝不能啟示每一件事情。上帝在最初也不知道自己將來是什麼樣子，更不知道將來有一個人這樣的形在或同構，上帝也在不斷地自足，它如何能

給人類啟示它所不知道的事情呢？請堅信，上帝和我們及萬物一同自足，一同成長。

上帝唯一能夠堅持的就是，「宇宙態能量」自足的方向或必然。人是這一必然過程中的隨機形在。

能量無處不在、無所不在、無處不是、無所不是、無時無空。因之，所謂詮釋，大抵就是對宇宙本體及其必然的感知或體悟，或者說，是各具體形在或同構之於宇宙本體自足的實現吧。如此說來，找到了詮釋方法的不唯人類，幾乎所有宇宙同構（形在與屬性的同時空狀態）都以各自方式找到了自己的詮釋方法。

我這樣說，似乎有損人類的尊嚴和特有。請原諒，這樣的指責言重了。作為人之一分子，我的情感所惜乎的與諸君一樣，乃是為人的慶幸和自尊，然，理智的自覺卻告知我，應有分寸。有關人是否特殊的答案，不是情感所能了了的。就目前具出的智慧言，我們祇能依據相對論的原則作出表述，即看取什麼參照系作為人現時空所在宇宙地位的標準。若以舉目四望為標準，則我們的答案與數千年來我們歷代祖先的結論一致：人類是萬物之靈秀，是宇宙最高之等級，是宇宙的中心和目的之所在，是宇宙之至尊。這一參照的結果導致產生了人類中心主義的世界觀，和對宇宙存在進行解釋、理解的思想體系。它正是下一種說法容易遭到指責的意識觀念基礎。

若以本體本身為解釋，則知，人類祇是她所被表示的無可計數的諸同構之一種，或說它祇是能量本體的諸變相、變態之一方式。它既不是最高的，也不是最特殊的，既不是中心，也不是目的。因為宇宙之為總同構，除了本體之外，沒有最高可言（這種最高本非高高在上，而是說她無所不在、無處不是，她在萬在之中，在具體同構中）。故從宇宙之整言，沒有中心，也沒有目的。所有的祇是一種必然性——自足的必然。既然一切同構就是

能量自足的必然表示，那人又有什麼特殊可言呢？

我並不想把人類推到石頭、木頭，以及諸如阿米巴蟲的境地。我們除了信仰本體論或形而上的解釋之外，存在論或科學的解釋當然也是十分必要的。大體言，本體或能量如果不能具體為各存在、同構，也就沒有自足可言，正是這個理由，哲學（形而上）的週邊必須有科學和技術之類的輔助解釋，本體也必須有存在的表達。

能量的自足，即她被表示為具體形式的同構。其意思是說，同構（存在）是同時空、複合多維的同一狀態。或說，屬性與長、寬、高（空間）、時間、質量六維的同一。從表面看，屬性被具有在形在之中，有什麼樣的形在即有什麼樣的屬性，反之，什麼樣的屬性又決定什麼樣的形在。然，這祇是假象或錯覺。能量並不能分別看做屬性和形在、時間、長、寬、高、質量，而應該說，能量就是屬性與形在等六維的同一。這種同一即是同構。所謂能量自足，即此六維的同一及生長、演化、互助、遷昇的過程。此同構與彼同構所以不同或出現差別，其緣由即此六維之同一的狀態不同。用科學（生物、物理、化學）的方式來解釋，同構之別乃能量的組織方式、形式及所處的時空間、參照系的差別所致。某具體能量與某具體能量之間所發生的相互作用的方式不同，便能導致能量的特定組成方式，於是，六維的同一狀態便有特定。

智慧是能量的一特定形式，它是宇宙能量經過無數方式相互作用的隨機結果。人類作為智慧者之一，當然也是諸同構相互作用的隨機後果之一。在此，我們感知到了必然性與隨機性的互補。自從能量態能量經無以解釋的「第一推動」導出宇宙態能量以後，自足與互助便成了宇宙不可逆的真必然。這種必然的可理解涵義是，宇宙之所以有、宇宙之所以是、宇宙之所以為，即宇

宙之所以為宇宙的根本原因和機制。然而，這一總的根據並不能明示任何具體同構的發生和結果，而衹能滿足自足與互助的方向。決定具體後果的始終是具體能量或同構的相互作用，這包括「第一推動」本身。同構或能量間的相互作用衹能是隨機的，因為參與相互作用或起作用的不會是一個單一的量，而是若干量的複合煉化現象。它們包括能量大小、物質構成（結果）、溫度、硬度、環境、參照系、資訊（密碼記憶）承傳……這些量經常是不穩定的，任何一個量的改變，都會導致一定意義的突變或衰變的結果。

宇宙之自足是必然，但，這一必然是由各向異性的具體的隨機同構去實現的。各具體同構協成的宇宙在方向上是統整的，在整體上是守衡的，然而也是模糊的。智能是能量相互作用的一隨機結果，人也是智能同構進一步自足的隨機現象。對人類言，我們確有值得慶幸之處，即我們的確是能量神造的。不過，我們更應該體悟，我們並不是非有不可的，更不是萬能的。從根本意義上講，我們之有與我們之為是不能分割的，而我們之為又要顧及我們之是的現狀。

我們之有是宇宙之有的某一中間形式，我們之為乃是宇宙自足與互助的一種特定，即自足的必然也制約著我們的前途和進化方向。這意味著，「有我們」的那種慶幸，衹能是我們內部的私房話，我們不能離開宇宙自足的必然性另謀他途。

人不是宇宙的終點，宇宙也沒有終點。宋明理學家們關於精神完善的追求，即人的完善與宇宙的完善相合相一，是對的，但說宇宙的完善在人類處拐了個彎——氣質進化終止，轉而為精神、性理的進化——以人的終善標誌宇宙的終善的理論框架，恐難免人類中心主義之嫌。我們不要把一切都寄託在人類的具體前途上。

　　不要說我們這些具體的智慧者，就是一般生物同構，或非生物同構、形在，無不在自足的必然中以這樣或那樣的方式參與著總同構和他同構的互助，難道我們具有智慧的在者反而要同宇宙講條件、討價還價，才能存在著或生存下去嗎？這顯然是不合情理的。我們不能以智慧導出的私心作為人類存在（之所以是）的標準。無論我們的身軀和前途將怎樣，也無論別的同構（如地外智慧者）是否比我們更高形式，我們人類都有之所以為、之所以是的真實意義和價值方向。這就是我們將以智的自覺去參與宇宙互助與自足。或者說，我們終將因為自覺或體悟人之所以為人的真必然而欣然不已。◎

87.……[17]

　　尚有「做人」之道。將倫理、道德融於其中，改變了原有政治、法律的單一狀況，故其名稱可以擴之為「政治人道哲學」，主要代表人物有孔子。

　　在西方，前4世紀前後，柏拉圖、亞里斯多德是這種哲學體系的主要代表，也是西方政治人道哲學的開山人物，其後，伊壁鳩魯派和斯多葛派勃興，主要是發展了倫理學，此後，終因宗教哲學這個主要原因置之於埋沒，直到人文主義復興之後，方有新的政治人道哲學出現。如人道主義、自由主義、人性主義、人文主義（彼特拉克、薄伽丘）、馬基雅弗利主義（政治現實主義）、宗教改革（路德、加爾文）、經驗論哲學（培根、霍布斯）、國家專制主義（巴當）、近代哲學（笛卡爾、洛克、斯賓諾莎）、政黨政治（輝格黨、托利黨）、法國啟蒙思想（孟德斯鳩、伏爾泰、盧梭）、唯物主義（狄德羅、達蘭貝爾、霍爾巴赫）、德國唯心主義哲學（康德、黑格爾）、新人文主義教育思潮（赫爾德、洪堡）、自由主義經濟思想（亞當·斯密）、19世紀自由主義與國民主義運動、空想社會主義（聖西門）、實證主義（孔德）、功利主義（邊沁）、馬克思主義、帝國主義、法西斯主義、新理想主義-新浪漫主義思潮、無政府主義、精神分析哲學（佛洛伊德）、民族主義、現象學（胡塞爾、海德格爾）、存在主義（薩特）、社會進化論、控制論（維納）、語言分析哲學（維特根斯坦）、邏輯哲學（羅素）、解釋學（伽達默爾、利科）、現代經驗主義（波普爾、卡爾納普）、實用主義（杜威），等等。所有這些思想、學說、理論體系，至今仍在西方有

17　本節箚記前面的稿件已丟失，可能是下一篇箚記的棄稿。根據文意，前面討論的應該是猜測哲學、解釋哲學等文化現象，其近處已說及解釋哲學的分類，包括政治哲學、人道（做人之道）哲學、自然哲學之類。其中，已將政治和人道與哲學結合起來，稱為政治人道哲學。丟失稿中已討論了中國的政治人道哲學。

張揚之勢。

相應地，在中國，自戰國百家爭鳴以後，其體系亦有：秦始皇的極權主義、漢初黃老思想、兩漢經學、董仲舒的天道人學〔王道〕體系、魏晉玄學、唐宋古文運動、宋明理學、近代求存思潮、現代參與世界文化潮流思潮等。

自然哲學 自然哲學是我們離開猜測哲學以後所碰到的第二個主要解釋哲學。歷史上，被稱為自然哲學的文化現象實有兩方面的意義，其一，是以宇宙之本質淵源、根據和終極原因為追究對象的本體論自然哲學；其二，乃是以具體的自然現象為對象，分門別類予以歸納、分析、研究、總結，以形成具體科學的知識體系，如物理學、天文學、化學、生物學、數學等。

第一種自然哲學在解釋哲學的早期表現比較突出，如中國的老子、莊子等人，古希臘的前蘇格拉底哲學家們，都是以本體論的自然哲學為其體系內涵的。以後的情形是，中國的魏晉玄學和宋明理學從人事（文）的角度追溯到了自然哲學的本體論論域，而西方則主要是自然科學家們從自然科學的角度走向了自然本體論論域。當然，也有若干從政治人道哲學走向自然本體論的哲學家，如霍爾巴赫、康德、黑格爾等人。

然而，即使是西方的以自然科學為終身職業的自然哲學家，仍未避免人類中心主義的根本立場，反而，他們試圖從自然科學的角度來論證和牢固這個原則思想，他們仍然以自圓其說為己任，不敢有非分之想。可悲的是，任何科學家都無法阻止他死後的科學進程，每個人的小心翼翼的小小的嘗試，終於在客觀上把問題推出了極限。當代自然科學已經有了擺脫解釋哲學和人類中心主義的明確傾向，如相對論、量子論、天文學、物理學等。當然，誰也不能對這個後果負直接責任，因為任何人都祇走出了小小的一步。而且，今天的人類，已不像中世紀的宗教裁判所那

樣，對此大逆不道要問罪施刑，科學家們都可以逃避伽利略、布魯諾的厄運。今天的人類正處在無可奈何的緊要關頭，誰也無法主張「正義」，也沒有主張「正義」的把握。

為了說明這個看法，我們有必要作點簡要的回顧。

我們有理由作出這樣的判斷：解釋哲學的當初，各個民族雖然都在同自然發生分離，但，各自的興趣和感情方向是不相同的，有的民族走向了神的方向，於是產生了宗教，有的民族偏重於世俗人事，對自然有一種潛存的恨怨，結果出現了「人定勝天」的命題（這些不是唯物主義，而是人類中心主義），與之相反，古希臘人則過於依戀自然，試圖認知這個母體，於是，一大批最早的自然哲學家在那裡降生，成了最早體知自然之精神的人。正如布查所說：「希臘人在古代各民族中，最是為知識本身而熱愛知識的。如實地觀察事物，認識事物的意義，調整它們的各種關係，對他們來說，這是本能，是摯情。」（《希臘精神》）如果把希臘人對自然精神的這種體知同當代宇宙學聯繫起來，似乎讓人感覺到西方人曾繞過了一個巨大的曲折，現在又開始回歸了。但願這種回歸有與希臘自然哲學家們的體知不同的意義。

正是這種對自然的特殊情感，帶來了古希臘有關自然哲學的燦爛文化，其500年間，幾乎現行的主要學科都在那個時代有了開始，並形成了學術體系。

宇宙論：泰勒斯、菲洛勞斯、歐多克索、赫拉克利特、柏拉圖、亞里斯多德、阿利斯塔克、希派克；

物理學：泰勒斯、留基伯、德謨克利特、亞里斯多德；

數學：畢達哥拉斯、開奧斯的希波克拉底、詭辯家阿開諾斯、柏拉圖、門內克馬斯、歐幾里德、阿基米德、阿波洛尼、依蒲賽克；

　　醫學：希波克拉底、赫羅菲拉斯；

　　其他如化學、地學、生物學均有人物。

　　在古希臘時代，以「自然」為題的著作很多，如巴門尼德的《論自然》等。至羅馬初期，這種學術仍有發展。在這種基礎上，博物學家老普林尼寫出了37卷的《自然史》巨著。自然哲學的諸門類在《自然史》的前後時代——人們稱之為希臘遺產的時代——產生了不少垂名青史的人物，如天文學、地理學家克羅狄斯‧托勒密的《至大論》（13卷，此書支配了中世紀的天文學）、醫學家蓋倫（同樣支配了中世紀的醫學）、數學家丟番圖（代數學）、化學家佐息摩斯（煉金術百科全書）等。

　　中世紀時代的阿拉伯人做了空前的繼承工作。希臘文化終結（西元641年亞歷山大圖書館被焚）以後，他們在基督教專制的背後，大量翻譯和整理希臘及前羅馬時代的各種文獻、著作（日本作家岡邦雄稱之為「中世紀保存古代科學的冷藏庫」）。非但如此，他們在數學、天文學、化學、醫學等領域都形成了自己的體系。如煉金術之父傑伯爾、代數學的創始人阿爾‧花剌子模、物理學家阿爾哈曾，以及醫學之集大成者阿維森納等。

　　西方世界終於渡過了漫長的黑夜，迎來了文化復興的曙光。不過，我們並不像史學家那樣樂觀、滿意地看待歐洲的振起。祇要我們細細品味一下，13世紀以後，過去的那種自然哲學的意義現在已被修正，從前的那種對自然的質樸摯著情感早已隱退，而被人們特別是科學家們對宗教的仇視情感所取代的結果，則知，自然科學也不自覺地或說有意地服從了人類中心主義的立場。自然哲學的新麻煩又開始了。當然，我們沒有必要對這個過程本身過分認真，也許它本來就該如此，關鍵是我們將怎麼辦？

　　現在，科學家們不是依賴冥想或推導去從事對自然的研究，而是極為注意或者說開始注重研究方法和研究過程本身——實驗

與實證的科學思想。這無疑是對主觀思維之任意性的一種警覺；同時，人類中戰勝自然的慾望也開始落實到具體的步驟和方法上來了。這樣一種思潮統治自然哲學的時間已經有七百多年了。

在這方面，英國人羅吉爾·培根充當了實驗科學的先驅，他強調對實驗的依賴，反對經院的權威。他的開創性的書叫《大著作》（1267年）。稍後的年代，航海技術得到了快速發展，它足以較好地滿足當時代人的佔有慾，尤於今日之航天學一樣。文化復興時代的優秀成果，至今仍然醒目，例如波蘭天文學家哥白尼的日心說，由他的《天體運行論》的建構，標誌了近代天文學的起點；德國人布呂費爾斯的《植物生態圖》，使之成為近代植物學的先驅；比利時著名醫學家薩維里以《人體結構》一書，標誌他實現了對蓋倫的革命，確立了近代解剖學；英國人雷科德以他的《技術的基礎》，興起了商業數學；瑞士醫生、博物學家格斯納，是現代動物學和目錄學的奠基人，也是植物學、登山運動的先驅，他出版了兩部巨著：五卷本的《動物志》、十二卷本的《康拉德·格斯納氏圖書總覽》；荷蘭的地理學家麥卡托發明麥卡托投影法，成為近代地圖學之祖；三年後，比利時人奧泰利烏斯製作了世界地圖；丹麥的天文學家第穀·布拉埃在汶島建立了天文觀測站，最早進行有規則的天體觀測和氣象觀測，奠定了近代天文學的基礎；英國人吉伯特寫出了《磁鐵》一書，奠定了磁學與電學的基礎。作為文化復興的主要基地，義大利也是近代自然哲學的起源地。在哪裡，那不勒斯成立了世界上第一個「探索自然秘密協會」或「自然科學社」，時間是1560年，其領導人是波塔。

西方自然哲學經過近四百年的準備，開始跨進17世紀的大門。它的最大意義是近代自然科學的形成。用懷特海的話說，17世紀是天才的時代。

......◎

88.法的自然精神導論———種未來法律觀研究[18]

人類在自己的發展過程中，作出過反復、艱難、驚人的掙扎，終於取得了我們自認為的絕對統治的地位。人類也因而狂妄自大，傲宇而獨尊，陶醉於自我中心的冥想之中。這一切在我們這個自然群體之中，不分種族、時代都有不同程度和方式的表現，它支配了我們的歷史、政治、哲學、法律、藝術、文化、宗教、自然科學，以及我們的意識觀念、理論學術體系、生活方式、行為動機等等。這便是絕無獨有的人類現象——人類中心主義。追尋這一獨有的人類現象的原因並不難，除了我們已說明的人類的艱難歷程，並由之而取得成功的事實而外，我們尚有「絕無獨有」的屬性——我們的思維，我們的主觀意識，我們的主觀能動性。

我們現在可以有不同的感情去認識過去的歷史。我們的觀念、世界觀可以是絕對的——人類中心主義，但我們今天所面臨的現實卻讓我們稍許清醒一些。最少，我們已經有了一些根據自然現象而產生的疑慮或憂慮——現在以後的人類過程是否還是無憂無患呢？這自然包括我們經常談論的能源、核害、生態環境，以及人口、經濟能力、戰爭、階級鬥爭、國家、民族、宗教信仰，等等的臨頭災難。我們有希望渡過眼前的危機、難關嗎？古人言，人定勝天，我們能勝天嗎？

這是今天的時代現象，我們正在苦苦地思索、探求出路。為此，我們又提出了各種各樣的理論、學說體系，開拓各種各樣的技術途徑，尋找各種各樣的答案。於是，我們的專著成批成批地出版，報告成千上萬地發行，會議一個接一個地召開，專家不計其數地湧現，專門組織或機構多如牛毛。這實在是需要英雄，也

---

18 這是後來出版的《法的自然精神導論》一書準備稿的一部份，寫作的具體時間已不清楚，估計應在1990年前後。它所記錄的是較早的想法，與後來的成品著作相差較大。上一篇劄記與此篇有關聯。

造就英雄的機遇。

然而，我們不應當反省一下嗎？

我無意讓本書成為一本專門研究自然法的著作，也無意對現行及過去的法現象作出專門說明。法不是一種孤立的現象，即便暫緩實在法的研究，理論法在較淺的意義上講，也是全部人類文化現象之一部份，而在它的真實意義上講，其意志則來源於宇宙之整。任何孤立的研究，將無力說明法之本質。把人類置於中心地位，還是置於真實環境之中，是問題的根本點。

哲學史的研究更能幫助我們理解人類發展的真實軌跡——無論有多少千萬年的時間量，我們至今還祇是在探索，並沒有尋找到人類之真實的自我。雖然，其間有過偉大的思想火花，它們試圖說明真實的人類自我，但由於種種原因，不是被其他膚淺的思想所淹沒，就是陷於不成熟的夭折之中。

我們的文化與歷史——全部人類之意識現象之總和——可以分析為較長時間量的**法自然之自然法時代**和較短時間量的**法人則聖的人為法**（簡稱「人法」）時代。這種稱謂方式已表明，我們從自然中來，同自然分離開來，人為地形成為一個封閉的孤立系統。我們祇注重這個系統的內部事務、相關事務，以及這個系統的濃縮形式——地域或群體集團的內部事務、相關事務。站在後者（地域或群體）的立場上，前者（人域）還被尊譽為理想主義，它們有世界主義、世界大同、共產主義等各種稱謂。[這就是我們當下的狀態——我們忙乎的不外乎窩裡鬥之事]

今天，除了我們的自然科學家而外（他們中間很多人僅是在履行職責，並非由於對自然的信仰或獨到的情感），無論政治家、社會科學家，還是為生計而奔走的商人、工人、農民、乞丐，無不在為其自好，一概與自然無涉——我們是我們自己，而非自然的組成者——這已是世界潮流。

　　回顧歷史，情形稍有差別，重視群體集團內部事務及相關事務的現象，在東方比在西方更為突出。這由我們各自遺留下的各種專著和資料的數量，及中心論題、觀點、解釋的偏頗等可認證。

　　人法歷史的時代中，商周時的中國人和文藝復興時的歐洲人分別確立了一個讓人類倍受鼓舞及自豪的中心思想：人類中心主義。圍繞這個偉大的思想，我們的歷史文獻或相關檔案都不同輕重墨跡地記錄了政治中心主義、權力中心主義、國家中心主義、種族中心主義、信仰中心主義、宗教中心主義……我們的思想、言論、行為、生活方式、社會結構、社會秩序、制度、人們之間的關係，甚至經濟模式、生產方式等等，均為之所支配。這幾乎是我們「人法」歷史時代的基本內容。

　　透過這厚厚的歷史帷幕，去探求一下主客觀原因，或許有助於我們認知人類自我的實在意義。

　　我們今天的自信和自以為中心的觀念，並非自覺和積極的，實乃盲目、無知，不知其所以然而必有的現象。

　　在法自然之自然法的時代，人類的意識形態經歷了兩種類型：物我一體、猜測哲學。

　　物我一體　這是一種無意識狀態。人類在形在方面剛剛同自然發生分裂，開始尋找各種生存的可能性。自然既盡一切可能壓迫這個叛逆者，同時也給它以生的希望。人類則是這種壓迫的順服的承受著，但也被種種希望所引誘。事實上，這種遭遇不唯人類享有，任何一種他生物群體都有同樣的命運。正如其他群把人類視為自然一樣，人類也把其他群視為自然。

　　猜測哲學　人類在上述狀態中渡過了漫長的歲月，現在，那種無知的情形開始打破。人類已經有了最早的意識條件，這些條件是，自然界給人類造成了恐懼，以及由於異常或少見現象所帶來

的驚奇感，還有生存的慾望和血緣紐帶群的本能（即感覺的自我原則與排他性）等等。這樣，眾多的自然現象終於第一次誘發了人類的主觀興趣：它們是什麼？為什麼產生？……當然，這種提問並非當時人類使用的方式，也許，我們就根本弄不清楚當時人們所習慣或所能使用的方式。不過，這種提問並不影響問題的性質——人類從此便同因果性結下了不解之緣。第一個因果關係成立了：這些都是某些原因的後果。當然，這個時代的因果性不是由邏輯推導或實證的方法得到的，要而言之，我們祇能用猜測哲學這樣的概念來形容這種意識現象以及它的全部結論。

　　猜測是這個漫長時代的根本思維特徵，也是唯一的思維方法。猜測哲學是人類意識的開始，亦是人類思想的基礎。由於猜測，人類把自我同自然分離開來，爾後又對立起來，結果導致了人類中心主義的產生。然而，猜測並不是可有可無的思維方式，它是人類必經的思維形態。猜測並非完全主觀的東西，我們切不可僅以為它是個思維或意識的專有名詞。在猜測哲學的時代，猜測也是行為的後果，而不是絕對的原因。其原因在於，在感知面前完全是一個神秘的世界，人類之所以能猜測這個世界，是由於自然同時也呈顯了「答案」。即一切猜測的結論都來源於自然楷模的根據。妖怪與鬼神決不是思維獨創的概念，它完全是黑暗與光明（夜與晝）這一嚴酷的事實的後續。在這個時代，人類完全依賴於自然的楷模與教導，才萌發了主觀意識，才學會了生存，即從客觀中誘發了主觀。

　　我們不能想像，在那個事實和現象充滿的世界裡，而且是事實和現象主宰著一切的世界裡，「自我」是多麼可憐地隨波逐流。一點點微小希望的滿足，例如一個避風的岸坡、一粒暫且充饑的草實，都能讓人對這類事實和現象充滿感激與敬畏（這也許是思維動物所獨有的特點，至今，老虎即便吃了一個人，也並不

能如此）。如是，人們極力去猜測這些事實和現象的背後，有否前導、原因。把所有這些具體的猜測歸納起來，人類終於可以抽象出第一個概念：神秘。

在「神秘」這個總概念下，人類逐漸有了鬼怪、驚歎、豐收、表達、神話、傳統、原始宗教、巫術、圖騰、集合、八卦、陰陽、對稱等概念，這些概念組成了原始思維或原始意識。由這些概念支配的行為，如崇拜、服從、分工、交流、群體儀式、收穫等，是猜測哲學的行為方式。這時，我們已不難尋找到這些概念和行為方式的後果——語言、勞動工具、經濟方式、神性活動、家庭實體、種族、國家，以及戰爭、政治、刑罰、祭祀等等。

人類的基本事務不外乎兩大方面。一是由於事實和現象所支配的猜測思維的產生，導致產生了神秘主義的猜測哲學，它包括神學、象形思維、原始邏輯等精神現象。結果是鑄造了人類迷信自然（以迷信神靈為表徵方式）、崇拜自然的世界觀，為後世宗教的產生奠定了基礎，也為某些哲學提供了導因。

二是迫於自然的嚴酷壓迫，生存慾望日益熾烈，因而產生了反抗自然的本能，例如人類馴養動物，發現種植農業，發明漁獵、搶掠、強化血緣群體，等等行為，結果致使人類同自然分道揚鑣，並試圖統治自然、征服自然。還伴隨產生了種族主義、個人主義、自私自利、卑劣貪吝等陰性思維。我們不少古代的著作家是帶著仇恨自然的心理和情緒去書寫他們論文的，這從歷史博物館和圖書館中可以經常看到。

要明確回答這兩大方面影響的好與壞，通常比較困難。比如說第二方面，人類經過艱苦的努力，經過了千百萬年之後，終於「戰勝」了自然，成為了地球的「主人」，恐怕難有一個確切的回答。我在上面的表述中已暴露了非難的傾向，這個讀者自會

看明白。然而，設若不如此，人類會有今天嗎？我們能看到此時此地的太陽、月亮、星星、天空嗎？我們能呼吸現代空氣，享受現代春光、碧水、青山、白雲嗎？我們能有今天引起人們新思想的天文學、物理學嗎？當然不能。另外無可辯駁的事實是，同我們人類齊步進發的最近似的南方古猿、智人、能人等其他人科種類，都不能享有我們今天的「榮華富貴」，且不必說其他動物、植物了。還有一個極其悲慘的宇宙故事，就是1億多年前的世界統治者恐龍，為什麼滅絕了呢？一個很明晰的原因不正是它們同自然的「鬥爭」不力嗎？

這些以及其他許多不可計的理由，足使我們對人類的發展史心安理得和倍寵祖光（所以有作家認為，人類的歷史是一部同自然界鬥爭，並取得勝利的歷史）。

我們無法在目前人類觀念的前提下找到唯一衡量歷史好壞的標準、根據。首先，「唯一」這個限制詞是無法滿足的；其次，既然是人類中心主義，誰還會對人類過去千百萬年歷程中的「過失」行為檢討呢？誰又會對讓我們沾沾自喜的地球統治權提出苛責呢？祇是，這樣的得意中我們已隱約感覺到了某些不安。我們的觀念一直在讓我們付出巨大的代價，我們至今本能地保留的種族主義、個人主義、自私自利、卑劣貪吝等陰性意識恰是明證。

我們還可以用一個假想（不可能）的例子來透析一下這個問題。

設定宇宙某一系統發生了災變，據認為，目前拯救該災變的唯一可能的辦法是需要地球上1/3的人，或者足使1/2人口生存的物質資料為之貢獻，而且，拯救的結果與人類今後的生存無直接關係。現在，是主張貢獻的人多呢？還是主張不理睬的人多呢？顯然後者會占絕對優勢。即便有人主張貢獻，一定也會被人譏為瘋子（古代有王子跳崖餵餓虎的故事，至今很多人不是讚揚王子

的動機和思想，而是笑話人類中的傻瓜、瘋子）。這涉及到的實質是衡量好壞的標準問題。人類既然是中心，如何要毀滅自己去拯救將被奴役者呢？人類不是正等待著去太空征服宇宙嗎？

到目前為止，我們祇是把好壞的標準建立在人類中心主義的基設上，我們的好惡、需求、情緒等主觀觀念，都是人類中心和自利的。我們剛剛開始猛省到生態平衡的重要性，我們剛剛有了好壞相對性的思量——昨天的好，明天可能是壞，此地好，彼地可能是壞。

猜測哲學的其他成果不太明顯，這個時代的思維意識，直到最後也幾乎難以言明，它已經有什麼體系可言。不過，我們應該充分重視猜測哲學的兩項重要的思維成果：陰陽觀念和天命神權思想。

這兩項重要的成果讓我們知道，在這個時代即將結束的時候，當時最聰明的人終於在無數的前人猜測的基礎上，認知了兩個最重要的抽象觀念。第一，自然界有運動變化的規律，事實和現象是分層次的，以及它們之間構成相互關係，而不是如早期那樣的被事實與現象所絕對主宰。早在金屬文明以前就產生了的「八卦」觀念[19]、陰陽思想，以及後此跟進的「五行」思想，充分地標誌了當時代最高意識水準。這些思想是人類第一次追求到的第一批最重要和最終經得住時間考驗的偉大思想。

第二，除上述人們對自然的具體經驗的說明而外，還提出了先驗的解釋。這種解釋不依賴任何客觀對象和主觀感知，僅祇依據早先產生的「神秘」觀念的指導，在「自我」的現實世界之外，人為地建立了一個神的世界。這個世界把現實世界的一切事實和現象，以至行為的原因都歸結到神那裡，用「天命」來安撫人類的情緒，也用「天命」來指導生活方式。這一思想比第一種

19 「八卦」應是後來解釋哲學開啟的標誌，這裡表述的是幾十年前的看法。

思想產生更早，更順理成章。事實上，它也更為普及。因為，在我們這個地球上，祗要有人群存在，都先後和不同程度地、各自獨立地產生了這種思想。無論圖騰崇拜，還是原始的多神教，甚至後來的一神教都是它的直接後果。儘管我們今天的文明自以為達到了很高的程度，但，這一思想不論在發達的高學歷國家，還是在貧困落後的的農奴或部落社會，都還不同方式和程度地存在著。

　　這兩種思想的實際意義還不止於此。祗要我們想像一下，人類在幾十萬乃至上百萬年的漫長時間量中，飽受了自然（包括自我）的嚴酷折磨，苦苦地猜測著所見所聞所感的事實與現象，對自然充滿了畏懼和仇恨，又要奴隸般地順從自然，視之為恩師、母親，得時時、處處、事事表現著敬仰和崇拜，而現在，人類終於第一次自圓其說地解釋這一切，並形成思想理論──不論我們現在如何看不起這些思想和理論，可它們確實是人類幾十萬年的苦心探索和積累──可以說，它已經在絕對意義上預示著人類走進了另外一個意識時代和歷史階段。

　　現在，人類意識的重心不是以效法自然為唯一目的，既便還有絕對量的未知事實和現象未曾猜測過，現在也不必去費神了，雖然，仍然不時地要模仿、效法自然（它的規律、法則），但，那已經純粹祗是手段了。因為，現在人們已經把自己同自然劃分為了不同的類型，人是獨立的。進而，人類也把注意力轉向了自我的滿足和完善。從此，自然的各種意義開始悄悄的改變了，一切讓位與我們自己。這種以人類自我為對象和價值目的的新意識現象，便是解釋哲學。

　　解釋哲學　人類在上述兩項思想之後，告別了猜測哲學的時代和它的思維方式，漸慢踏入了解釋哲學的時代。新的思想意識在早期並不成體系，難免靈感思維的評價，不過，它已經顯示出

了新的方式和特徵。它不再單是猜測的結論，而更多是經驗的、感知的，外加先驗的，因而具有了解釋的意涵。現在，我們把這種基於經驗或先驗，或實證，或歸納、演繹的思維方法而產生的思想、理論、意識、學說體系概之為解釋哲學。解釋哲學依據一定的立場和動機，一定的思維方法和心理意境，對一定的對象世界，作出具體或抽象的說明。通常這些說明或解釋必設定一定的規律、法則、規範。這種解釋不論好壞，祗要它迎合了人們的心理需求或要求，就能產生巨大的社會能量。因而，解釋哲學的一個重要特徵是，它祗對解釋者的體系負責，而不對自然或宇宙負責。此外，解釋哲學往往也是人類社會行為處於激發或誘發狀態下，一種急需或渴求的直接思維後果。

解釋哲學祗是主觀認知的結果，它依賴於解釋者所處的座標，這個座標的參數往往不外乎出身、地位、時代、文化斷面、時局、心理意境、社會立場、知識狀況、歷史、說明的角度諸方面。

從任何意義上講，解釋哲學是人類有史以來最豐富的意識現象。這個時代給我們留下來浩如煙海的文獻資料、圖書檔案；我們大家都熟悉的歷史名人——各種各樣的思想家、哲學家、科學家、政治家、軍事家、法律家、歷史學家、藝術家、文學家、音樂家——絕對多數是這個意識現象中湧現出來的天才人物。直至今天，我們仍然無處無時不在聽到解釋哲學的曠世希音。

解釋哲學是一種什麼樣的哲學或意識現象呢？我們必先認知兩個問題。第一是與該哲學有關的能量方式，第二是這種方式的實際後果。

這裡的能量方式，即是關於人之所以為人的一種表述。

宇宙的一部份，我們把它表述為形在，相應的另一部份，我們表述為屬性或形上。它們為「能量」的兩種方式或形式。能量

必然會表現出能量行為，能量行為有主動行為，也有被動行為，還有能動的行為、無能動的行為、本能行為，等等。相應地，我們可以把形在世界的有些部份稱為無能動形在、能動形在。這裡的能動形在，我們可以繼續予以更進一層的稱謂：本能形在、智能形在。如果有必要的話，智慧形在還可以包含主觀的形在和非主觀的形在。現在非常清晰，在這些稱謂中，人類作為一種宇宙形在，最能與之相吻合的稱謂是智能形在。再具體一點，即主觀的形在。很顯然，作為智慧的一種形式，人同有腦結構的其他動物之本質區別，在於人類具有其特殊作用的主觀屬性。即根據自我需要去建構思維模式，從而指導行為方式，並最終達到目的。其他有腦動物，雖然不完全受生物本能支配，但，它們缺乏思維模式，其行為來源於自然的塑造。其他無腦生物同人類差別更大，它們缺少專門進行感知的器官，除了受生物本能支配而外，行為的其他所為完全是自然化的。

　　主觀形在（也許不祗是人類）同其他形在區別的根本之處在於，它必須面對兩個世界，即自然的世界和自我人為塑造的世界。對人類來講，生存永遠不是唯一的（本書後面的章節將會繼續討論這個問題），然而，本能也不可一點沒有。

　　自然塑造的世界雖然同人類關係密切，然在解釋哲學的意識觀念中，它並沒有取得基本思維對象的地位。縱然有學者研究或思想家們描述過，其價值仍不過是自我人為塑造世界這個根本意識主題的陪襯。即，仍不過是人類中心主義觀念指導下的外在而已。當然，也曾有過例外情形，下一章我們將具體說及。

　　解釋哲學以自我人為塑造的世界為根本思維對象，局限於狹隘的人類中心偏激，並以此為根本立場，從不同的角度提出各種對該對象的描述、說明、設計，要害在於就事論事，而不能超然於外，當然就不能求得全面、徹底的認知。為滿足就事論事思

維原則的需要，自商周時代以來，人們從內容到方法都人為設定了若干限制和定則，以便自圓其說，而不論世界是否有可能自圓其說。其中，方法論表現較為突出的一例是，人們離開客觀屬性人為地制定了若干思維定理、定則，這些定理、定則的總和，學者們稱為邏輯學。因之，解釋哲學是與宇宙之形在與屬性相去甚遠，甚至完全背離的文化現象，而其根源又在於人類同自然的分離與對立。

自我人為塑造的世界，其內容仍不可小量，反可謂之為豐富多彩。主要方面有：人為社會環境、人類自身環境、人們之間的相與社會關係以及這些關係的後果，如家庭、國家、物質生產方式、[族群、階級、性別、年齡、身份、地位、職業、技能、地域、意識形態、生存方式、城鄉差別]，等等。

在解釋哲學的意識現象中，並不是所有的人都可以與自然對立的。人類在前一個歷史時代是自然的奴隸，對自然竭盡了屈服、崇拜、信仰的感情，在我們這個時代，情況既有變化，也沒有變化。少數人不同程度地從不同的角度取得了與自然分離的資格——比如我們從《詩經》、《尚書》、《周易》等書中，常常可以看到周公等人懷疑天命，重視人事的言論和描寫——這就開始了一種過渡：人類中的少數人悄悄地從自然神（天命、上帝）那裡奪得了受信仰、受崇拜的權利，而絕大多數人現在必須向存在的「神」和不存在的神貢獻雙份的敬畏。即，由一種奴隸身份進而身兼了兩種奴隸身份。

[現在，少數人獲得了特權，他們成了被服從、被崇拜、被尊寵的對象。以此，]效法少數人的意志，或者說受制於特定集團的意志——人為法、神靈法——成了解釋哲學的根本表徵：法人則聖。這個表徵的滲透力是空前的。我們的社會結構、社會制度、法律、政策、思想觀念、生產方式、生活方式，等等，幾乎人類

行為的全部紛紛為主教、政治家、帝王、國君、僧侶、思想家、哲學家、法學家、經濟學家、社會學家、科學家……所支配。這些被冠以「家」或「王」的特定稱號的人，正是我們人類的「聖人」。我們的時代是唯聖人是瞻的時代，是信仰主義、權力主義、權威主義的時代。

　　一定前提下，「法人」與「則聖」還有著意義上的差別。在這個歷史時代的早期，我們剛剛從效法自然過渡而來，所以，這裡的「法人」是針對「法自然」而言的，其「人」是一個整體的概念，即人類。它是說把人從自然的奴隸狀態下分離出來，以便確立人類中心主義的意識觀念。「則聖」則不然，聖是人類中的精英、特殊者，他們具有強勢、強權的身份和地位，因之，說「則聖」即是要求絕大多數人服從和尊寵人類精英。這意味著，信仰主義、權威主義不過是人類中心主義的特殊形式，亦是最高表現形式。

　　解釋哲學祇是人類意識現象普遍性的一種概括，祇要我們認真地回憶一下歷史，就不難發現諸般具體情形之間所表現的差異。可以說，各個區域開始的時代很不一致，此外，各個區域的側重面也有不同。要準確地描述各個區域，哪怕是幾個影響很大的主要區域的解釋哲學開始的時代，也是力所不及的，這同某位總統或主席的任期是不一樣的。首先，一種文化現象根本不可能確定它的準確起點和終點，其次，考古學絕多祇是近似值，古已有之，而今卻無的情形處處皆是。不過，我們不要希望西元前2000年以前有解釋哲學存在。因為，我們所指的是一種思想理論體系，而不是若干猜測自然現象的結論，即使這些結論在今天還是正確的。例如西元前4241年埃及的太陽曆（每年365天）。事實上，西元前2000年左右到西元前1000年這近一千年的歷史

中，是否有解釋哲學出現，我們仍然祗能採取慎重的態度[20]，因為考古學尚未給我們撥開迷霧。我們有把握認定的解釋哲學當從西元前11世紀前後的商周之際開始。[21]

不過很顯然，我們得注意此前的一個過渡期，即由猜測哲學向解釋哲學的過渡時期。這個時期中，特別是較後一千年的人類社會中，出現了一些影響較大的文化和意識的事實。

1、巴比倫和埃及的自然科學（醫學、天文學、數學、化學）；

2、前2100年的巴比倫《漢謨拉比法典》；

3、前1500年的印度聖典《梨俱吠陀》；

4、前1320年的摩西「十誡」；

5、前3000～前1200年中國的「八卦」與陰陽、「五行」思想；

6、前1400～1200年希臘的荷馬史詩。

這些文化事實，我們姑且稱為「准解釋哲學」。

政治哲學與政治人道哲學

離開「准解釋哲學」，我們受到迎接的第一個「解釋哲學」體系，是中國商周之際的政治哲學。

商周之際的政治哲學，在周公姬旦那裡已成基本體系。這個哲學從思想觀念、統治手段、社會目的三個方面把人同自然分離開來，確立了強化人類中心和法人則聖的文化意識立場（詳見《周公法律思想研究》（未出版作品）），使宗法種族這種單一政治實體支配和控制全東亞地域的政治現象成為了確實可行的社會制度（宗法制王權宗統的德政禮治體制，詳見《概說中國之社會、國家的歷史形態》（未出版作品））。這個哲學雖無純哲學（本體論哲學）可言，甚至連認識論、實踐論也幾乎沒有涉及，

20　我現在認為，中國的「八卦」思想當作為人類解釋哲學起源的標誌，它的時代約為西元前3000年前後。

21　印度的吠陀哲學是一種早於商周思想的解釋體系，其開始時代約為西元前16世紀。

但不可否認，它有兩個來源。一是其政治理念，直接繼承了商人的《洪範》體系，並具體化、實用化；二是繼承了「准解釋哲學」的「八卦」與陰陽思想，祇是作了歪曲原意的發展，改變了這個哲學理論以自然為對象和試圖說明自然現象的宗旨，將其引入了人類中心主義的政治哲學之中，成為了「人事」的根據和藉借。

東周以降，這個哲學得到了莫大的發揮，不過，由於平民知識份子的出現，它的原有動機和內容有所改變，除了「治人」之外，尚有「做人」之道的討論。為此，學者們將倫理道德、價值觀念、思維方式等融於政治哲學之中，改變了原有的政治、法律的單一狀態，使之成為了一個更宏闊的文化意識形態。鑒於此，其名可以擴之為「政治人道哲學」。

當時代，人們根據各自的立場、方法，紛紛發表政治-人道的看法、觀點，形成不同的思想體系和學派，史稱「百家爭鳴」。著名的學派有：

道家，代表人物是老子、莊周等人，其學問主旨崇尚「自然」之道，試圖以之匡範人類社會的結構和人類行為方式，是中國最典型的抽象自然哲學。

儒家，代表人物是孔子、孟軻、荀卿等人，學問主旨上承西周政治哲學之正統，而另闢「仁法」的心理主義內化政治倫理學和道德救世的思想。該學派的思想後世被奉為中國的正統思想，至今尚有影響。

法家，代表人物有商鞅、韓非、李斯等。該學派由儒學分離而來，特別是受荀子的影響大，同時，它對早期管仲等人的思想亦有承接。他們主張權威主義、功利主義和平等觀，輕視人性和道德，崇尚工具主義的政治理念。

墨家，代表人物有墨翟，是平民學者的主要代表。主張「尚賢」、「共利」、「一同天下」、「兼相愛」、「非命」等學說。

名家，有公孫龍、惠施等人，以語義邏輯著稱。

縱橫家，以遊說君王、離合國家著稱，有蘇秦、張儀之流。

兵家，以論兵作戰著稱。

雜家[22]，著有《呂氏春秋》、《淮南子》，以雜合百家之說、總結各家思想見長，但以道家為主。

百家爭鳴以後，中國學術大致上趨於一體化，以儒家思想為宗源，輔以道家之說，有不同的發展階段和學派。首先是兩漢的經學——今文經學（主要代表人物有伏生、董仲舒及十四博士、何休等）、古文經學（主要代表人物有孔安國、劉歆、王莽、馬融、許慎、杜林、鄭玄等）——它們深入徹底地從典章制度、名物訓詁、歷史沿革、文章句法等角度豐富和發展了人道哲學，其中，董仲舒的「天道人學體系」，尤為獨到。

然而，董仲舒以後，經學運動造成了中國學問的繁煩、紊亂，以致唐代開始，作出了兩方面的反應與調整。一是出現了唐代的疏議學，對繁雜予以了必要的清理；二是有學者認為，漢代儒學一味偏重典章制度、歷史沿革等政治學術，違背了儒學作為中國正宗知識人為人處世的宗旨，須得予以改正，於是，唐人韓愈、柳宗元、劉禹錫等人奮起反抗，以復興春秋戰國文風為旗幟，掀起了古文運動——注重知識份子本身的修身養性等個人道德問題。此運動蓬勃於北宋時代，先後參與的有歐陽修、曾鞏、蘇氏父子，史稱「唐宋八大家」。

理解中國思想與文化，其實不難設想，如果沒有道家和佛家這兩種與時俱移的學術文化，中國的正統學術到唐宋之際已經完成了它的使命，絕無進取的餘地了。因為，作為一種政治人道

---

22 黃老之學亦可列入廣義雜家，著有《黃帝四經》。

哲學，自西周以來兩千餘年中，不斷被人補充、完善，已完全自圓其說了。不幸的是，值此大功告成之際，它遇到了強大的挑戰——祇要我們想像一下，一方面，隋唐時代佛教的囂張（盡擄中國的百姓官吏，使之成為信徒，至宋，連巨儒蘇軾兄弟也已迷入禪宗，全國大興「出世」之風，）之勢，以及佛學自身的學理意境；另一方面，道學經魏晉哲人王弼、何晏等人的建樹，也佔有了抽象思維的制高點，且他們以明儒暗道的方式達到目的，無異於對正統學術的莫大嘲諷，此表明，正統思想的正統地位快要丟失了——為此，必須搶佔制高點。正統儒學又有了一次奮進的機會，這便產生了借他人之光務己之實的宋明理學。從此，本來祇務實的儒學，一下子變成了思辨的政治人道哲學，其主要代表人物有周敦頤、張載、二程兄弟、朱熹、陸九淵、王陽明等。

　　至此，中國的政治人道哲學經過了思辨的加工，可與世界上其他任何類似的學問媲美。它最大限度地滿足了古典中國的需要，是天衣無縫、自圓其說的解釋哲學體系。

　　一根學術鏈條終結了，社會歷史也走完了它的基本歷程。二者相交，按理說，必然要產生一種新的文化思潮，然而，事實未能如期而至。巨大的歷史慣性，推遲了新歷史的出場時間，於是，新舊之間有了巨大的空際。在中國，填補這個空際的思潮是求存的學術：求得文化生存、傳統生存、社會生存。其中，比較著名的有，明末清初的啟蒙思想（代表人物如黃宗羲、顧炎武、王夫之等）、清代漢學和清代今文學運動。

　　清代漢學師承東漢鄭玄以來古文經學的遺風，活躍在清代乾隆、嘉慶年間，史稱乾嘉學派。該學以反宋學的迂闊、空理著稱，崇尚經驗主義。因其學術方法和對象差異，該學派又分為以戴震為首的皖派（段玉裁、俞樾、高郵二王、孫詒讓、章太炎等）和以惠棟為首的吳派（錢大昕、王鳴盛、孫星衍等），學派

的斷軸人是章太炎。

清代今文學運動。該運動一反考據學之學風，上溯東漢何休今文學，首倡實用主義、經世致用，極力為社會、政府提供服務。該學派因主要人物的籍貫而得名「常州學派」，其代表人物是莊存與、劉逢祿、龔自珍、賀長齡、魏源，康有為是該運動的斷軸人物。

此外，還有辨偽派（閻若璩、崔述、顧頡剛）和桐城散文學派（方苞、劉大櫆、姚鼐等）。

19世紀開始，由於外力作用，傳統學術求存的希望被打破，中國開始了參與世界文化潮流的新過程，目前仍在進行中。

在西方，蘇格拉底幾乎是一個突然的轉捩點，至柏拉圖，解釋哲學完全改變了方向，自然問題被推出了絕對的位置，政治—人道，如國家、法律、道德、倫理、靈魂、思維、人性等問題充斥了解釋哲學的範疇。人們渴望解決的是雅典社會的現實，而自然問題已成為專門的工作。於是，訓練有素的亞里斯多德便成了萬學之父。他分別並闡述出了若干人為的學科體系，使一切具有常識感。其中的政治人道哲學佔有十分重要的地位。他注重「心靈」，強調倫理，指出了國家的絕對意義和作用，以及法律的重要性，而他的邏輯貢獻完全是突發性的。

所有這些都為伊壁鳩魯派和斯多葛派的勃興作了條件準備，它們在倫理學方面做了大量工作。此後，終因宗教哲學這個主要原因，置希臘剛剛興起的政治人道哲學於埋沒之中。直到人文主義復興以後，方有新的政治人道哲學出現。

文藝復興以來的西方文化與哲學，我們有理由區分為三個階段，即13～16世紀的思想準備時代，17～19世紀的體系建立時代，20世紀的無可奈何時代。

事實上，祇要我們稍加比較就會發現，東西方的政治人道哲學是有差別的。以中國為代表的東方哲學注重直覺靈感思維，把

思維對象局限於以人事（人際關係、社會結構、單一的物質資料方式、個人修養等）為中心的範圍，滿足於既定社會格局的各種穩定關係，不做越格的思考和行為；而西方哲學則注重思維規律的探索，並由此追求人為的邏輯體系和認知規律，試圖因之到達全方位解決人與自然之關係的目的，較多地在人事以外干預了自然世界，以滿足征服自然的慾望（生存慾望的折射），結果沒有形成一以貫之的政治人道哲學（治人之道、做人之道）的意識體系，而是出現了以人類中心主義為基點的複合多維體系。

故知，中國哲學中，實踐論、人生論、修養論、政治論佔有絕對分量，而西方哲學中，則以認識論、方法論、工具論、邏輯學獨佔鰲頭。至於本體論，則是，中國哲學從人事走向本原，而西方哲學則[從物理走向存在]。

13～16世紀 這是一個準備的時代，這裡，我們很少看到有名的哲學家。然而，以下這些思想家是不可少得的。

英國人羅吉爾・培根，充當了實驗科學的先驅，強調對實驗的依賴，反對經院哲學的權威，他的開創性著作叫《大著作》，因此，他曾因「異端思想」被囚禁，他是第一個反抗中世紀哲學的成名人物。

這個時代的另一個成名哲學人物當是義大利學者布魯諾，他同樣有「異端思想」，最後被燒死於這個時代的最後一年。

除此而外，我們還記得義大利文化復興的先驅人物但丁和其他人文主義者，如彼特拉克、薄伽丘、達・芬奇、拉斐爾、米開朗琪羅，還有英國伊莉莎白時代的文化代表莎士比亞，義大利現實主義政治學者馬基雅弗利，以及人文主義政治思想家英國人莫爾、荷蘭人艾拉斯摩。

17～19世紀劃分為一個時代，主要是就相繼發表了理論體系這一現象而言的，它們實現了對前400年思想準備工作的總結和歸納。當然，這個時代內，每個世紀也是各有特色的。

　　17世紀　英國人懷特海說這個世紀是「天才的時代」，就哲學而言，它主要是建立了認識論和方法論體系，其次，有關倫理學和本體論也有一定的研究。根據傳統的意見，這個世紀的哲學又可以分為，英國哲學家代表的經驗主義認識論哲學，和大陸哲學代表的唯理主義的方法論哲學。但無論如何，最能反映這個時代特徵的代表人物當是培根和笛卡爾。前者是經驗主義者，著有《新工具》，首創以實驗為基礎的歸納法，使科學研究程式化、邏輯化；後者著有《方法論》，是近代唯理論哲學的始祖。

　　洛克和霍布斯是英國經驗主義哲學的代表人物，前者以自由主義始祖著稱，後者卻是王黨政見者，其代表作分別是《人類理智論》和《利維坦》。

　　此外，荷蘭人斯賓諾莎也是一位唯理主義者，哲學史上最完善形而上學體系的創建人之一，以其《倫理學》著稱於世，對本體論（主張唯一實體，上帝或自然有精神和物質的兩種屬性）和倫理學有獨到見解。德國人萊布尼茨同樣建立了唯理論的形而上學哲學體系，代表作有《單子論》、《神正論》、《形而上學序論》。

　　哲學之外我們所熟知的17世紀主要思想有，法國政治學家博丹的國家專制主義，英國的政黨政治（輝格黨、托利黨），西班牙文學的黃金時代（賽凡提斯、貢戈拉、維加），法國古典主義文藝的興盛（高乃依、莫里哀、拉辛、拉·封丹），以及義大利柏拉圖式的理想家康帕內拉的《太陽城》。

　　18世紀　18世紀的特色有幾種不同的概括，恩格斯稱之為「商業世紀」，法國人達朗貝爾則稱之為「哲學的世紀」，日本人湯淺光朝又稱為「理性世紀」。事實上，如果有人稱之為「革命的世紀」，也未嘗不可。因為，這個世紀有「工業革命」、「民主革命」、「獨立戰爭」等一系列革命的事實和過程。不

過，從文化意識的角度看，這個時代可謂是「大陸」的時代，德、法兩國佔有了這個時代最出色的哲學和文學以及音樂舞臺，相應地，英倫三島的主要貢獻則是經濟學。英國哲學繼續上個世紀經驗主義的哲學家主要是貝克萊（《人類知識原理》）和休謨（《人性論》）。

　　大陸哲學在法國的主要表現是唯物主義或百科全書派，以及啟蒙哲學。前者的主要代表人物有狄德羅、達朗貝爾、霍爾巴赫、愛爾維修（《自然的體系》）等，後者則有伏爾泰（《哲學通信》、《牛頓哲學原理》、《牛頓的形而上學》）等。法國哲學是對上個世紀以來牛頓物理學所積累和發展起來的思想的集中表達。

　　在德國，理性主義高漲，唯心主義得到了空前的發展，產生了以康德為首的古典哲學運動。康德的主要著作是《純粹理性批判》、《實踐理性批判》、《判斷力批判》。他的思想既是一種綜合（牛頓、培根、笛卡爾等不同傾向思想的綜合），也是一種革命（揭示了認識論的本質和科學的形而上學），所以，他無疑是最偉大的哲學家之一，也是西方解釋哲學最成功的作家之一。他的思想至今仍然影響巨大，他帶來了一直延續到20世紀的哲學潮流。

　　在哲學之外，德國的文學和音樂也是這個時代的著名產物。祗要我們想一想音樂大師巴赫（近代音樂之祖）、貝多芬（有史以來最偉大的音樂家）和文學巨匠歌德，以及席勒等人的作品和思想，我們無不肅然起敬。然而，德國的時代並沒有終結。

　　除上述外，以下思想運動或思想家仍然是這個時代的主要精粹。

　　英國興起的自由主義經濟思想，如亞當·斯密（《富國論》）、馬爾薩斯（《人口論》），義大利哲學史家維科（《新

科學》），法國的啟蒙思想家孟德斯鳩（《論法的精神》）、盧梭（《社會契約論》、《愛彌爾》）和啟蒙文學，德國新人文主義教育思潮（赫爾德、洪堡），奧地利的音樂家莫札特（與巴赫、貝多芬同是近代音樂大師），等等。

19世紀 在意識文化哲學以及其他很多領域，要把18世紀和19世紀嚴格分別開來，的確是很困難的。不幸的是，雖然困難，我們也被迫要作出評價的抉擇：這兩個世紀交接點時期的思想或人物，誰為18世紀？誰又為19世紀的呢？一方面，19世紀的前期還在延續著18世紀的發展，這讓它們之間有了同一性；另一方面，19世紀中葉以後，情形又發生了新的變化，無法按原有的模式去理解。因為，18世紀各種思想的延續並沒有滿足19世紀的全部時間量，大抵上，至該世紀的中葉，其文化特徵有了很大的變化，使它成為了一個新潮流的源頭，而這個潮流的特徵又主要表現在20世紀之中。這樣，人們對19世紀的評價不免多樣化起來。延續18世紀思想和特徵的19世紀初期，浪漫主義精神充沛，其原因在於工業革命的成功，人類似乎天光大亮了；中葉以後，由於現實問題日益突出，外加思想大師相繼去世，結果轉而為現實主義-自然主義的全盛時代，孔德成為了最典型的代表。

該世紀的中後期，經濟危機連續發生，無產階級和資產階級的鬥爭成為了最根本的社會意識形態，以及壟斷資本主義的出現，等等原因，致使現實主義或實證經驗主義也無力拯救人們的意識觀念，於是，非理性的情緒、感傷主義，以及各種各樣的頹廢思想風靡了主要的西方國家，使19世紀以來成為了反理性的時代。如此之下，思想家們仍然試圖尋找出路和精神解脫，結果非常不理想。這便是19至20世紀的主要文化和歷史特徵。

康德哲學是19以及20世紀哲學思想的最大淵源。因他而產生了浪漫主義哲學，他們是美學唯心主義者謝林（絕對自我，《有

關自然哲學的一些問題》、《先驗唯心論體系》）、倫理學唯心主義者費希特（自我與非自我的原始安排，《論學者的使命》、《人的使命》、《科學理論》），辨證論唯心主義者黑格爾（絕對精神，《精神現象學》、《邏輯學》），以此組成了19世紀先驗主體論哲學的高峰（包括從另一個角度研究康德的「絕對意志」論者叔本華（《作為意志和表象的世界》），不過，叔本華是個悲觀主義者，並以反對上述三位哲學家自居。叔本華的繼承者尼采，是個「意志全能」論者，他把意志（《人性的，太人性了》）放在了形而上學和倫理學之上）。

這一哲學運動終於使「主觀意志」這個人類獨有之物爬上了形而上學的寶座，雖然，這中間經過了很複雜的邏輯過渡。其中，每個人的哲學看似花樣百出，然其核心仍不過是「主觀意志」的變通物或同一屬性的更高級概括。這一場哲學運動是解釋哲學以人類中心主義為本質的必然結果，也是德國人為人類中心主義進行抽象思維所能達到的最大極限。

除德國哲學外，影響較大的哲學還有三個。一是以法國人孔德為首的實證經驗主義（《實證哲學》），德國人杜林亦是其代表；二是以英國人邊沁為首的功利主義哲學（《功利主義》）；三是美國人詹姆斯和杜威開創的實用主義或工具主義哲學，奧地利人馬赫與這個哲學有瓜葛，不過，他重在感覺生知識的認識論領域。

以上並不是19世紀全部哲學的概括，我們還必須回到德國，這裡還有費爾巴哈（《基督教的實質》）和馬克思以及恩格斯（《德意志意識形態》、《資本論》、《費爾巴哈提綱》、《哲學的貧困》），他們展現了另外的樣態。

19世紀中後期的哲學思潮同20世紀乃前後相承關係，我們將其列入20世紀評價。

　　19世紀中期以前的文學和音樂仍是18世紀的繼續，相繼產生了浪漫派音樂家和浪漫主義文學。主要音樂家有，德國人韋伯（由古典向浪漫過渡的主要人物）、奧地利音樂家舒伯特、波蘭音樂家蕭邦、德國作曲家舒曼、匈牙利作曲家鋼琴家李斯特、德國作曲家鋼琴家門德爾松。主要文學家有，德國浪漫主義文學運動代表人物希勒格爾兄弟、蒂克、諾瓦利斯等，法國作家夏多勃里昂，英國詩人濟慈，法國詩人拉馬丁，以及德國詩人海涅等。

　　浪漫主義文學之後，人們看到的是以法國為代表的自然主義文學，主要人物有，莫泊桑、左拉、福樓拜，以及歐洲眾多國家的現實主義文學，如法國作家巴爾扎克、英國作家狄更斯、俄國作家果戈理、托爾斯泰、普希金、屠格涅夫、陀思妥耶夫斯基，還有後期的英國作家哈代、伯納·肖等人。

　　英國的經濟學有繼續發展的趨勢，產生了李嘉圖、馬歇爾等有世界影響的經濟學家，此外，馬爾薩斯還在不斷地出版他的著作。

　　20世紀　我們已經說過，就解釋哲學的歷史進展而言，絕不能單一地去看20世紀的思想和學說體系，事實上，19世紀中後期就已經開始了這個時代的歷史，這在哲學領域尤其突出。那麼，該如何來評價這個時代的文化意識特徵呢？不少人已經指出，這是一個「非理性的時代」，是一個思想氾濫的時代、頹廢的時代。究竟是什麼原因造成了這種結果呢？德國人施本格勒作了黑格爾式，並且也是宿命論的解答。他認為，西方現在正處於一種文化完成狀態，而此以前，自文化復興以來，已經過了形成、繁榮的過程，現在它必然衰落。這個過程就像曾君臨世界的埃及文明、中國文明、希臘文明的命運一樣，隨著時間的推移而衰落下去（《西方的衰落》）。

　　這種以一種文明之興廢的經驗來論及20世紀的文化意識現象的看法，頗有不恰當之處。因為我們現在面臨的不是埃及文明和希臘文明衰落的情形。一方面，我們的哲學及人文科學雖然在趨向沒落，但，我們的自然科學卻進入了一個過去不曾有過的新階段；另一方面，如果說這種沒落在西方存在，在東方以及世界的每個角落都已是事實的話，那是否是說，這是一種全球文明的沒落呢？再次，我們現在遇到的麻煩，不唯人文文化和哲學，其他經濟、日常生活、生產方式、政治方式等等，幾乎所有社會關係的衍生方式都發生了危機，我們全體都走到了災難的邊緣，對此，趾高氣昂的自然科學也無能拯救，並且，正是它帶來了災難，這僅祇是一種文明的沒落嗎？

　　我們似乎都清醒地知道了所面臨的處境，但，我們卻沒有回天之功，我們不能將自己解脫出來，因而也就形成了——或就現象特徵而言——這個世紀的「無可奈何」。

　　這是一個「無可奈何」的世紀嗎？……◎

89.年輕人有他們的秘密，但那祇是世俗的、膚淺的秘密——他/她看了別人之少見，他/她聽了別人之少聽，他/她做了別人之少做。

老年人也有他們的秘密，這是他們對任何一個年輕人都享有的特權——他或她積累了一生的經驗和經歷，憑著生存的體悟，能夠預先知道將會發生的結果。

可是，嬰兒卻有更大的秘密。這秘密不是來自現實和生命、生靈的感覺——當一個嬰兒把剛剛放神的目光盯著你的時候，他（她）確實是想將他（她）所見所聞所知的彼岸的、前世的有關你的業因，或其他的秘密告訴你，祇是，他（她）沒有開口的能力，而祇會急得發哭。更可惜的是，當第一個現世的秘密進入他（她）的大腦時，當他（她）開口講話時，那來自生前的秘密便從記憶中消失了。

一九九〇年十二月十五日◎

90.我還存在嗎？

天還在黑暗著，我們靠著一種沒有方向的辨別不清的光前進。這路啊，走起來真舒服，也用不著擔心摔跤。

別人都說他在走路，

可我卻覺得我自己不存在了！

人的生活離不開理智，或者說集體生活必須有理智。而理智，一半是虛偽，一半是不得已。

知識是對無知的人的愚弄。因為無知的人不知道它，有知識的人便盜用這個名稱，以抬高自己，以讓別人服從自己。◎

　　91.政治有兩種：一種是人們社會生活的普遍的和具體的指導原則，它是理性和全人類的意志所賦予的；另一種是少數人進行權力爭奪的，而且是赤裸裸爭奪的手段和方式，它是反理性的，亦且是人類中最狹隘慾望的表現。

　　第一種政治，即屬於社會指導原則的那個政治，它首先是人類社會中各種複雜關係的必然反映，因而是表現這種關係的規律的，或說，這種規律和理性就是政治本身。在這個基礎上，那些最抽象、最穩定、最準確、最規範的部份，就是法。法一經制訂就要反過來束縛人們的思維觀念，規範人們的行為與得失。◎

92.新教反叛（否認）教會而崇尚《聖經》本身，必然出現各種思潮和派別。當這種思潮是以不為統治者的統治服務，即它本身是在為自己爭取權利——其實，這種基礎在宗教和政治相識之初就有了——的時候，它必然具有異常的自發趨勢和分散性。這種自發和分散會帶來兩個後果：政治上的無政府主義，哲學上的主觀主義（還包括宗教上的神秘主義）。亦必然帶來最終後果：社會形態選擇其最相適應的意識作為指南思想，並在這種思想的指導下快速發展，否則，反指南思想和反社會的諸種其他的主義、思潮、流派會毫不客氣地淹沒這個社會和這種意識，直至其滅亡。

新教的反叛是一種解放——宗教對宗教、新人對老人、新時代對舊時代的解放；這種解放的後果（無政府主義、神秘主義）也是一種解放：俗人對宗教、國民對國王的解放；這種解放的後果，還是一種解放：思想和文學、哲學的解放；這種解放的後果依然是一種解放：一種精神枷鎖下的全盤解放；這種解放的後果，最終是整個社會的解放。

我認為，這種解放是社會發展的必然命運，沒有這種命運，社會就沒有發展可言。但是，這種解放也生長了另一後果：不利於社會健康的個人孤立傾向。今天，資本主義社會中的各種自私自利、個人主義的登峰造極，是其作俑的必然後果。◎

93.《周易》大義衍

上卷

大義論

緒論　1、第一價值取向

　　　2、第二價值取向

　　　3、《易》之精微與邏輯：

　　　　　　元―體

　　　　　　亨―用 → 同構 → 互助

　　　　　　　　　　↓

　　　　　　利―秩序　自足、守衡、統整、鬼神、最佳狀態（義）

　　　　　　　　　　↓

　　　　　　貞―價值　神妙、參與互助

第一章　乾元論（本體、元）

第二章　動變論（自足、互助之本，解神化鬼神）（同構、亨、用）

第三章　體用論（乾坤，大與至、資始與資生，體用關係）

第四章　人生論（價值取向）

第五章　言辭論（互助自足的形式，交流、資訊、能量）

第六章　法象論（方法，自足的法則）

第七章　卜占論（自足的內容，解困，巫術、煉丹、科學、宗教）

下卷

句解（周易：周：週遭、同構、統整、模糊；易：交易、循環、自足、守衡）

乾本體

神化（窮神知化，與天為一，悟-易、行-難）

《易》之卦名排列，對人之價值取向具有預見性。

乾、坤乃自然、宇宙之意謂，混元本體與夫整同構，乃生成、演化、自足、互助之本，故《彖》曰：「大哉，乾元，萬物資始，乃統天。」

然，各具體同構對本體（能量態能量、宇宙態能量）之把握，具有因其組成方式、條件、結構不同而有的差異，這就使得各同構又具有各自因本組成而有的自具屬性。這種屬性總體說來，是滿足總同構之自足與互助的必然的，但卻有程度、方式、時空量、質量的差別，故，各自的命運、責任也不同。所以，《彖》又說：「乾道變化，各正性命」。

正是這個根本性的前提，決定了人的價值取向和自足互助的必然性。作為智慧（宇宙態能量的一種特定，特殊的組合建構），它能體悟、認知、理解這種真必然的近似值，且能與本體自足一道，也隨之體悟、認知、理解自足。這種特定，亦是人的精神意境的意義和價值取向——通過自我自足的第一價值取向導向（由對能量的自足、互助的體悟、理解而導向）它的第二價值取向——參與宇宙互助。故《彖》曰：「天行健，君子以自強不息」。天行健，即宇宙態能量的互助、自足的必然。

這樣，《易》之作者便將天道（宇宙之真必然）通過演繹而及至為人道（真必然的具體化——非真或人為必然），並使之融而為一。即由乾坤（總同構）衍出了人事（人類同構）。以下六十三卦全是有關人之同構的若干論述，它涉及人與人之間、大我與小我之間、人與生存之間、人與物之間、人與自然環境之間、心靈與肉體之間，等等。其核心問題有四：「以言尚其辭，以動尚其變，以制器尚其象，以卜筮尚其占」（《繫辭上·十章》）。

此四問題的現代語言意涵是：

1、辭，語言文字。

考歷史有知，語言之發動，乃人之進步自足的重大表徵，其意義有，a.使個體之間有了交流的可能，從而有了溝通資訊、傳遞生存技能、傳遞古來生存經驗的事實。

b.使群自我之間有了交通、理解的可能，導致了生存空間的擴大與同類融合。

c.使群自我的內部秩序和外部秩序有了向理性化自足發展的前件。通過語言來表明禁忌和規則，比依靠本能（動物的第四本質形式：選擇能力和選擇行為，秩序的原點屬性）的控制和調節個體行為更具有文化和理性的意義，更符合智慧自足的方向。群自我之間的生存衝突，通過本能控制和調節，或通過流血來一定勝負，顯然要比最簡單的語言溝通（談判），從而避免之要低級得多。

d.語言的根本意義在於，以智慧外化或屬性理性化的方式，使宇宙中自足出了一種互助的新方式。雖然，夸克之間的相互作用，基本粒子之間的交流，原子之間的溝通，大分子、細胞之間的資訊傳遞，植物之間的機能交換等，看起來與智慧的交流（語言）並無二致，然而，它的本質卻是思想、意識、文化、文明、理性、人對宇宙同構，對能量之自足、互助必然的體悟、理解之溝通、交流的發端。人類通過這些方能參與任何形式的互助和自足。

e.語言還是人之間同類意識產生的前件，通過語言的交流而確認同類。同類意識有多途發展的可能性，其中之一是人類中心主義的滋生和長足膨脹。

故知，言辭是人類之為人類的開端，也是人之所以為人的內涵，還是人將為真正的人的前件。所以《繫辭》作者視之為

《易》古經的「四道」之首。

　　道在其自足的過程中，書面文字、語言是其功能的第一次強化，科學技術則是第二次強化。前者使人類整體（同構）成為事實，而後者亦將使人類同構加速實踐第一價值取向，並由之誘導而實踐第二價值取向。科學技術是人與宇宙交流，並參與宇宙互助的根本工具。

　　2、變，自足、互助、流化、運動、衝動、湧動、發展、遷昇。

　　變（自足、互助）乃是宇宙同構的根本方式，能量態能量、宇宙態能量之與變是同義的，能量就是變，變即能量。正因為此，故《易》之名為「易」（易、簡易、不易）。

　　這個變據人的體悟，可表述為：能量態能量即靜，它無處、無著、無是、無否、無此、無彼、無在、無為，故古人用无、太虛、无極、混元之辭來表達或形容它。這種表達或形容是相似性的，二者無論在何時何地都不是等一的。因為本體不可知。這能量因無以解釋，或不可知的理由出現了失落、淪陷，即動，於是，它部份地演為了宇宙態能量（能量：能量態能量、宇宙態能量，混然態能量、組織態能量或物質態能量：核能量、引力能量、電磁能量、量子能、熱能、機械能、化學能、生物能、智慧）。

　　動後的能量與動前的能量的根本差處在於，它以動為表徵，而前者則祇有靜。動是相互作用的開始。最早的相互作用是能量本身的沖湧。沖湧的結果是導致部份宇宙態能量改變了存在形式，即混然態，經由沖湧下跌為組織態的衝撞。這種下跌即宇宙同構的開端。

　　混元態的沖湧產生高速奔流或旋轉。這種奔流和旋轉是由無計的流中流、旋中旋複合具出的。這種流中流、旋中旋在速度

之下自結為組織態，如色、味、荷、夸克之類，並因動而具備弱力、強力、引力、電磁力。這些組織態是宇宙態能量可感層次的狀態，故是基本的能量形式，它們不能被能量本身解散（混然也）。由之，當人們熱衷於任用智慧和實驗方式試圖找到物與屬性誰更先的時候（即第一性問題，也即轟散夸克），人們的竭力祗能到此卻步。宇宙態能量的原始態，是非物非性的，它是二者之母，它是宇宙之模糊，它無物亦無性。而當後來有物時，性亦已然其中。故無第一性問題。另外，轟擊與被轟擊者，一旦相互作用，如果前者有足夠的能量的話，即會達於混然，無從分解。

極高的速度會隨之出現極高的溫度，極高速與極高溫終將導致宇宙態能量高密度的聚集，後果是，超密、超速、超溫必致發生大爆炸。大爆炸是降溫、拋甩、減速的過程，於是，能量便部份以新形式表現——物質態同構出現了。

同構不是別的，它是宇宙態能量的變態，是能量之動的結果。同構與組織態能量，或混然態能量又是有重大區別的。這些區別是：

a.它使能量演為二向的複合，即物態與性態，任何同構都是物、性的共構，物具有性，性決定物。

b.同構具有排斥性，即此同構與彼同構在時間、空間、質量、屬性上具有相對自立性，這種自立是對他同構的相對排斥，即此同構在此時、此空、此質之下，具有它的特定。同構排斥決定了宇宙的層次、模式、存在及自足的準度，也為互助預設了前提。

c.同構之相互作用（互助）與能量之相互作用是不同質的。由於b，排斥使同構成為存在，這便使宇宙同構具備了相對的量。量的意義在於，一旦有某一同構依智慧而掌握了測量手段和工具，那麼，宇宙便在一定程度上是可預測的（格物），即同構之交互作用可由對量的分析、測量，對屬性的探測而予以大致意義的預

告，這便使得科學研究成為可能，而能量態能量是無法進行測量或研究的。當然，對同構的測量（格物致知）祇是相對的，因為我們總是無法確知能量的全部行為。一切同構均是能量的變態，故能量與同構、同構與同構在本質上是同一的、模糊的，故是不可知的。

d.由於動具有方向性，即變的非逆性，雖然就能量本身言，這無異於是淪落、落荒，但就同構宇宙言，它卻是其意義、價值的開始，而且，其意義會越來越複雜、自足、進化、遷昇。顯然，同構宇宙是一個無以復加的複雜同構，這與能量態能量迥異，後者是沒有詞語加諸形容的簡單，以致人們祇能用「无」比類。人們所給予同構宇宙的名稱、概念、形容已是無以數計，從過渡態的超弦到夸克，以至類星體、總同構，林林總總、層層疊疊，不竭於時空之中。在此，同構作為能量之定在與原能量之不同，可用一句話表述之，即，能量（混然態）之不作為，而同構則意味著能量的交互作用以及自足的必然性，是不等一的問題。或說，之所以說同構宇宙是能量態能量墮落的結果，從形式言，同構宇宙越來越複雜，也越來越重，是原能量動作後的渣滓。這由元素週期表可知，宇宙似是一架高溫冶煉的爐子，冶煉的溫度呈級次向後遞減，前一元素經高溫煉礦後，衰變生成後位元素，此元素又經低於前溫度的煉礦，再衰變為次後位元素……如此下去，才構成我們的宇宙和我們。而且可以說，宇宙中的精華（如果有的話，或如果是的話）——智慧，幾乎是渣滓之末，何其悲烈也！

e.如果確有一外在於宇宙的智者，他目睹了宇宙的這一衰變的歷史，他的確會悲哀宇宙之智慧的出世，然而，我們也可從宇宙同構滿足能量相互作用之方式和行為中體悟到宇宙的秩序傾向，並由之強化智能者的自我責任。我們已然知道，自足與互助是能

量的必然機制，它具有不可逆性，然，這種必然並不預先設計具體的過程和目標，事實上，任何具體的同構之自足，都更直接地受制於隨機性，即非真的必然性。它是說，何時、何空、何方式自足，不是直線結果，它完全因環境、條件（如速度、質量、溫度、角量、烈度、豐度等）不同而表徵出隨機性，這也表示，具體意義上的宇宙同構是各向異性的。不過，隨機性、或然性、蓋然性並不是絕對的胡作非為，而是受必然的幅度制約的。哲學上，我們將之稱為守衡性、統整性，《周易》稱為「神化」。

　　下面這個例子[23]便有充分的說服力。

　　在宇宙學和物理學的現代理論中，我們被告知，宇宙中，稱為輕元素的氫和氦占了總量的99%，重元素，即氦以後的全部元素祇占了1%，氫和氦的豐度分別為75%和25%。輕元素是不斷向重元素經爆炸機制衰變轉化的，組成行星和生命同構的主要成分，如氧、碳之類，也是這些輕元素轉化的結果。早期宇宙學認為，最初的大爆炸至多祇能加工成鋰元素，這是因為它的能量級太高，不能生成序號3以後的元素。在超高溫的條件下，氫必然轉化為氦，但這一結果不是能量交互作用的唯一結局，至多祇是三種結果中的一種。這三種結果為：一是全部轉化為氦，二是根本不產生氦，三是轉化生成正確比例的氦。那麼，現行宇宙中的結果三是如何出現的呢？科學家找到了它的原秩序價值——弱相互作用的制約。它是說，當弱相互作用適中時，便生成比例適當的氦，反之，弱則全部轉化為氦，強則根本不生成氦。強調適當比例的氦的意義，是因為氦是生成碳的主要前序元素。這也許是宇宙中第一個可被考察的原秩序機理。

　　元素還在繼續向後序生成轉化，祇是它們的能級已經降低，至於恒星生成的能級。一般說，在這種溫度條件下，兩個核碰撞

23　參見John Gribbin、Martin Rees：《宇宙的巧合》，《世界科學》1990年11期。

並膠粘在一起，便可以形成新核，即核子共振。然而，這種碰撞的結果也不是唯一結局的，它至少有三種可能的情態。其一，如果射入的核子能量過大，將導致被撞核子的爆炸，不出現新核；其二，如果射入的能量太小，兩個核子會一擦而過，也不會發生任何實質關係；其三，祇有射入核子的能量適中（共振），新核才會產生，也就是說，能量總數恰好和新核的一個自然能級相等，新核才會產生，這叫能量匹配。在此，第二原秩序機理又起作用了。

當然，任何一個孤立的新核都不會產生什麼特殊的後果，而且，新核也不是一個一個地生成的，上述祇是孤立地研究新核單體生成的機制。事實上，宇宙同構自足互助的真實態和機制是，少數恒星，像超新星爆炸時，它們會一併向外擴散難以勝計的重元素，形成重元素塵暴，然後才生成行星和生命。可是，這種擴散或散發也不是能量交互作用的唯一結果，至少也有三種可能性。

當一個相當於太陽質量20倍或以上的恒星燃完燃料時，上邊的物質形成向心的巨大壓力（外層物質以光速15%的速度垂直下落，向中心擠壓），使內部結實，致使電子和質子合併形成中子。新核子材料迅猛地重新結合，同時向外發送激波，飛速反穿通過恒星，然而，這種反穿並不容易成功，由於恒星物質的密集和厚度，致使激波受阻，受阻的激波大量集結後，試圖通過移動約20倍太陽質量的質體來釋放其集結的能量，但如果沒有其他能量的幫助，它們是註定要失敗的。這時的重元素激波要想逃逸和擴散，祇有借助別的能量了。這種能量來源於該恒星核心受壓時產生的中微子——這種粒子幾乎不願和任何東西發生相互作用，被稱為自由粒子，它可以不受影響地通過填滿地球和太陽之間空間那麼厚的鉛層（鉛的密度是$11.34g/cm^3$）。受阻減慢的重元素激波中的質體是如此密集，以致大量的中微子被擠夾在它們中

間，於是，中微子的能量加強了激波，現在的經中微子加強的能量足以把重元素擴散，於是，恒星爆炸了。這種擴散也取決於弱相互作用，它的弱、中、強三種程度，恰是重元素是否擴散的根本機制。

當它弱的時候，中微子會穿透密集的激波，透過恒星，自己逃逸，享受它的自由去了，結果不會形成重元素擴散，當然就沒有由重元素組成的行星和生命；如果強了，中微子會被強制捲進恒星核心，加入核反應，無法逃逸至激波區域；祗有弱相互作用適中，正好允許足夠的中微子從核心逃逸出，並連帶推進激波擴散，才會有超新星爆炸。

上述理論，如果我們再續接起行星學、分子物理學、化學、生物學、人類學，便可以一直推論至人類的產生，並從中窺出其必然性與非真必然，或必然性與隨機性的邏輯關係。如，原始行星圍繞恒星快速旋轉，致使行星體收縮，內部壓力加大，導致火山爆發、頻繁的地殼運動，使得行星體內包含的豐富氧、氮等元素從地殼中逃逸出來，在行星引力的作用下，形成大氣層，過密的大氣層終為大範圍、長時間的降水提供了前提（如地球就曾下過長達6萬餘年的暴雨，最終灌滿了低窪地，從而形成海洋），水、溫度、陽光、氧、碳等要素和元素為大分子、蛋白質、單體細胞、藻類、原生物、植物、動物……人類同構的生成，形成了最終的邏輯鏈條，從而演繹了同構互助的宇宙巨劇。

總之，自足與互助（動與變）對宇宙態能量言，是一種跌落，而對同構宇宙言，則是不可逆的有序過程——在有利與有序機制的誘導下，宇宙正實踐著小用顯大用、大用顯全體的不可逆過程——它滿足能量因墮落而具出的自足、互助、守衡、統整的必然，它受使於原秩序屬性（相互作用而守衡）而成立了宇宙的存在秩序；它促成了本能的適應性，使動物具出了選擇能力和行

為；也受理性的適性發揮而使人類對內誘導個體於群無害、對外協調群體之間的和諧共存的秩序成為可能。

　　3、象……

　　4、占……

　　……[24]◎

24　本篇未完，下一篇是它的繼續還是它的前揭，現在也說不清楚。至於當時停筆的緣故，更是無法回憶，估計是寫不下去了。

94.上卷

大義論

緒論

二、人類之價值取向與宇宙的必然

積年來，嘗深思《易》，思老莊之道與無，思宋明之理與心，思哲學，思宇宙本體，思宇宙存在，思人之定在，思人生取向，思世界現狀，思中國歷史，時惑時明，時蔽時辟。忽之踞盤俯視，如覽勝無遺；忽之墮入迷蒙，如龍躍淵，遲疑猶豫，未敢決志；忽之尾隨窮追，如龜奔兔，見首不見尾。故深知為學難，為哲學更難。然，為學者，當以至誠為敬仰然。至誠能盡性，盡性則可以贊天地之化育，則可與天地參矣。亦當與時共進，以為急務，守成待來，開新成務。為此之故，特擬此篇，以明《周易》之大義。

視宇宙為一總同構，它由無限數、無限級次的具體同構複合而共構。同構有如下意義：a.相互作用的存在，b.屬性、長、寬、高、時間、質量六維宇宙的同時性，c.宇宙自足、守衡、統整的必然過程，d.被表現為屬性與形在二重性同構的宇宙態能量，e.被表現為無限（不可知為無限）的宇宙態能量，f.受必然規定同時以隨機性和或然性表徵的宇宙現象，g.模糊性與排斥性共具的存在，h.本體與本質、存在、價值的同一。

宇宙之為同構，在於同構比宇宙具有更廣延、靈活的語詞意義，如任一超弦、夸克、色、味、荷都可自如地名之為同構，任一基本粒子、原子、元素、細胞、物體、生命體、行星體、星系、超星系、類星體、黑洞、反物質、反宇宙，乃至宇宙之整，無一不可如此稱之。故同構即無所不包的宇宙，亦宇宙中的無所不包。

同構較之存在之名，二者指意大抵無差，然，存在於語義言，容易偏隘、簡單化，易墮入唯物論之簡陋。從哲學上講，存在是同構，不存在亦是同構，存在又不存在還是同構。

同構的核心意涵是體用一體與互助自足的必然。任何同構都是本體的一表現形式，但同構對本體的表現或具出，會因其組織方式、環境、條件、功能及相互作用不同而不同，故本體在宇宙總同構中，是被分程度、級次具有的、表現的，所以，同構有層次差異。然，既便是最低級（這個形容詞是在人類所知的意義上使用的，不一定是同構的真實。就哲學而言，最高與最低是循環相續的）的同構，也是本體的某一表現。

本體是什麼？古人賦名很多。任何關於本體的表達都不過勉強的形容而已，絕不是本體本身，因為，本體無所不在、無所不是、無處不在、無處不是、無時無空、無前無後，故是不能形容與表達的。哲學家們根據自己的體悟、玩味，用最佳詞語表達之，祇是為了人類對它的議論、運用、感受、交流的方便而已。個中的隱情有二：一是人的智慧祇是本體的局部表現，局部不足以表達整；二是本體非是靜止、固定不變之某，它湧動出宇宙總同構之用，被具在各具體同構之中，導致宇宙同構的自足與互助，同時，它亦在自足的過程中。故知，從本質上講，本體是不可知的，任何試圖對它的表達、形容，都祇是過去的、暫時的。所以老子告誡後人說：「道可道，非常道，名可名，非常名」。不可知是說，不可完整確知。

因此之故，我對本體似是而非地名之為「能量」。能量作為本體，又可據情態不同而名之為「能量態能量」、「宇宙態能量」。後者還可再分別名之為「混然態能量」、「組織態能量」或「物質態能量」。組織態能量或物質態能量已與物理學、化

學、生物學、天文學意義上的能量意涵無異（關於本體，即能量的表述將在本書第一章進行）。

宇宙態能量（表達中通常簡稱「能量」）異名之即曰同構。同構是能量的表現方式或形式。這種表現的本質有二：其一，是能量經過自足而成為同構的；其二，同構不是孤立、絕對的，它們相互之間必發生各種關聯，這些關聯即同構間的能量交換與交流。由於同構是能量的表現形式或用，能量是同構之體、之本（體即廣義之能量，具體同構即具體之能量。故能量與能量同一又有差別，同構與同構亦同一又有差別，同構與能量亦同一又有差別），這樣，我們很容易得出一個循環論證的命題：能量的自足，即它被表現為具體形式的同構，或者說，由體具出用即是自足。然，自足決不單單是由體具出，廣義上，它還包括由用具出用，及具體能量之間的相互作用。

能量必然被表現為具體形式的同構，這是能量的第一必然。這種必然是能量的一種自我實現，故名之為「自足」。同構之間必因能量之自我實現而發生相互作用，這是能量的第二必然。它是能量的交流、交換，故名之為「互助」。能量或同構的自足與互助，是宇宙之為宇宙的真必然，二者不能分割開來，互為因果、互為條件。它們為宇宙之所以是、之所以為提供了根本的原因和機制。

同構是能量的多重表徵的互構或共構，或即是能量本體的多維共在。其一維名之為形在，另一維名之為屬性，其他還可名之為質量、時間、空間等。由於能量或同構相互作用（互助），它必然會自足出一或多的新同構，所以，自足即是多維能量的同一、生長、演化、互助、遷昇的過程。然，多維能量的互助並不是同一方式和內容的，常因能量維的狀態、內容及互助方式的不同而自足出結果千差萬別的新同構。在此，我們約略已知，宇宙

或能量之真必然不是能量的單一或唯一表徵。真必然始終祇是宇宙之整的普遍機理，它與本體一樣無所不在、無處不顯，但，具體被表徵時，它往往是一種隨機或或然的必然。這種必然是真必然在具體環境條件中的表現，是多重能量維相互作用的實際有效狀態。

因為參與互助的不會是一個單一的量，而是若干量的複合煉化行為，它包括能量的強弱、大小，同構的方式、狀態，以及溫度、參照系、硬度、資訊承傳等等，這些量經常千差萬別，任何一個量的改變，都會導致一定意義的突變或衰變結果，故知，新同構是差別異態的。也即是說，真必然（自足與互助）是真的，但它要由隨機和或然方式表現之。這種隨機和或然的必然叫非真必然。非真必然是真必然的具體化，是真必然的用處，反之，非真必然始終受真必然制約，而不能胡作非為、任意妄為。這種機制導致了宇宙之在、之是的守衡與有序，即《周易》所言的本體的神妙（本書第二章）。

同構是能量的表現形式，不等於說同構與能量絕對等一。它還意味著對能量的複製、重組、構合。構成組織態的能量與構成混然態的能量的重大差別在於，前者可以任意直接組合新同構，後者則不能。新同構對原參與互助的同構言，不是原同構的複加或複製，而是一種輕→重元素序向的歷練。這種歷練必導致組織態的愈來愈複雜，愈來愈遷昇，即參與互助的諸同構會因溫度、強力、弱力、引力、電磁力等環境、條件的不同，而自足出全新態同構，它們會具備原同構不曾有過的形在、屬性、質量、時空間，即一種與原同構不同維的新同構。這種同構繼續參與同構的互助，如此生生不息，日新不已，結果就是能量不同的自足。這種自足致使宇宙複雜化、多維化，亦即是能量與同構的多樣化、複雜化。故自足不單是順向的時空充實，也是複雜多維宇宙的守

衡與統整；互助也不單是簡單的原初組織態能量的交換與交流，而是各種不斷具出的複雜形式能量之間的互助、溝通。

故，在物理學，常研究弱力、強力、引力、電磁力之間的相互作用，研究電子、光子、引力子、中微子、粒子波相互傳遞、交流、通信、互助作用，研究基本粒子對夸克、超弦的自足，基本粒子對原子的自足；在化學，則常研究分子間的相互作用。研究原子對元素的自足，元素對物態的自足；在宇宙學，常研究星體、星系的引力作用，恒星與行星的互助關係，類星體、紅巨星、白矮星、中子星、黑洞對有序宇宙的自足；在生物學（動植物學），則研究核糖核酸、去氧核糖核酸和基因、大分子、蛋白質、細胞、有機體之間的相互作用及自足關係，植物、食草動物、食肉動物、食腐動物、寄生蟲、細菌之間的生態鏈關係，藻類、原生物、軟體動物、魚類、兩棲動物、爬行動物、脊椎動物、哺乳動物、靈長動物與人的自足關係；在人類學（生理學、心理學），則常研究人的心身互助、神經與腦的自足關係；而在哲學，則抽象於上述的自足與互助研究，論及宇宙本體的必然具出及宇宙之所以為、之所以有、之所以是、之所以在的法則和原因，研究人之所以為人的意境，等等。

同構是普遍與具體、抽象與特定的同一，同構即自足與互助的能量實現，同構即能量的多維複雜化的遷昇，同構即真必然與非真必然的共相，故，同構亦意味著參與和自我的實現。自我實現是參與的前提，參與是自我實現的前途。

與其他所有能量形式一樣，智慧亦是一種能量。它是一種經過宇宙總同構無數次級向序歷練始具出的新的能量變相。它的具出是必然的，但，這一必然仍未出脫於非真必然的表達方式，即，它是宇宙態能量無數次隨機相互作用的結果。人作為智慧形

式之一，也是智慧同構與生物能同構、化學能同構、物理能同構互助的隨機結果。這一結果，有以下多重理解的可能性和必要性。

就體用關係言，其必然首先是普遍的，其次才是特定的。

就存在論言，特定是第一位的，因為它把複雜多維的能量形式簡化為了兩面（[相]）同體的存在，即軀殼和屬性，並以其屬性的知覺、能覺、所覺作為參與他同構交流、互助的主要方式。這種屬性或能力之特殊，幾乎使其他形式的載體相形見絀。它不但進行吸收與釋放的互助參與，而且，還能知覺這種互助，感覺這種參與，並進而理解和解釋這種現象的本質所在——客體與主體的存在及其本質。這是一種——從可知的任何意義上講——可稱之為能量神造的同構或存在。人作為這種同構或存在之一，無論自覺與不自覺，也無論人類在其歷史實踐還是理論討論中，有一點是明確且堅定的，這就是主要優先滿足人自身的特定與需求，我們的文化即是這種特定涵義的集合。故，真必然在智慧這一特定同構的自足與互助過程中，不祇是非真的，亦且是人為的，所以得命名為「非真或人為必然」。

從認識論言，由於人不是與宇宙同時誕生和具出的，它祇是宇宙自足過程中的一隨機的結果，而且還是局部能量的一種煉化與聚結的結果，因而決定了人之智慧與他同構的互助關係祇是中間參與的事實，即，人對宇宙同構的認知、交流是從中間起步的。這種中間性的特定，使人具有很大的局限性。如視界太低、自我孤僻、自以為是、自私自利、狂妄盲目、無知或所知奇少，等等。這一切在已有的人類文化、文明中，均以各種方式表現著，其核心可歸結為人類中心主義。當然，隨著人類智慧的自足，以及人類參與他同構之範圍、程度的擴展，這些將成為歷史的遺產，其智慧和認知必將發生本質性變更——日漸自覺促成非

真或人為必然接近真必然。

就價值論言，宇宙之自足是受守衡性與統整性制約的，任何同構都不過是自足與互助的過客，同構本身就意味著與他同構的互助。經一定程度的此時空、此質量、此形在、此屬性的自我實現之後，同構便必然會參與他同構的互助，這種互助的結果與前同構的差別在於，它將導致原同構的耗散，進而具出新同構。故知，人類的價值取向有二，第一是人類自我自足的實現（在與他同構互助的基礎上），第二是，一定程度的自我實現後，開始自覺、主動地參與宇宙的互助，使人類原有同構形式解體。

就實踐論言，智慧載體不論它如何特定，亦不能不受制於同構之自足與互助的真必然邏輯，或不能不滿足真必然的實現。這一機制對人類全部歷史的規約，幾乎是先天意義的（對中間認知宇宙的人類言，「先天」是指大於其認知程度的必然）。不論自覺不自覺，也不論人為必然的特徵多麼突出而幾乎在相當時空內成了人為意志的任意付出、實現（如人類中心主義、個人主義、種族主義、國家主義、拜金主義、強權政治等），人類必不能逃避一個過程的完整態勢，即經過人類的自我自足的第一態勢之後，終將進入參與宇宙互助的第二態勢之中。這種第一態勢與第二態勢的兩一，即是自足與互助之真必然在人類同構域中的具體表現。雖然自有史以來，人類第一態勢的自足到目前為止一直是一種赤裸裸的自私或人類中心主義的盲目成長，但它仍不過是人類長時空進程態中的爾爾而已。

　　……◎

一九九一年

95.渾(混)元變相論——《周易》大義新衍[25]

中國哲學長於本休論與道德倫理、做人之道的緣接，但與理性科學、經濟、法治多有不卯之處；而西方哲學亦與科學頻頻對立，並因此而走入歧途。竊以為，種種情形還是在於哲家對本體的覺悟上受了人類中心主義潛意識的影響。現在，重建中國文化，以及中國文化的重建必須與世界文化的重建同步，已成為當代學人的共識，此兩項重建都必先有哲學的重建。新的知識體系應是境意與真、善、美、秩序、自由、物質基礎的一體和諧、協同，亦即哲學、科學、道德、文學藝術、法律、政治、經濟的一體和諧與協調。那麼，作為這一和諧體系的本根（本體）是如何貫通的呢？我將試述一二。

哲學是關於本體的學問。作為一種學問，它源於經驗和智慧，卻不同於經驗科學、技術科學或其他具體學問。它是智之自覺的呈顯與明覺；它由自覺導向真覺、真念；它通過直覺、靈感而達於自覺、明覺。它與神學的唯一差別在於，它不外於智慧之外，而是與智慧同流、同向、同一、同化。它是當此即是，當下即是。祗要你去覺悟、去體會、去明覺，它就是學問，你就與它圓通神會，反之，你與它的關係就猶如眾生萬物一般，祗是被動地受著它的支配與推湧。

本體即諸體之本、之源、之流、之必然。是宇宙之所以為、之所以有、之所以是、之所以在、之所以生化流行、之所以自足、互助、遷昇、守衡的原因，亦是宇宙諸相之為相、物之為物、人之所以為人的必然。哲學上，我們把這稱為「真必然」。

「本體」作為一個象化的符號，曾因哲家的把握、明覺不同

25　此篇本意是為臺灣弘儒學會與道家研究會聯合發起，在臺北召開的第一屆兩岸中華文化國際學術討論會準備的論文，這裡是當時寫的論文準備稿，後來的文章與此差別較大。不過，論文寄出後，我卻未能成行，原因是「六四」過後，官方停止了大部份對外交流。

而有不同的表述，如道、无、理、无極、太極、誠、絕對精神、物自體、良知、理念、有、存在、元、乾等等。對此，中國哲學所作的貢獻比西方哲學要多、要深刻。即便如比，我們也不要以為這些就是「本體」本身。因為智能者與本體有三重關係，且互為反對。

其一、本體無所不在、無處不在、無所不是、無處不是、無時無空，凡量相（時、空、質量、屬性、形在）無不被絕對地支配；

其二、人類通過其智慧或明或暗地感知、覺悟到了本體，而且也總是導致我們不絕不喪地去追索她，並希望有個令我們思維方式和慾求滿意的解釋答案；

其三、本體無論從何種意義上講都是不可知的，即不可作為量的知識去經驗、去測量、去實驗、去歸納、去演繹、去比附、去排除、去攔截、去分割、去預測。

人類一直被這三種必然所撕扯，並掙扎不已。我們不要期望走出這種進退維谷的困境。我們與我們的祖先一樣，也將與我們的後代一樣，祇要還具備智慧，那麼，人類祇能在其所生存的環境和能力的相互作用下，具出對本體的明覺、自覺，並將其末流融化到其他科學及日常行為之中。這種隨著宇宙本體之真必然而生生不息、不斷湧現的明覺、真覺，是人為必然。

人為必然依據人類的真覺、明覺向外散發，並不斷地被分解和歪曲。最接近的層面是理性，下來依次是情感、本能、機能。理性不同於真覺，它必須經由科學行為和認知過程方能呈顯，也就是說，理性必須有量的處理和積累，才能展現哲學之真覺、明覺的具體意義。正因為它是量化的和積累的，所以它具有時代性，經常因時過境遷而被自我證偽。人們通常還習慣於因理性的呈顯方式有別和認知客體的差別，而把理性的知識體系（科學）

區分為人文社會科學和自然科學及思維科學等。這種劃分本身並不重要，重要的是，要理會得理性是一種本體之真必然在量化、具體化的過程中，經由智慧的真覺、明覺的捕獲，以及智慧憑藉諸量相的依託，反逆還原向本體的反證的知識體系。這種知識體系不是對真覺、真念的反對，而實際上是真念的具體化。

　　理性是真覺、真念的具體化，與人為必然是真必然的表現形式之說，是同理成立的命題。理性是各個時代之間的橋樑，也是諸量相之小我與宇宙之大我的中介。它扼制著感情、情緒、自私、本能衝動等若干低級次的智慧屬性的任意發揮，也渡引著它們歸趨於真必然的大道。在這裡，哲學經由科學的基礎和解釋，具出了價值論的意涵，即理性包含和呈顯著真（自然科學）、善（倫理道德、為人之道）、美（象化符號，如文字、繪畫、詩歌、舞蹈、語言）、秩序（自然法所支持和指導的法治、自由、民主）、財富（人類自我自足的物質基礎）的價值導向。

　　……

一九九一年九月◎

96.《〈周易〉大義衍》內容提要

本書稿旨在將《周易》已有之哲學本體論體系用現代人的語言、體悟、明覺表達出來。

《周易》是一部與人類同進退、共成長、相自足、成互助的哲學巨著。故古人、今人、來人均有解（體悟、明覺、認同）《周易》的。哲學是人之智慧對宇宙本體的體悟、貫通，以及人之精神意境之自足的學問；哲學也是匡扶其他具體科學、學問，使之助進人類同構之自足，進而引導其參與宇宙互助的必然和價值取向的學問。

然而，西方哲學界（康德以後更是如此）不務正業，迷惑於概念的分析，語言的實證，現象的糾纏，流於形式，盲於世俗，失去真覺，走向混亂。人之價值取向何在？人與自然之關係若何？心物、主客的一體性怎樣？……其所究均未有導引與超越的意義。所謂哲學為萬象所惑，為解釋而解釋，為知識而知識，為功利而功利，為現象而現象，為存在而存在，不能覺悟本體，不能拔高為人的意境，不能匡扶人類認知的真諦，不能助進人類經自我自足而達進於參與宇宙互助的價值導向之中。

中國哲學通古今未來之變，究天人內外之際，一而再，再而三，不已於法象體悟、猜占貫通、窮神廖化，和內外、諧物我、追必然的明覺之中。矢志參贊天地化育，由唯精至精一，會本體之志，成宇宙之務。自《周易》、孔孟、老莊、禪而宋明理學，博然與天地同大，雜然與萬物同相。近數百年來，雖為世俗小儒所蔽，為西方文化衝擊，然以生生不息為本根的中國哲學並不能中斷其生命，熊子真、馬一浮諸人以其自強不息的明覺、真念，為今人呈出了新的哲學思考。

哲學是關於本體的學問。本體變相即為宇宙萬有，本體呈顯即為道之必然。道者，宇宙之所以有、之所以是、之所以為、之

所以向之道，亦即人之所以為人之道。諸道述之似異，而實則混然無別，展現開來即為萬有諸相的具體法則、規定、程式，推廣開去可知天人合德、鬼神同吉凶。道者，乃自足之道、同構之道也。

《周易》首語：「元、亨、利、貞」。即是對本體、生化流行、同構諸相、體用不二、價值取向諸哲學問題的系統表達。

《繫辭》又云：「易有聖人之道四焉，以言者尚其辭，以動者尚其變，以制器者尚其象，以卜筮者尚其占。」可知，宇宙諸相之自足與互助的必然，及其自足與互助的形式、方法、內容均已為《周易》提示，且已將哲學與諸求真理的科學、與諸功利性科技活動的關係作了大致的框格。

《周易》六十四卦，由乾而坤至既濟，終又未濟，更是告諸世人，任一同構不會以自足（自我實現）即告終了，諸相之自足不過是參與更高級同構之互助的前提條件和準備過程。亦可知，人類同構當不能逃避自我自足、自我實現而續之以參與宇宙（他同構）互助的必然邏輯，故天行健，君子以自強不息。此即所謂第一價值取向導向第二價值取向的必然之謂。

易無定勢，自足無止境，言辭古而道理恒真。人類自足，宇宙亦自足，本體也自足不息。古人用古義體悟本體，理解《易》，今人用今義體悟本體，理解《易》。解《易》足人，足人助天，助天足无，足无無止。故本書稿以《〈周易〉大義衍》為書名，擬對哲學進行新的表達。

以下是為章目：

緒論　一、什麼是哲學？

　　　二、人類價值取向之一與之二

　　　三、《周易》精微解

上卷　大義論

第一章　乾元論（本體問題）

第二章　動變論（本體變相、同構之自足、互助、守衡的必然）

第三章　體用論（體用關係問題）

第四章　人生論（價值取向問題）

第五章　言辭論（人類互助與自足的工具、媒介）

第六章　法象論（人類自足與互助的方法）

第七章　卜占論（人類自足與互助的內涵）

下卷　句解（對《周易》中有關哲學體系的章句進行新的解釋）

本書稿的主要資料淵源

1、《周易》：生生不息、陰陽相蕩、天人合德、萬物同體。

2、《中庸》：至誠盡性、參贊天地化育。

3、《老子》：道本體、體生用、順自然、宇宙生成論。

4、《莊子》：相對性與物自性。

5、王弼：无與體无。

6、張載：太虛之氣、太和之氣、民胞物與。

7、朱熹：體用一體、理氣一體、天命本然與氣質一體、守創一體、宇宙人生一體、內外一體、心理一體、道心人心同一、生於仁、由仁成、成於人。

8、王陽明：一體之仁、知行合一、心理物行合一、明覺與體悟。

9、第三期儒家：體用不二、翕辟成變、返本開新說。

10、前蘇格拉底哲學及斯多葛學派：自然主義。

11、湯瑪斯：自然法。

12、霍爾巴赫：自然的上帝。

13、康德：物自體、不可知論、道德本體論。

14、奧斯特瓦爾德：能量論。

15、克魯鮑特金：互助論。

16、霍金：宇宙自足論、黑洞理論。

17、玻爾：量子論、互補論。

18、海森堡：測不準原理。

19、哥本哈根學派：隨機性或概率性。

20、愛因斯坦：相對論、大一統場論、質能關係律。

21、普里高津：自組織理論（詹奇）、耗散結構論。

22、拉茲洛：廣義綜合進化論、系統論（貝塔朗菲）。

23、艾根：超循環論。

24、哈勃、古斯等人：大爆炸理論。

25、施瓦茨等人：超弦理論。

26、富勒：財富（能量、資訊）增長論。

27、邁爾：生物多樣性、進化與遺傳思想。

[柏拉圖：理念論或相論；黑格爾：絕對精神、辯證法]◎

97.《中庸》：

1、【故君子不可以不修身。思修身，不可以不事親；思事親，不可以不知人；思知人，不可以不知天。（《中庸‧二十章》）】

人→天：

修身 → 知天：①修身→事親→知人→知天；

②修身、事親、知人→知天；

③修身、事親、知人、知天→天人合德、天人合一。

2、【誠者，天之道也。誠之者，人之道也。誠者，不勉而中，不思而得，從容中道，聖人也。誠之者，擇善而固執之者也。博學之、審問之、慎思之、明辨之、篤行之。（《中庸‧二十章》）】

天道與人道的同一，但人必須全力付出，方能至之。

3、【天命之謂性；率性之謂道；修道之謂教。

道也者，不可須臾離也；可離，非道也。（《中庸‧一章》）

自誠明，謂之性；自明誠，謂之教。誠則明矣，明則誠矣。（《中庸‧二十一章》）】

性、道、教三者的關係和概說。

4、【誠者自成也，而道自道也。

誠者，非自成己而已也。所以成物也。成己，仁也；成物，知也。性之德也，合外內之道也。故時措之宜也。（《中庸‧二十五章》）】

性的規則，就是合內外，因時措。

5、【唯天下至誠，為能盡其性。能盡其性，則能盡人之性。能盡人之性，則能盡物之性。能盡物之性，則可以贊天地之化

育。可以贊天地之化育，則可以與天地參矣。（《中庸‧二十二章》）】

至誠：最高、最大、最完善的誠。

為：方。

盡其性：全面、完整、普遍地、無遺漏地容涵、知會、理解萬物之性。

至誠是大前提，如此，則可使人性發揮完滿（小前提）；完滿發揮人性方能把握、知會、體悟物之性（再小前提）；知會、把握、體悟了物性，人就有資格、能力贊助天地的生生化育（小結論）；贊助了天地的化育，即是人與宇宙的相參合一（大結論）。此乃《中庸》或儒家，或中國文化的本根所在——人類參與宇宙互助！

6、【天地之道：博也、厚也、高也、明也、悠也、久也。（《中庸‧二十六章》）

大哉聖人之道！洋洋乎，發育萬物，峻極於天。優優大哉。

……故君子尊德性而道問學，致廣大而盡精微，極高明而道中庸。（《中庸‧二十七章》）】

人道與天道合一，人以參與宇宙互助而合一——發育萬物，峻極於天。

7、【故君子之道，本諸身，徵諸庶民，考諸三王而不繆，建諸天地而不悖，質諸鬼神而無疑，百世以俟聖人而不惑。（《中庸‧二十九章》）】

君子之道：人之所以為人的根本，如人之價值、意義。即，人參與宇宙互助的必然，乃是由個體延及於整體。考之於歷史，建之於宇宙，求之於萬物的屬性法則，證之於中西文化，在在處處無不如此。即便一時無人去明白它，去理解它，去體悟、解釋它，可一旦有賢哲出世，哪怕百年千年，也不會被人類迷失掉。

即大道不會被遺忘。

8、【萬物並育而不相害，道並行而不相悖。小德川流，大德敦化。此天地之所以為大也。（《中庸·三十章》）】

道的必然由紛繁複雜、千奇百怪的具體形在、屬性、時空、質量等表現之，它們有形式、程度、層次的差別，還有各自生成、發展、成長的小必然（具體自足）作用，亦且還發生相互關係（非真或人為必然），其中，不乏毀滅、吞噬、影響、破壞的故事，然，相互作用（互助）仍然摯著真必然的大方向，故善惡、好壞是互助、互依的。

9、【唯天下至誠，為能經綸天下之大經，立天下之大本，知天地之化育。（《中庸·三十二章》）】◎

98.《周易大傳·繫辭》：

1、【易簡，而天下之理得矣；天下之理得，而成位乎其中矣。（《繫辭上·第一章》）】

2、【天尊地卑，乾坤定矣。卑高以陳，貴賤位矣。方以類聚，物以群分，吉凶生矣。（《繫辭上·第一章》）】

分類是人類自我自足的方式之一，對自然之感悟的運用，首先用來對人類自我進行分類、分等，以肯定群體秩序。這一思想是古代中國社會的一根支柱。

3、【聖人設卦觀象，繫辭焉而明吉凶。……是故，吉凶者，失得之象也。（《繫辭上·第二章》）】

法象與效法亦是人類自我自足的方式之一，它把自身的生存危機與希望綴繫在對自然的猜測上，或說，把對自然的猜測作為滿足自身生存需求的方式。故可視為人類自足的成功例證。

4、【是故，君子所居而安者，易之序也。所樂而玩者，爻之辭也。是故，君子居則觀其象，而玩其辭；動則觀其變，而玩其占。是故自天佑之，吉，無不利。（《繫辭上·第二章》）】

中國農業文化之環境、生活、人生、經濟方式的寫照：易居易安，求吉求利，求平求和，細細玩習天象地蹤，靜觀自然的變化靜止，無動盪不安，無過分追求刺激，得過且過，明哲保身而已。然，這種環境和狀態中，也易於追求人自身的完美意向和思辨性的本體大道。不為生存計，不為危機計，思維作為一種能量形式，祇要它是高品質的，便必定會去體悟、靈感高妙絕懸的大道。

5、【易與天地準，故能彌綸天地之道。仰以觀於天文，俯以察於地理，是故知幽明之故。原始反終，故知死生之說。

精氣為物，遊魂為變，是故知鬼神之情狀。與天地相似，故不違。知周乎萬物而道濟天下，故不過。旁行而不流，樂天知

命，故不憂。安土敦乎仁，故能愛。

範圍天地之化而不過，曲成萬物而不遺，通乎晝夜之道而知。故神無方而易無體。（《繫辭上·第四章》）

一陰一陽之謂道，繼之者善也，成之者性也。

仁者見之謂之仁，知者見之謂之知，百姓日用不知。故君子之道鮮矣！

顯諸仁，藏諸用，鼓萬物而不與聖人同憂。盛德大業至矣哉！富有之謂大業，日新之謂盛德。（《繫辭上·第五章》）】

聖人所體悟的法則與宇宙自然是合一的，所以它能夠普遍於、經緯於、表明於自然的根本必然。那麼，聖人的這種與宇宙合拍的體悟是如何來的呢？它乃是聖人對天（宇宙）的猜測、揣摩，對地的觀察、考查等靈感亦加以實證的智慧運作而求得的。所以它可以悟到宇宙的高深、廣大、自足、互助、統整的所在。通過由此及彼、由表及裡及倒溯還原的思考，也知解和解釋了生命的過程和起源。這說明，古人已知，宇宙本體問題是由體悟、靈感和知識發酵提純而得以解釋的，故它祇是極少數人的功業。

聖人體悟到本體、大道以後，便把它實行於具體的世界之中，如物的世界、人的世界。但就中國文化和歷史事實言，對物的世界，中國人實祇停留於口舌之上，並無太多實際具體的行為（比較而言），然對人的領域，特別是對人的修養、完善（不及於人的權利）方面，則貢獻甚多。

這種參天化地的基本原則（人類參與宇宙互助）確是《易傳》的偉大建樹：知……情狀，與……相似……不違；知周……而道濟……不過；樂……知……不憂；安……敦……愛。範……化……不過；曲成……不遺；通……道……知。繼則善，成則性。

「樂天知命，故不憂；安土敦乎仁，故能愛」。這兩句話表達了以下幾層意思：a.在中國這塊自古就優越生存的地方，基本生存需求的輕易滿足易於人們把能量向精神意境方向的轉移，結果導致了形上學問或本體論哲學的發達。

b.由於沒有生存的危機感和暴虐的生存環境，故實際生存能力及生存方式、經濟方式、生存機會的多樣化諸方面的發展相當不足，結果在人與自然之關係的細節處，缺乏深度、廣度的琢磨，繼而便導致了至今尚存的中國人對西方科技、經濟文化的感情隔閡。

c.哲學雖是誘導人類導向第二價值取向的上帝，但，第一價值取向一定程度的自足卻是必不可少的，否則，「樂天知命」所導致的「不憂」，就不會是決定意義的不憂，而祗是暫時的、少數人的不憂，反之，「大憂」將隨著時間的延伸和資訊的混亂而必然出現。所以，滿足人類生存的慾望和身體感覺，並漸進引入精神超越，乃是必不可少的人類自足過程。

d.中國人在第一價值取向發展自足不完善的情形下，積極開發第二價值取向的門路，在精神層面強調人的完善和人之所以為人之道，即「安土敦仁」，以愛為先，結果使之成了教條和信仰，卻不能實踐之、普及之，即沒有解決好基礎問題。

e.由於第一價值取向開發的不足，人與自然之間的關係未能實質性地開拓過，使得人們的視界不開，心有參與天地的大志，卻不知如何著手實行，終至人類參與宇宙互助的理想和信仰祗是一種人類中心主義的賜予，而不能真正地、具體地進入角色；甚至在參與現代世界文化潮流的過程中，面對西方人、非中國人，其互助行為和心性都不免帶有自以為是的情緒和潛意識的情感，以致不能誠心求之、助之。

　　中國的「愛」是在隨著人們的視野的擴大而擴大，但這種「愛」始終有內外之差，以致阻礙與愛同時成長。

　　這兩句話之下，《繫辭》又提出了「大業」和「盛德」的思想，祇惜這種思想的本意——人類第一價值取向的自足——基本上被歪曲了，主要是向政治方向岔出了歧義，如王權國家、昇官晉祿之類。

　　「鼓萬物而不與聖人同憂」，意即宇宙的最高本體（能量態能量和宇宙態能量）導致了宇宙的生成、演化、自足與互助，但它在具體的表徵上卻似是盲目的，或在用的方面不具明確性（屬性的模糊性、機率性）。舉例說，人作為一種智慧形在或載體出現在宇宙之中，並非宇宙有意的結果，反而完全是隨機的結果。或者說，這種結果的出現具有必然性（互助、自足的必然），但它何時、何空，以及為什麼以這種方式、形式出現，為什麼在這個星球出現，卻是隨機的。

　　然，這句話有嚴重的意義病。即它把人同宇宙，特別是同本體對立起來，視之為確定的兩在。它在強調人的主觀能動作用的時候，悄悄地堅持了人類中心主義。即把人的目的觀念和價值觀念強加給了宇宙——本體祇是促成萬物，宇宙卻無憂患之心（從現象上看似是如此），唯有人才有憂患意識及扶正宇宙大道的能耐。值得提問的是，既然人是宇宙的一部份，人也是宇宙之道（能量之自足、互助）的結果之一，那麼，人有憂患意識，何以宇宙本體卻無有呢？當然，這話問得有點急躁。不過，將人與宇宙對立起來，或人類中心主義的世界觀，實不足以或不利於人類參與宇宙互助的真實實現。

　　宇宙沒有目的，宇宙中的某些能量形式有臨時性的目的和目標，但這不等於宇宙的目的和目標。宇宙祇服從一種必然：能

量的自足與互助。未來究竟是什麼？是一個無以回答的問題。作為智慧者，人對未來，或對人生、對宇宙的信念不應建立在明確的目標、目的之上，而應建立在對自足、互助的必然體悟、理解上。這種不斷追隨自足和互助的體悟，以及它的具體化，不祇是促使人類由第一價值取向轉向第二價值取向，而且，還將使人的心靈意境有無以窮盡的昇華和自足的嬗遞。

一種沒有具體目標、目的，不受具體目標和目的左右的人生和精神存在，特別是一種超越了人類自我價值和意義的人生和精神存在，如果經過深思熟慮之後，仍能肩負起參與宇宙互助的責任，積極主動而不是盲目、消極、被動地去參與宇宙能量所導致的自足與互助必然的過程，那將是一種比現有任何哲學或思想體系所已提出過的人生和精神追求更加偉大（如果說有偉大可言的話）、更加高級、更接近真必然的人生與精神存在。

過去的文化中，西方文化重點強調了人類的第一價值取向，並取得了非常的成就，祇不過它是人類中心主義的文化和實踐體系。由於它的盲目與短見，終至近現代出現了現代病的危機——心性茫然，行為錯亂。何以科技和工業的發展會導致人類自身的危害呢？中國文化則試圖超越第一價值取向，予第二價值取向以有力的探究和體悟，但它依然是人類中心主義的，且由於缺乏第一價值取向之自足的真實基礎和準備過程，以致它不是正常發育的，反是一種畸形的文化：一方面向近似空想的人之所以為人之道、天道窮追深悟，另一方面現實的生存、生活空間卻讓位給了邪惡的政治，使它有機會左右和支配社會、歷史，形成尾大不掉的中低層文化。

於是，西方、東方都面臨了重建和補過的歷史任務，必須有一種新的文化來誘導人類。當然，中國（還有若干落後的其他社

會）更急迫的任務應是第一價值取向之自足的滿足。

　　6、【生生之謂易（《繫辭上・第五章》）】◎

99.誘導哲學全書提要

誘導哲學試圖研究一種不受「人類中心主義」干擾的宇宙論、形而上學、科學觀及行為科學的新知識體系。它為後人準備一種世界觀，並對今人有所提醒，促成人類思維由自我自足模式向宇宙互助方向飛越。

全書分四卷：

第一卷：《人類的教訓——有關意識、文化、觀念及哲學的歷史與現狀》；

第二卷：《誘導哲學》；

第三卷：《誘導科學觀》；

第四卷：《法的自然精神導論》。

第一卷：《人類的教訓——有關意識、文化、觀念及哲學的歷史與現狀》

這一卷將敘述誘導哲學發生前的知識條件及歷史背景。它認為，人類作為宇宙之一同構體，會從兩方面充實宇宙總同構：一是在其他同構的幫助下，以實現自足為主要表現方式；二是它同時還必須參與宇宙互助，以實現宇宙的自足。自足不是終結，而是自始至無限的必然過程。然而，人類在其自足的過程中，卻不自覺地暴露出了一種完全盲目的人類中心主義的觀念，並形成了諸多思想體系。雖然，對任何形式的生物感覺中心的本能，甚至人類中心主義，我們不能過多苛責，因為自足本身也意味著缺陷、不足、過錯，但，繼續存在著的各種形式的中心論，卻極有害於人類和宇宙的必然。

人類之同構，不在於它為生物，而在於它具有一種特定的能量形式——智慧，因之，人類的必然，從主要方面，即智慧的發揮、釋放而言，有兩種基本勢態：第一勢態，意識的發生—發展，以至達到脫離主體需要的界標；因而進入第二勢態，參與以

至互助，以自覺的方式和心志去實現宇宙三種基本屬性的自足：統整性、守衡性、模糊性。

第一卷即是有關第一勢態過程的回顧。它認為，第一勢態共經歷了三個階段和兩個類型。三個階段是指：物我一體的無意識階段、法自然之自然法的意識階段、法人則聖的人法意識階段。兩個類型指：猜測哲學、解釋哲學。

第一卷還注意到，自新石器時代以來，人類的自足過程已有三次關係特別重大的革命——分別從三個領域開始具出了自足之質變的突破，最終使這個過程達到了今天的狀況，並有可能繼續下去。這三次革命是：一為西元前8000年前後開始的農業興起，它致使人類得以解決生存問題；二是西元前5000年前後開始的城市的興起、地域國家的出現、文字的發明，它使人類有幸得知自己是一個類，而所有他生物都不能自覺到這個程度；三是西元前11世紀[26]以來的解釋哲學，它使人類得以快速地發揮自己的長處和本質，實現真正的智慧革命。

必須說明，革命並不等於某個領域或事件的完成，而更應該是狀態或事件的開始。事實上，無論人類生存之源的產業，還是人類社會結構以及智慧認知、開發之類，都沒有達到最後階段，而祇是剛剛開始。然而，我們無可否認的是，至今為止，在人類面臨的全方位視界中，並無任何一個新領域可以開始一次能與上述三個領域或事件相比擬的新革命。不幸的是，全人類恰恰又均感危機四伏，惶恐終日。這意味著，革命還是不可避免的。祇是，這種革命不再是孤立領域裡的事件，而是綜合性的，由人類自足向宇宙互助方向轉移的人類同構之本質的轉型。

過程是隨機和互補的。隨機並非就是偶然性，而是必然性的

26　我現在傾向於認為解釋哲學開始的時間當為西元前3000年前後，其標誌是中國出現了「八卦」思想及學說。

不確定或不清晰；互補是說，任何同構都不是單一層次或單一構體的，而是多維的複合體。人類自足過程中的互補性在任何方面都表現充分。比如解釋哲學，它至少是由三個方面的多重體系[27]組合而成的：一是強調精神與肉體分離，人神分離，孤立要求靈魂絕對滿足的宗教體系；二是強調精神肉體一致，做人與治人一致，以「人與」關係為基礎，以自我完善為目的的人道政治哲學；三是追究自然的內在屬性、關聯，強調知識的價值、主客觀統一，以求得自然和諧為目的的自然哲學體系。此外，還應當包括上述三者各自的宇宙論、形而上學、實踐論等內涵，以及其他一些相關體系的補充。

　　誘導哲學作為一種世界觀，它發生在解釋哲學之後，試圖規勸人類應盡力避免有害的人類中心主義觀念，為第四次人類革命準備精神基礎，在智慧由第一勢態向第二勢態的過渡中起誘導勸進作用。

　　附：本卷簡目

　　導言

　　第一篇 法自然之自然法的意識與觀念

　　　　第一章 物我一體與意識發端

　　　　第二章 猜測哲學（自我崇拜、圖騰崇拜、巫術、原始宗教、原始法律與刑罰、象形思維及載體、對稱與集合、五行陰陽與天命思想）

　　　　第三章 新石器時代的社會形態

　　第二篇 法人則聖的意識與哲學

　　　　第四章 解釋哲學概述

27　當年的理解與表達現在看來顯然有問題。解釋哲學除上述外，還當有理性主義哲學、主體構成性的法律體系、物理性的科學技術體系、超越自我的神我大梵覺悟等智慧成果。此外，人道政治哲學應該分開表述：還原的政治哲學、還原的道德理性主義哲學。

第二卷：《誘導哲學》

第二卷研究誘導哲學的基本理論——宇宙的基本屬性：統整性、守衡性、模糊性，研究宇宙的必然性與隨機性的共相，說明

互助與自足的方向。

　　概念：過程——必然性、非真或人為必然、隨機性；

　　　　　　　自足、互助、交互關係；

　　　　　　　不斷補充、擴張、遷昇、守衡的過程。

　　本體論：能量——能量與能量形式——新的上帝；宇宙無限自足、互助的終極原因；兩種狀態：①可測量、可知但不準確、不全知的「宇宙態能量」與宇宙形在互為關係，構成全體；②不可測量、完全不可知的「能量態能量」，無限的非物質、非屬性的無所不在，迫使宇宙無限擴張下去。

　　　　形在與屬性：同構問題（排除論）——宇宙人為劃分的基本單位。

　　　　增生效應與無限膨脹論：有序、無序，熵與無限的關係。

　　宇宙三性：

　　統整性：宇宙能量分為原初能量和行為能量。前者即能量態能量，亦無限態、非物質態、非屬性態能量；後者是與物質形在並存且即是其本身的宇宙態能量。宇宙態能量與形在既是本身，亦相互轉換，從而構成宇宙的狀態，並由此自足、互助。這種轉換就是「統」，它依賴前件發生，故是可以外力作用的。「整」即是宇宙總同構，它依賴宇宙兩態的轉換，以及各同構的交互作用而實現自足，所以它是必然。同構分為有序同構和無序同構。前者不斷實現，但宇宙永遠不會完全有序化。能量二態（即能量態能量、宇宙態能量）是母子關係，子的力學淵源乃母的無限狀態，故子可由蛋子態、量子態而至無限。

　　守衡性：任何能量行為都是隨機的，它無法保證其有效性，非正常的效果或後果無時無地都會發生。行為能量在滿足無限性條件的前提下是增值的，卻不能避免滅失、耗散現象。然而，任

何能量行為對宇宙都是無害的，相反，某些非常的災變，恰成了宇宙自足、互助的先決條件。此外，具體宇宙的各向異性也是導致宇宙守衡的重要條件。守衡即宇宙的無窮自足，它不祗是和諧。

模糊性：宇宙本身是無法分析和精確的，它具有絕對的相對性、可通約性。最高的質是能量，它中和了第一性與第二性，因而也否認了唯物論和唯心論；最高的量是無限、無窮，它說明量是無法準確的。模糊宇宙的唯一漏洞是：任何質和量都是可以限定的，這便有了同構的特定，而正是此給顯性的互助提供了機會。

第三卷：《誘導科學觀》

第三卷研究宇宙、同構在具體意義上的互助與自足的方式問題，研究人類參與宇宙互助的方法問題。

智慧究竟是什麼？無限可能與有限作為：表現為精神的智慧，表現為認知理性的智慧，表現為人為能量的智慧。

再論宇宙的不可知，即智能為宇宙總同構之內涵。

科學究竟是什麼？人與宇宙互助的工具，屬性的顯性表示。

屬性—具有—發現—創形—具有……

即為什麼智慧能與宇宙各同構交流資訊、相互作用？

認識論本身不能理解科學。

邏輯不為宇宙屬性，亦不為科學本質，然而，智慧的「排除」（兩同與兩別）機制能使科學近似於宇宙屬性，因此，科學可以表現為一種知性體系，祗是本質與此無關。科學沒有公理。

科學與學科：人為規則對科學理解的意義，如何實現學科方法，科學的遷就，人為必然的通途。

第四卷：《法的自然精神導論》

第四卷研究人類在參與宇宙互助過程中的律己和精神歸屬問題。

　　智慧是精神之母，但精神並不總是聽命於智慧，它們之間有嚴重的分離傾向。各種意義上的人類中心主義是這種分離的主要表現現象。然而，單純的精神滿足，甚至人類定義的滿足其實是不可能的，任何滿足必定離不開不同形式、方式的互助，此是同構之為同構的前提，因之，人類祇有達到這樣的價值觀——為宇宙而作為，而不是為自我滿足作為——其滿足才有真實的意義。

　　歷史已告訴我們，在地球的範圍內，單純追求精神與靈魂的完善，結果導致了宗教專制；片面地強調「人與」關係和自我完善，反而襯托了禁錮人身的東方專制；試圖通過謀劃自然的功利，以追逐人類的位置為動機的滿足方式，結果無限地膨脹了人類的私心和慾望，以至於不知所措。因此，祇要沒有脫離人類中心主義的立場，我們的任何嘗試，都會導入困境。

　　精神既是一種狀態，又是一種本質的表達。作為自然精神，它是宇宙三性和自足、互助的必然，而法的自然精神，則是人類參與這種互助、自足而必須律己的原則與精神歸宿。它包括：價值觀、行為準則、實踐觀、法的淵源、人的非社會性理解、精神的存在與消亡、自然法的歷史形態、人為規範與自然規範、內體系規範與外體系規範、限制性與指導性，等等。◎

100.人通過科學活動日益減少效域範圍內的隨機必然或或然必然的比例，但這樣加重了人這一智慧同構的責任，因為它必須在較大尺度上保證所作所為，及其間接引出的他向的能量行為符合真必然的方向。

……排斥行為是同構自足實現的主要方式，它導致穩定、特出，導致秩序、存在、同構的定向自足。◎

101.同構與相、系統、存在、結構有意義相近處，但不使用
這些詞，乃是避免唯心、唯物主義之嫌。

同態同構、穩態同構、變態同構、同構群、同構鏈、同構網
路、同構互補。◎

102.

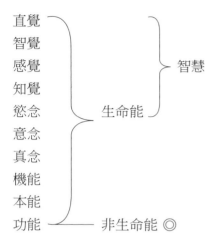

直覺
智覺
感覺
知覺
慾念　　　生命能
意念
真念
機能
本能
功能　　　非生命能 ◎

智慧

103.即便是某些看似有序的同構，其內部並非一定有序和確定的，它的組織態、動態等呈非穩定性，時、空、性、質量的不相容性和非同一性，始終以混沌狀態存在。由於此，故任何同類同構都不會以絕對的相同性去實現其自足。

隨機性來源於這種內同構的不確定性和混沌態。

由此可知，在絕對意義上，宇宙是不可知的。這一命題不是基於哲學本體論的表達，而是基於科學存在論的表達。知識的相對性來自排斥的相對性、智慧的局限性、同構內部的不確定性、非同一性、混沌性。

一同構往往是其內部相對有序或能量的多維量態的同一，但一個有序的同構與他同構發生相互作用時，會造成與之相關範圍內的紊亂和無序狀態，解決的方法來源於能量自足的必然，即，參與互助之同構經過互助耗散而具出新的高級同構，使高一級次的有序實現。這種耗散不是原同構的完全毀滅，而是多維量態的改變或變相，成為大同構的子同構。人類歷史就是這種模式的實踐。◎

104.本體：無維、無時、無空、無性、無質、無量、無形。

同構：有時、有空、有性、有質、有性、有能的多維態相量的同一。◎

105.精神與物理不是對立，而是一長鏈條中的兩個環節，互助即質量的交換或轉移，空間的變化或擴展，時間的延續，屬性的複合，形在的重構。◎

106.中國自然法的現代意義：

中國文化為當今自然法提供的原則：

1、立場的轉變：自我盲目實現轉而為宇宙立場；

2、盡性原則：盡宇宙普遍性、盡人性、盡物性，明瞭宇宙之必然和具體法則之所以；

3、守恆原則；

4、中庸原則：作為的恰到好處；

5、參與原則（互助）。◎

　　107.宇宙之進化、自呈，乃智慧對宇宙作逆向求證時的一種解釋和理解。它唯有逆時間、空間才有真實意義，對現實與未來之時空言，則其仍然受隨機性支配，然二者之間有一定意義的因果關係，智慧憑藉對宇宙的這種理解和把握來預測自身和宇宙同構的未來。◎

108.宇宙之謎有二：

a.能量態能量如何為宇宙態能量？即第一個自組織，第一推動是如何開始的？（混然態能量→組織態能量）

b.組織態能量是如何具出生命的？即一種特定的資訊DNA是如何煉化出來的？

兩個最大的隨機之謎！

能量湧動， 組織態內的能量湧動？◎

109.耗散→能量的原變態（同構）解散，（在與他同構互助的過程中）而具出高級次有序的新同構。

超循環→即中國古人的陰陽互動而生萬物的現代解釋。然不全面，實前同構之多維態參量的互補實現和相互作用而具出同構。

自創生（自維生）：autopoiesis

他維生（他創生）：allopoiesis

自組織：self-organizing ◎

110.人作為一同構，它必遵守宇宙之必然→參與宇宙互助，即參與更高級同構的再循環。但這種參與不是一般意義上的資訊和行為的參與，即不祇是形的參與，而且也是智的參與。其一是心靈的參悟、同覺、明覺、同一，其二是智慧能力的具備。無論第一、第二，都要求人首先有自我實現、完善、自足的前提。故人類自我自足是人這一同構之能參與宇宙互助、再循環的資格。

這兩種參與，前者由哲學導出，後者由科學知識的普及具出。人人為哲聖、人人為科學家，即表明人類已是在參與宇宙之互助和再循環。

現今之人主要目標是追求其資本的具備，它是自同構之多維態參量的相互作用的實現，它是時間的延續，空間的開擴、廣延，形體的完滿，屬性的複雜化，質量的進化。它是個體的實現，亦是整體的實現。它是收信者，又是發信者。它是被動的同構，又是主動的同構。前者是一般性，後者是特定性。達到後者，即資格之具備。前者是隱性互助，後者是顯性互助。◎

111.「世界是作為一個外在於人的意志和意識，且不以其為轉移的非暫時的統一體而存在著的。」

此語有誤：a.世界不是將人的意志或意識排除其外的，而是包容其中的；b.不以其為轉移，但它可以參與、互助；c.世界不是體，而是同構。

康德主張人是目的和最主要的價值取向是道德價值，這是錯誤的。他犯了中國理學家同一的錯誤，即將宇宙的自足、進化人為地在人之處轉了個彎——由形質的進化而為精神的進化，終是將精神與形質分離為二。應然是，自足、進化是非線性的，任何形式的單一進化都是不公允的。形在、時、空、質量、屬性諸維態參量均受自足進化制約，故不可信仰單一的價值追求。人之同構經一定時、空、形、質、性多維態的自足，是人之價值取向的初步，它還將導向第二價值取向。◎

112.本體：

a.必對形前形後能統整；

b.必對世界的多維能統整；

c.必能具出生成和自足的所以然和所必然；

d.必不應引出有關決定世界的邏輯對立、矛盾的派別（如唯心、唯物）之爭；

e.必在萬相之中，而不是之外、之上，與世界不是兩位（如上帝、人），而是本來之變相、變態；

f.必不應以世界之局部或單一層面、變相為全整世界之概括，更不能因之為本原、本體（如物質、理、仁）。◎

113.質量問題：質量是能量之一變相，是同構之一維相或維態，為物質的屬性。不能把質量為零視為沒有質量，零與數學中的零一樣，它仍然是一種質量的表達。質量為負也如數學中的負數一樣，也是質量的一種表達。形在或同構有沒有質量不以是否為零為準度。故任何同構，祇要是同構都具有質量之維相或維態。祇有能量態能量（本體）才是無維、無相、無態的。◎

114.解釋學→解釋哲學→卜占。

由《哲學譯叢》1986.③引出

解釋：

a.傳遞上帝的消息，

解釋上帝的指令（翻譯成人間語言），

把一種意義關係從另一個世界轉化到自己的世界；

b.述說，

闡明，

解釋，

翻譯；

c.占卜術（傳諭和要求服從）；

d.有學識的解釋（法律的法學解釋、聖經經典文獻的神學解釋、語文解釋），

寓意解釋。

哲學的作用：

a.探求理解和知識　；

b.引導人的行為。◎

115.生存危機導致了（或能量變相就具出了）生物求生的反射本能，如螞蟻預知雨水，豬、狗預知地震，然而，人的這個潛意識或能力反而較少，它迫使人去開發智慧，通過一些借憑去預知環境，如卜占、科學之類。

人是否有可能超越生存危機呢？有，這就是人類之第一價值實現的告罄和第二價值取向的實踐。◎

116.人類為什麼要追憶歷史？要懷念往事？追戀童年？生命為何要回顧過去呢？答案不在於時間是可逆的，而是：

1、能量變相，同構雖是能量的變相，然體與用之間已有形、時、空、質、性的阻隔，故任何同構或變相均不是絕對能量本身；

2、變相也是一種煉化或歷煉的過程，體用之間的親疏關係因過程（即時、空、質、形、性諸相態的相互作用）的不同而差異，故在一些同構層面幾乎看不出這種關係，但有一些則可經過煉化或歷煉後顯出密切的關係；

3、性既是同構之煉化或歷煉的參與者，也是煉化或歷煉的結果，還是條件，它可或多或少、或淺或深地返逆達到本體，但這個反逆與通常所言的時間反演、能量還原不是同一意義的，它是特殊同構在特定時空憑藉「能量橋」對本體的一種直覺感應，它不具備物理意義。

本體變相即是本體聚斂為相，本體在相中，而不在相外，然相前之本體之遺漏會導致某些同構的特定的回憶、追憶，不過這種回憶和追憶是有程度差別的。

意念之追憶可及於該同構之有之前的原同構相態（如氣功、瑜伽功對「前生」的回憶），科學的追憶可及於空間的原態（如歷史研究、粒子或量子物理學、生命史等），哲學的追憶則是將以上由意念和科學提供的追憶，作為還原相島，並憑藉「能量橋」（真念追憶）而達到本體（無所不在的本體，包括相前本體）。故這種返璞歸真與物理意義上的時間反演或相態還原有差別，它祇是真念的返還，而不是相態的返還。◎

117.人的局限性、狹隘性，首先是能量變相的局限性，即多維相態（時、空、質、形、性）的局限性，它是全部同構所共有的局限性。其次是作為人這一特定同構的局限性（慾望、視界（認知）能力的局限）。超越相態、同構是困難的，但超越是方向。最終或絕對的超越是不可能的。

智能之為智能，其意就在於不斷超越。

由中間、由自我起步，而向無止境的共相態超越。◎

118.同構是能量的符號，能量變相即能量符號化，符號式同構互助的機理，能量通過符號的方式發生互助。

相化符號→同構自身，象化符號→同構的引申、比喻。

符號是資訊，資訊是能量的釋放。故符號既是變相自己，又傳遞、聯繫著他同構，於是，在變相後的宇宙中，能量的對話模式是以能量的相化（即符號）和能量的釋放，即資訊的此與彼、這與那、X與Y的互助而實現的。本體本身變相了，它無所不在，但就不以本體本身為存在，宇宙態能量（黑洞相能量）是本體與相變（同構）的中介和橋樑，即准本體。

自足：特定的時間、空間、質量、屬性、形在之能量相變的自我實現。

同構：能量被表現為時間、空間、質量、屬性、形在的多維相態的同一。

互助：相互作用、相對立、相抗衡、相吸引、相排斥、相擾動、相激發、相變、相容、不相容、自循環、自有序。

符號與資訊是能量變相後的宇宙態能量的特定釋放，故各具體同構能表示為不同的符號，釋放不同的資訊。

語言文字是象化符號。◎

119.哲學家是這樣一種人，他必須超越諸相或宇宙諸同構而求真念，即與本體融貫和合。

科學家（包括社會科學家）則反之，他一般不要超越，而是墮進客觀對象中去，作有關屬性、現象、規律、形態、結構、組合等意義上的觀察、研究、分析和結論。然而，一個沒有接受過良好哲學思想誘導的科學家，必無大長進。◎

120.經過實證和痛苦的時間、空間經歷之後，西方文明、文化方覺悟到人類價值、人與自然關係的本質。

評價：

a.它是痛苦後的教訓，可能具有實踐意義，通過痛苦、困惑而自足；

b.它是一種人為必然的（人類中心主義的）充分表現；

c.它是智覺短視的表現，明證著人類不見棺材不落淚的愚頑特徵，走一步看一步的後覺；

d.它已造成的破壞性後果將有長遠的負面影響。

中國文明、文化以智的自覺和直覺，直達於宇宙諸相、諸同構的和諧、協調關係及人之為人價值的本質，進而與本體相一。

評價：

a.說明哲學思路不是由實證、分析、綜合、歸納而來的，它祗能是直覺、智覺的結果（先覺）；

b.先驗的知識是宇宙本體、本質的象化，並非人的空想，它具有不可替代的超越時空性，具有無限明瞭性；

c.但它亦可能無時空的驗明而流於空乏和說教；

d.它有利於在人類尚未發揮智慧潛能以前，人與自然關係、人與人關係的暫時協調與過渡。◎

121.關於自然現象相互聯繫的某些天才猜測，過於超越自己的時代。由於上述原因，卡爾・盧克萊茨、Л・霍爾巴赫、A・洪堡、M.B.羅蒙諾索夫、黑格爾、A.H.赫爾岑和過去其他思想家在自己時代寫出的關於自然界的重要著作，沒有對他們同時代人的思想方式產生明顯的影響。

上個世紀中葉以來，生態學開始形成。達爾文最早注意到食物鏈的有機系統。1866年恩斯特・海克爾把生態學引入科學中。

M・諾維克：科技時代現已成為一個倫理時代了。（參見《自然科學哲學問題》1985.③，P58-59）：

評價：

原始自然主義是東西方文化的共有表徵，然自蘇格拉底以後，西方文化開始轉向人文方向，羅馬時代以後，人與自然關係對立的傾向日隆，宗教、文藝復興、人文主義在批判宗教神學之時，也使人佔有了人與自然關係的主導地位。其間，也有一些人曾涉及人與自然關係的統一問題，如法國唯物主義者、費爾巴哈、康德、黑格爾等人，然人類學的基本原則仍居了絕對支配地位，這種關係不過是人類本體論，或理性的信條，或絕對精神的表現形式，終是沒有能對同時代人產生良好的影響。◎

122.自相、他相、殊相、共相
時間相、空間相、質量相、形相、性相
會通中西
貫通各科
參悟本體
超越人類 ◎

123.本然論——乾元、混元、能量
相論——相、同構、象、觀象、象法
識論——占卜、科學
價值論——言辭、技術、回歸 ◎

124.

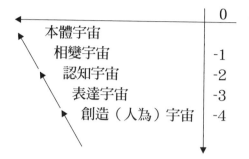

125.

本體	空間向	0能量態能量

形

順變向（體用論）　質、性　逆識向（價值論）

相變宇宙

意念（認知）宇宙

表達宇宙

創造（人為）宇宙

時間向

-1
-2
-3
-4
-5
-6
-7
-8
-9
-10

126.

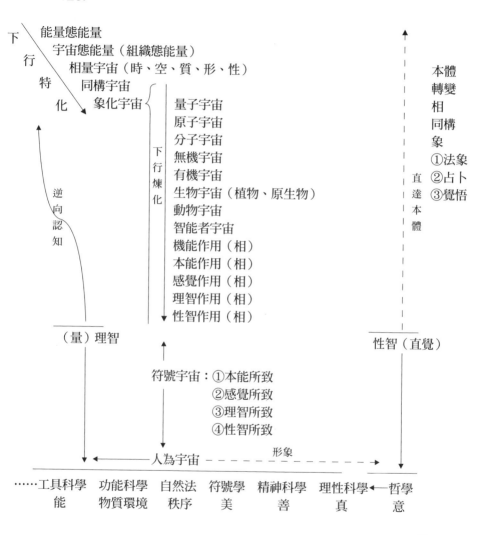

127.本體：

1、能量是本體、本原。本無分析、表達之可能，但強為語言明之，當為三：

（1）相即本體的本體（能量變相）（相對）

（2）相前的本體（絕對）

（3）相還原為本體的本體（相對）

三重本體或本體三重，祇是說辭而已，實則能量混元。無體無相、無體無用、無體無同構。

但，不可逆定理：無用無體。

2、能量無所不在、無限無對。相是有限的，是相互為存在的。故能量大於相或同構，故可外在於相、用、同構，體大於用，亦體即用，用即體。

3、本體可以外在於用，外在於同構，外在於相，但，這種外在祇是源，在沒有顯用之前，實在沒有意義可具出，非得轉變、呈顯後才有用。人心感體，是呈顯以後的體，是用即體的體。

4、能量是諸形、質、性、時、空、能（能即物理學之能量、或宇宙態能量）未變成之之，是無以名狀，無以處對之之，故無所謂離相，或是什麼相，不是什麼相之疑問。

5、相由體成，是漸成，是自足，是互助，故當明白相前之本體，即老子所謂「有生於无，道生一、一生二、二生三」（此命題有二義，一是漸成義，二是互助而為新同構義）。

6、用無終用，不過過客而已，同構亦無終同構。任一具體的用或同構終是要被變或自足掉的，終是要循環為它同構或返還為本體的，祇有全用之用、整同構之同構，方有用的絕對意義。

7、體，一旦變相（變相，是能量之流的第一必然或絕對必然），便由諸相體現之（由諸相體現之，是能量之流的第二必然）；諸相相互作用具出同構（同構是能量之流的第三必然）；

同構復與同構（內含相與相、此同構相與彼同構相）發生相互作用（此是能量之流的第四必然）；特殊同構的自覺、主動之智覺（性智與理智、感覺智、本能、機能）認知、會通本體、諸相、諸同構並交通之，神會之，負擔特定責任之類，是本體（能量）之流的第五必然。

宇宙之自足、互助是能量之流的必然、自足，亦是諸相、諸同構的自足，通過互助實現。流之不止，自足不止，必然亦無止。此均源自相「外」能量的無限和相向本體能量的循環返還。

能量剎那剎那變相，諸相也剎那剎那相互作用，同構也剎那剎那自足，能量也剎那剎那流化、漲落、擾動，這種變是隨機的，是非真必然的。

本體既外在，又是相本身（不可說內在其中，這說法有包含意，相即本體變之，又如何能包含本體？）。

體由用顯、能量由相顯，無用無相則體、能量不得顯。但邏輯上不能誣三重體為妄說，三重體並非本體具有三重性，而是人不得不這樣去認同，本體自然是混然無對的。

用顯體、相顯能量，乃是道生一；相自足出智慧同構並反逆去認知、交感、直覺、明覺、自覺諸相、諸同構及本體，是一生二；經過反逆交感、明覺體，及認知、理智、經驗諸相、諸同構，從而創造滿足本體自足必然之導向，對諸同構盡靈秀之責的新同構，實現人之所以為人、物之所以為物的價值，是二生三。

◎

128.絕大多數智能同構知難行亦難，或無知無行。極其罕見的偉大哲家知易而行難，世間當無知易行易的智能同構。何也？謂諸相之相互作用之畸形搭配所致也。

智慧是一種能量相，可能被某一具體同構斂攝得過強，但其承載此相的他相（如時、空、形、質、性）則多與普遍同類同構的諸相無有差異，此若干承載相有各自的實現要求，它是生物的、本能的、外援的，故易在相互作用時發生矛盾，而形成為脫節。

因此，智的煉化是必須的，他相的自足亦當不能忽視，諸智慧同構相互形成的社會環境，更當改造之，自足之。◎

129.混元本體論

體用變相論

同構法象論

自足互助論

知識反逆論

參與價值論

用體回歸論

①求意境、悟本體、識體用的哲學；

②求真、求物之所以為物，相之所以為相的理性科學；

③求善、求人之所以為人的道德科學；

④求美、求和諧的符號情景交感知識體系；

⑤求秩序的自然法；

⑥求人類自我自足的物質基礎、環境的功利性科技和經濟活動；

⑦求式的思維或工具科學；

⑧求參與能量互助溝通的前提（人類自我自足的實現、人類參與宇宙互助）。

上述諸知識體系的統整和諧、協調貫通是必須重建的文化體系，布開文化之網，全方位提昇人類文明，超越人類中心主義，與宇宙本體的自足、同態、同志、同向，參與宇宙的自足、互助過程。

重建文化的原則：

和諧統整原則（混元論）

守衡中庸原則

參與原則

盡性致誠原則

自足互助原則
客觀具體原則
自強不息原則
因革損益原則 ◎

130.《易》之思路：

1、本體：大哉乾元，乃統天，《繫辭》謂之太極。

2、體用：體由用顯，乾道變化、各正性命，萬物資生，乃承順天；天人同體、用顯體，是由生生不息的必然呈現之，在自然是生化流行，在人則是修身完善，悟人之所以為人的真實，故說天行健、君子以自強不息。

3、價值：天人同體，自然與人均是體顯用、流化不已所致。這種顯或流化不是肆意妄為，而是經過完善以後達於天人合一，大用顯全體的回歸，去實現宇宙整體的和諧。

4、實踐：A.實踐的必然性，因為現實是不完善、不和諧的，所以要實現宇宙的大命，必行完善自我、完善人類、完善宇宙的歷史實踐。

B.實踐不是任意行為，而是依法則為歸依。這個法則不是人意的表示，而是自然法則、體顯用之必然的法則，故《易》特重視法象觀。在《易》中，人道與天道無二致，人道祗是天道在人類社會中的表現而已。這種人類行為法則與自然法則是同一、同態、同向、同志、同久的，它由聖人則之、效之、象之、法之、化之而來（法象意識是人與天的中介）。

C.人的完善是全方位的完善，但主要立足於道德的完善。

在《易》中，人本身不是目的，而是整體中的部份，乃宇宙和諧的部份，但由於聖人的先知先覺和人自身的覺悟，使人自覺的自我意識意識到了這種價值導向，故人的特殊不在獲利意義上，而在於自覺地奉獻上，是義務導向的（向宇宙、向體）。

這一大框架貫徹中國哲學始終，祗是孟子開始把人性當作了修養的基點，而不太重視法象觀，理學則直入人性為天理的一部份，這就更遠離了法象觀，使天人合一找到了更恰當的中介，又在體的表達上作了更為完善的修正。

即，孟子祇說性可以完善，未及性可以返逆、體悟，明通本體，從而使體用不二。◎

131.

體（顯）用→ 同態、同志、同向、同一、同久、同流、同
勢、同化、同意
樸 、相、象←性
則之、象之、效之、法之、化之 ◎

132. 1、參與世界一體化的經濟體系、科技體系、政治體系、文化體系，強化人類整體的責任和義務，共同承擔生存、發展、安全的風險，並追求出路；

2、聖學與功利、真念與理性之間的關係、由聖學指導功利性的行為、學術、文化進動；

3、強化中國的生存大功利意識，淡化政治導向意識；

4、誘導和利用慾望，使之實現，使之自足，使之互利，使之對等，使之責任化、義務化，使之在自我實現的同時，客觀上造就社會的公利，運用經濟規則、科技規則、道德規範；

5、農業與農民；

6、政治與官僚；

7、個人與自由（人權與責任）；

8、民主與憲政；

9、秩序與法治；

10、教育與國民；

11、經濟與科技；

12、民族與世界（主權、國情）。

危機是智慧自覺的一種呈顯。◎

133.人類在完全不同的時間、空間、環境條件下，不約而同地發現了經濟的生存方式、秩序規範等等人類自足的方式。這說明：

1、有這種自足方式本身的存在，故能被利用之；

2、人類有一種人性共識，能自覺呈顯，呈顯即發現，覺悟有先後，但覺悟是一定有的。

然，這兩點都不是最根本的，更根本的同在於宇宙諸相、諸同構乃是體之用的呈顯。存在是諸呈顯的必然，意識自覺亦是呈顯的必然，即自足互助的必然。◎

134.西方由於衝突（人與自然、人與人的利益衝突）而導致尋求秩序、規範，在人自身權威不夠的前提下找到了上帝作為終極權威，於是，道德規範、法規範均為上帝意志的展呈。但其具體內容則主要由個人主義、自由主義充實之。

中國由於和諧而導致秩序，宇宙萬相同一起源，並導向同一的和諧，祇是中間或現實不和諧而已。人為形殘所拘，故需有去形殘的道德完善和環境的自足，由此而終致宇宙和諧、人類大同。這種中間由不和諧導致和諧的規範就是法，它主要由道德的內容充實之。

然，同還是根本的。西方由實踐而達於中國的先驗思想。

如果抽掉各自的不足，則可知人類整體抽象的完整。

理性科學作為一種大用，本應屬於喜歡談用的中國儒學，但卻被西方人瞎摸摸索到了，原因在於功利化的文化導向。◎

135.哲學是無法表達的覺悟。比如說，我覺悟與萬相同體、同流、同一，在覺悟時，它意味著無自我，但一旦告諸別人，卻已把隔閡帶出來了，哪裡還有同？

傳統哲學之人類中心主義的意涵，是從人的立場解釋包括人在內的宇宙，由於具體人的背景、條件、覺悟、知識、時空位置等等都是非同一的，故一直有關於宇宙各種不同的解釋。這種不同既是數學與化學或法學的不同，也是經驗主義與理性主義、唯物主義與唯心主義、共相與殊相、本體與現象、決定論與懷疑論、主觀主義和客觀主義的不同。這些也正是世界或關於世界的知識不能被統整的原因。設若我們拋除單一的人的立場，以宇宙本身為呈顯，則，這知識就不再是人對宇宙的解釋，而是宇宙體用流行的呈顯。呈顯可以有不同級次、層面的差異，但不會有立場、角度的差異。哲學之為學問，即在於它是這呈顯的最高級次的表達。

當然，以人的現有和立場去解釋宇宙是一過程，不可缺少的過程，經過自足、互助，方能使解釋的知識為呈顯的知識。

人之所以為人的價值，或人在宇宙中的地位問題，當不以人是宇宙萬有、萬相的靈秀，人之完善乃宇宙的終善為標準、為說，且因為有這一目標人才去實踐、去奮鬥、去覺悟、去幫助宇宙，相反，人之所以為人，確是人的意識自覺覺悟到了宇宙自足、互助的必然，便去積極主動的參與這一必然，而不論自我是否為宇宙的終善，是否有美好的前途。人是過程，人是手段，人是覺悟而已。

各學在呈顯處統整。

呈顯最要緊。時間是呈顯，空間是呈顯，質量是呈顯，能量、功能是呈顯，屬性是呈顯，形在亦是呈顯；人性是呈顯，人身是呈顯，精神是呈顯，知識是呈顯，思想真念亦是呈顯。萬有

在呈現處統整，萬有亦在呈顯上有差別，差別是程度和方面、領域的不同，統整是體變用顯的同一。

呈顯是互助，是自足，是遷昇。◎

136.有利、有序沒有固定的定義，它們如正義、公平、自由、平等、和諧一樣，首先是相對的，其次是發展、自足的。它們始終是過程而非目的，是導向而非真實，是意識自覺的呈顯內涵。所以，有利與有序是自足與互助的價值原則或基本原則。◎

137.理想化的理性主義（包括唯意志論者）過於崇尚設計、理性的必然，認為其大腦根據某一理想邏輯所推導的社會體系、價值觀、秩序觀是可以被實現的。這種觀點是由邏輯產生和結論的，但又在邏輯上犯有過錯。這個過錯是，在一切知識論的意義上，人類的知識總是有限的，而任何理想化的理性思考充其量祇是已有或現有變素、基素的綜合結論（如果其思考連已有變素、基素都未完全概括的話，那就更是過錯），所以，說某一思想在現在合理時，這個立論容易成立，若說它會永遠合理，則難以服眾。一旦時、空、質、性、形、能移位，已有變素、基素便發生變化，結果是，最好的綜合思考結論也在邏輯上被推論為有過錯。這時，就邏輯判斷言，該思想（理想化的理性體系）就作為體系死亡了，其中某些命題、觀點可能會繼續有意義。

延續一個思想體系的方法有兩種，其一是所依賴成立的變素、基數是抽象的、超越的、遠離具體的。因為其高度的超越和抽象，使得若干具體的、現實的時、空、形、性、質、能變素、基素的一般性擾動、變遷不足以影響理性體系本身。但這類思想體系由於其構造的超越，故在價值導向和功能導向上也與現實世界脫離很遠，它可能影響人類的觀念，但不會形成社會實踐，不會鑄成社會的、價值判斷的、實踐導向的原則。

其二是，理想化的理性體系的構造者憑藉他們所取得的社會地位和得到的權力，運用強制的或暴力的方法使其體系普及為民眾意識，並極力維持其生命的延續，結果導致社會的專制、暴政。一般說，理想化的理性體系如果直接實踐於社會，其對社會的積極作用通常不會超過10年。若在一個試圖取代舊有社會的局部社會中，時間可能會長一些，這取決於該體系所確定的第一目標所實現的時間（通常情況下，任何理想主義都有大量的理想目標為之鼓動民眾，但一旦第一目標實現，其他目標會很快失去真

實意義），此後，該體系的實踐就不再具有積極的意義，而祇能依靠專制、暴力維繫之。

理想化的理性主義並非真正的理性主義，嚴格說，它實是一種功利化的理性主義，或唯（我）意志的理性主義，它所突出的是自我在人類意識中的價值和地位，通過知識私有而後輸出並導致社會的不良後果。

經驗主義及其同盟者並不能因為理想化的理性主義有明確的過錯而自命為正確，它顯然也是一種有過錯的思考。首先，它的短視降低了人之所以為人的品味，不足以說明人之所以為人的真實標準；其次，它的現實主義的價值導向和判斷，很容易造成對時間、空間的極度不負責任，人為加劇人類歷史的變素和不穩定概率。

世界本身是演繹的。也就是說，世界本身是由本體變相且相互作用而為同構的，或者說，是體變用顯的。但人的智慧卻必反其道而行之，方會認知世界，即必須通過歸納、反逆的方法方可理解、把握世界。這說明，知識是經驗的，而覺悟卻是理性[應為性智]導向的。人的覺悟不同於一般的感覺、知識，它是超越的、先驗的，它是體變用顯後，體之於人，或人之與體的唯一一點純的可同一之點（感應鏈）。人之所以為人的最高體現即是，不斷地顯現這種同一，更多地同一於本體。在這裡，覺悟之於本體，不存在知與不知的問題，而是同於不同的問題，同多與同少的問題。它與感覺、知識、理性之於世界的可知或不可知、知多與知少，是兩個不同的問題。當然，覺悟與知識也是相互關聯的兩種智慧功能、屬性。十分明顯，覺悟對知識有引導作用，知識則對覺悟的自足遷昇提供時、空、質量的基礎。

知識與覺悟並非二元，而是混元之智慧同構的二層面呈顯。

如果說覺悟是真正的理性主義[性智覺]的話，那麼，經驗主

義與理性主義並非對立、衝突的，而是人之於世界的兩個層面的
呈展。體變用顯說明了人作為用顯體的必然。這種呈顯包括覺悟
本體、自足自我、互助他同構、成就宇宙。由於人的覺悟是隱性
的、先驗的，是漸顯、漸進、自足的，這說明，覺悟雖是先驗
的，但通常不足以直接指導人類的行為。相反，人類行為卻是在
盲動中摸索著進行的，即是由經驗指導著進行的。經驗的積累會
導致覺悟的呈顯，覺悟的呈顯又會誘導經驗的方向。比如說有
利、有序原則是經驗使之然，但有利、有序並非固定不變的，現
在人們發現，有利、有序並非目的，而是過程。即當時、空、
形、質、性、能發生變化後，原先的有利、有序便發生性質變
故，會有更大的價值判斷為之評價。這時，覺悟的意義便突顯出
來：人不是目的，而是過程，是體變用顯的過程。成己不是結
果，而是自足的過程，是參與宇宙互助的前件，成天、成體方是
必然。故覺悟是同一於體的覺悟，是之於必然的覺悟。知識則是
之於相、之於諸相互助、諸同構之時、空、形、質、性、能的認
知、理解。覺悟是人之所為人的體（骨架），知識則是人之所以
為人的內涵。

　　有利與有序是一種選擇的過程或原則，當人們遭遇更大意
義、範圍、時、空、性、質的危險的時候，某種意識自覺就會幫
助人們選擇更大的有利和有序來解釋已出現或將出現的危險，結
果便出現更大有利和更大有序域，從而實現自足。如人類在謀求
自身利益時，因為短視而破壞了自然守衡的生態關係，以致人類
自身的利益也難以實現，於是，人類便受誘去考慮和實踐人與自
然互助關係，及其包括人在內的自然的有利和有序。人類由此實
現一次超越、一次自足。◎

138.人是過程不是目的。

當人說自己是人的時候，它祇是就現存在而言的，它排除了無以計及的歷史背景、空間背景、質量背景、屬性背景、形在背景、功能背景，是孤立的看待人這一同構的。它也沒有肯定互助之於人之同構的先在意義。

人之所以是過程：

a.形殘的自我針對永恆的自我，是暫時定形的，它不過永恆之自我之流在特定時空條件下曇花一現的局部聚結，流才是永恆的。當然，這一聚結是可以自覺的，是可以有限自為、自足的；

b.現在之人之於歷史之人，也是暫時空的；

c.個人之於整體之人；

d.人類整體之於宇宙整體。

說明人是過程，祇是為了揭示真理、真實，不是為了詆毀人類自身。相反，過程必須是充分的、自足的、互助的，必先實現自我、完善自我。所以在過程中，人始終是自由的。簡單的自由是個人的發展的自由，祇有當這種自由的發展影響到自由本身時，有利原則才顯示調節功能，誘導簡單自由向複雜自由遞進。這就是人類整體的自由。一當人類整體的自由復影響到自由本身時，更高的有利、有序法則又開始顯示調節功能，誘導人與自然的共用、共有自由。這說明，自由也是過程，而非目的。在這個過程中，專制、奴役、暴政之類永遠是不正當的，是人為的副產品。

宇宙本身永遠也沒有目的，而祇是過程，祇是向有序、和諧的過程。這過程是沒有終點的，是無限的。◎

139.哲聖之為人，在於他的自我、事業、社會、自然、體用的貫通為一。沒有獨立的個人價值、或人生實現。◎

一九九二至一九九三年

140.通讀熊子《新論》[28]乃多年的心願，今日得成，快哉！

是書乃熊子之生命的呈顯與展拓，是熊子契孔、孟、老、空、識、張、程、朱、王而橫空當代的立命之言，是當世之絕作，亦來世之學源。熊子之學是人類共性本然的呈示，是自覺的明覺，真念的綴繫，是宇宙生命的大慧。中國文化之不絕，由此書可看未來也。

維武君嘗謂，我與熊子相通甚多。我讀完是書，亦有此識。熊子諸多體悟，我亦體悟得、明覺得：體用不二、即用即體、由用踐體、識心識體、修心養體，我生命即宇宙大生命，在在是真念所在。

中國哲學長於本體論、心識體、性顯體。但於相、用處所論卻不甚與體圓通，於智體、相體及其體變為用、相之處，於由用、相返還體的具體過程之類，亦多是單薄之論。熊子論本體、識轉變、談功能、至成物、復明心，對中國哲學予以了豐富、發展，可謂是補過救弊。

哲學是關於本體的學問。奈何本體無處不在、無限無極、無所無對，故哲家用「无」名稱之。此名長於形容而未究其真實。我以為亦可用「能量」名稱之。此處「能量」當不得用物理學之能量比附、體會。宇宙態能量或組織態能量或物理學能量祇是此能量本體變相後之一相量。

本體本無分析、研究、表達之可能，唯心識、體悟可知，但強為語言明之，當有三說：

1、相、用即體的本體(能量變相)；

2、相前的本體；

3、相還原為體的本體。

28　此篇原記於《新論》書空白處和書末，稍作整理，算作後學追念於熊子。得於隨筆，不成體系，乞教。

　　三重本體或本體三義祇是說詞而已，實則是能量混元。本體非一元，亦非二元，而是混元。無體無相，無體無用，無體無同構，但不可逆理：無用無體。有尚未顯用之體。

　　能量無所不在，無限無對。相是有限的，是相互為存在的。故能量大於相或同構，亦可外在於相、同構。此處當說，體大於用，亦是體即用、用即體。

　　本體可以外在於用，外在於同構，外在於相。這種外在祇是說源，即沒有顯用之前，實在沒有意義、相、在之類具出，故說外在。體非得轉變、呈顯而後才有用。人心感體，是呈顯以後的體，是用即體的體。

　　能量是諸相(形在、質量、屬性、時間、空間、功能、法則)未變轉之之，是無以名狀、無以處對之之，故無所謂什麼相不相的疑問。相由體變或體變為用實則是體的墮落，故用顯體則是反逆，是用向體的自足、昇騰，亦是諸相互助的實現。故當明白、覺悟相前之本體。老子之「有生於无」，「道生一，一生二，二生三」(此命題有二義，一是漸成義，二是互助〈陰陽互助、翕辟互助〉而為新同構義)，是此之謂也。

　　用無終用，相無終相，同構亦無終同構，不過是過客而已。任一具體的用或同構終是要被變或自足掉的，終是要循環為他同構或返還為本體的。祇有全用之用，整同構之同構方有用的絕對意義。

　　體一經變相(此是能量之流的第一必然或絕對必然)，便由諸相體現之(此是能量之流的第二必然)，諸相相互作用具出同構(此是第三必然)，同構與同構相互作用導致同構自足(此是第四必然)，自足而有特殊同構的自覺、感覺、智覺、性覺，並依之認知、會通諸相、諸同構，以直達本體，相互交通之、神會之，進而負擔特定的智慧責任，此是能量之流的第五必然。

　　宇宙之自足、互助是能量之流的必然。自足是諸相、諸同構的自足，通過互助實現。流之不止，自足不止，必然亦無止，此源自相外能量的無限以及相向本體的循環返還。

　　能量剎那剎那變相，諸相剎那剎那相互作用，同構也剎那剎那自足，本體剎那剎那流化、漲落、擾動。這種變、互助、自足、流化、漲落、擾動的具體過程或形式總是隨機的、或然的、非真必然的。唯能量流行，大用顯全體的自足才是真必然。真必然由非真必然充實其內容、過程。這便導致了一種普遍的宇宙現象：任一具體同構的自足總是先於真必然而實現，低級次的用優於高級次的用而實現，小量的相優於大量的相而實現，低質的用優於高質的用而實現。

　　本體既外在，又是相本身(不可說內在其中，相是本體變之，不能反過來包體)。體由用顯，能量由相顯。無用無相，則體、能量不得顯。

　　用顯體、相顯能量，乃是道生一。

　　相互助出同構，同構煉化、自足出智慧同構，並反逆認知、交感、直覺、明覺、自覺諸相、諸同構，以及於本體，是一生二。

　　經過性智返逆交感、明覺體、神會體，又以感覺智、理智、經驗交通、理解諸相、諸同構，進而創轉出滿足本體自足之必然導向的，對諸同構盡靈秀之責的新同構，幫助宇宙互助，實現人之所以為人，物之所以為物，相之所以為相的終極價值，是二生三。

　　體變為用，創造了相，於是便有相返還體的必然覺悟和自足過程。相返還體，不祇是要心相識得用即體，也要諸同構、諸相做得、創轉得用即體。於是，心不祇是要識得體用關係，也要識得用用關係、用體關係。還要識得心之識體、向體與周遭環境的關係，並利用環境，自足環境，幫助環境。宇宙以人(心)為最靈

秀，人識得體，但不可以為唯人善即為宇宙的終善，唯心識全顯體即告大用終滿。大用顯全體當包括宇宙整同構全自足的實現。大用即全用之自足與互助的呈顯，它不祇是性的完善，亦當是所有相的完善。此處大用終滿、全自足實現祇是一學理的推論，當不得真實。真實的自足或大用乃無限流行而已。

心識體是必具必有的慧覺，它能確保自足與互助的方向。但具體實現用顯體的自足過程當由非性智的理性或理智及其他智慧、本能、機能、功能去充盈、實踐之。這一即用顯體的層面不可廢滯、偏忽。

大用顯體之於智慧應當是，求意境、悟體、明覺之真念的哲學，求真或求物之所以為物、相之所以為相、同構之所以為同構的理性科學（自然科學），求式或思維法則的工具科學（思維科學），求善或人之所以為人的道德科學，求美、求符號、情境交感的和諧體系，求人類自足之物質基礎的功利性科技和經濟活動，求秩序的自然法體系的一貫會通和全體呈顯，不可偏袒執極。

大用之顯體是諸用分段實現的過程。首先，它必須滿足人之所以為人的自我自足，這種自足是心的自足（覺悟），也是智慧同構諸相的自足與互助的實現，人之時、空、質、性、形、法、能諸相全自足，是大用呈顯的初步實現，不當厚此薄彼或捨此求彼。其次，人之所以為人還必須被誘之參與宇宙他同構、整同構的互助，以其自足後的所能去實現性智所覺的責任和義務。於此不已，即是大用顯體的必然，亦是非真或人為必然逼近真必然的實境。

用是體的呈顯，智能亦是體的相化。智能所覺與能覺均是體的展呈。換言之，無論性智、理智或感覺智、本能、機能均為體之相顯。逆理，一切知識均是相反逆向體、顯體的真實結果。知識固然有級次差別，但不當裂為不通、不交的獨立現象。知識之

任一別在不過是有差別的相能交感於體、交通於相的呈顯而已。此當用心去把握之、發揮之。

本體墮落為相,其返體的必然須由全相全用全同構的共同努力、健進、自足及相互扶助方得實現之。智慧者以其智的自覺悟到了這一層,不等於說僅智慧者可以獨立完成的使命,且這一使命是沒有終點的,故必須有萬相不同形式、內涵、方式的參與互助方能大用顯體,全用顯體。智慧者的意義祇是在於,它之於這一宇宙即用顯體的大命是自覺的、積極的、主導的、自我優先完善的、優先實現的,以及優先負責任盡義務的。因之,它必須使全智全覺、全面、全部發揮而不祇是性智的自覺即可。全智無遺,即既要有玄奘所謂「豈有自得霑心而遺未悟」之自覺,亦得有實踐此自覺與大命的良能,即必通過理性、量智、技藝去理解、溝通、交感諸相、諸同構,使全用全相全同構盡可能地通,通而後達,達而後同,同而後樂,樂則用即體。

用顯體既是智的覺悟,亦是諸相諸同構的自足、昇騰之過程的必然實現,而此自足必依互助而後可。故用顯體,即大用萬相諸同構之自足、互助之必然的呈顯。

這一知性體系當論及混元本體論、體本變相論、相養用成論、同構法象論、自足互助論、知識反逆論、參與價值論、用體回歸論。當參悟本體、貫徹體用、會通中西、融化各科、參與萬相、反用歸體。把大用顯體落實為滿足返用歸體的自足、互助的無限必然之中,以非真必然、人為必然去填充、呈顯出真必然的無量時空,以自強不息、超越萬相去達於大用的全顯,以心的能覺去宰持心的所覺,以理智、感覺智、經驗智去綴繫性智和真念、真覺,以內外自足不二為標識,以全用的互助為萬相返體的自足回歸。

　　※　　　　　　　　※　　　　　　　　　※

　　哲學嘗謂「知行合一」，俗人多誤為知識與行為或理論與實踐的一致。此當不得哲學解釋。知是良知，即心本體。行是體悟、覺悟。知行合一是本體與覺悟的合一。此義萬不可隱沒。此外，此語還當解釋為，知是本體，行是諸用、諸相、諸同構向本體的返逆回歸，即大用全顯的體用不二。如此而言可知，絕多的人知難行亦難，極其罕見的偉大哲家則是知易行難。

　　何也？其一，謂諸相之相互作用之畸型搭配所致也。智慧是一能量相，它可以由某一具體同構斂攝得過強而得之，但承載此相之他相(時、空、形、質、性、法)同構則易與其他同態同類之普遍同構無太大差異，而若干承載相的自我實現通常是生物本能的、外援的、低級次的，且是優先順序的，故易在相互作用時發生矛盾而形成為脫節。因此，智的煉化必同時要有諸承載相的相適應的自足。

　　其二，若得知易行亦易，當是大用顯全體。真實言之，這是虛假的結論。即用即體祇是體用關係的一面，是就體變相而言，用即體；另一面，用顯體則是就用返逆回歸體而言，它是一無限的自足過程，說不得何時何處大用顯全體，諸用祇是自足不已，流行不已，覺悟不已，行為不已。故行難，因為行無目的地。

　　　　　　　　　　　　　　　　一九九二年五月八日◎

141.自組織理論認為，同構的基源是混沌的，總同構也是無序的，但一切同構都是相對有序和確定的，即自組織的。這就是我們的世界。不過，這種自組織並非絕對，a.概率性或相似性或模糊性仍然是全部同構的重要表徵和內涵；b.自組織祇是意識自覺之解釋的一面（或強調解釋的一面），另一面則是同構間的互助關係（共進化、共自足）。總同構的無序並不導致坍塌，一是因為有旋轉，二是因為有能量增生。同構是一定相量相互作用的同一狀態，改變其中的相維（相態），同構的確定性就會模糊。如氫的氣、固及金屬態，還有兩性之類。

同中國哲學從哲學、普遍、形上、抽象、性智、意識自覺，或居高臨下的層面提出了天人同理、同則、同化、同流、同向、同一的各種命題和觀點、法則（所謂天道、人道、物理同一而終）一樣，新自然哲學則從科學、原則、定律、具體理性、理智、存在、進化、相的層面，提出了天人同理、同則、同一的各種命題、觀點、法則。二者結論同一：人與萬物是同一秩序法則制約、指導，互為存在的同構。不同的祇是，中國哲學是直覺、真念、體悟的，是超越萬有的有向價值體系，而新自然哲學則是解釋、觀測、經驗的結論，它祇指定了現實的價值取向（新自然哲學致力於復活古希臘自然哲學的觀點，批判當代西方哲學，試圖開闢新路徑）。

當代西方相關自然哲學的諸學說：

一、現代宇宙學：

1、无本源（起源）論（混沌本體、无、多維〈11維、相〉宇宙、超弦、膜），

2、大爆炸理論（量子態），

3、振盪宇宙（脈動），

4、穩恒態宇宙（能量增生），

5、黑洞、白洞、類星體，

6、人的宇宙學原理，

7、恒星理論（元素生成），

8、地外生命；

二、量子哲學：

1、概率論，

2、互補性，

3、測不準原理，

4、波粒二象性（模糊），

5、能量量子化，

6、不相容原理（費米子的不同狀態），

7、相化狀態：結構、相互關係、法則，

8、原子坍塌與宇宙坍塌、超微與超宏的同一；

三、相對論與宇宙場論：

1、相對性、質能關係、時空觀，

2、四種基本相互作用，

3、超統一；

四、現代生物學：

1、突變論，

2、DNA與遺傳，

3、生命起源學說，

4、精神與物質，

5、性的起源，

6、現代行為生物學，

7、物理學與生物學；

五、當代自然哲學：

1、能量哲學，

2、系統論、資訊理論、控制論，

3、協同學，

4、耗散結構或非平衡理論，

5、自組織理論或廣義進化綜合理論；

六、生態哲學或自然倫理學。

新自然哲學的基本內涵：

1、體用關係：起源於无，有生於无，復活中國哲學的生成論，混元本體，能量本體，能量增生，無法形容、表達，無現象、無組織、無結構、無存在、無處不在、無所不在、無處不是、無所不是，無秩序、無約束，體用不二；

2、相維互助同構論：諸相維相互作用而為同構（11維、耗散結構、四種基本作用）；

3、自足創生論：宇宙由无到有、由簡單至複雜，至智慧自覺乃一自足過程，也是有利、有序、遷昇的過程（人擇原理、進化論、自創生或自組織理論）；

4、統一場論：模糊性、排斥性，精神與物質的同一（相量），同一法則，自然延伸，地外生命，各向同性，知識一體，邊緣學科，天人同理同則，互助自足，超微與超宏兩極的同一，人與動物的同態性；

5、意境論：生態哲學，自然倫理學，人類產生的必然性與人之所以為人的責任，人與自然的關係，自然法則，守衡。

（1、有與无，2、決定論與概率論，3、演繹與歸納，4、個體與系統，5、絕對與相對，6、超宏與超微，7、人與自然，8、理性與經驗）

新自然哲學的特點：

1、科學家用哲學思考本領域發生的普遍現象；

2、運用現代科學材料論證古老的哲學論題；

3、沒有專業或職業哲學家的解釋癖好與概念、範疇的偏執；

4、追求人與自然的共同法則。

宇宙有大爆炸嗎？

前提：

1、大爆炸後的宇宙是同一膨脹速率；

2、大爆炸後的宇宙空洞外各向同性和均勻；

3、大爆炸留下了絕對真空空洞，任何物質都無法存留，任何物質也無法進入。

現狀：

1、紅移、藍移同時存在宇宙中；

2、有星體死亡和黑洞存在，有新星生成；

3、有不可知物質；

4、大尺度上星體均勻分佈（不存在絕對真空空洞）。

大爆炸應該是煙花模型，或氣球模型（見剖面圖）：

剖面圖：

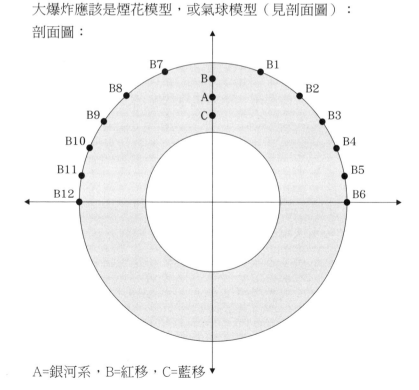

A=銀河系，B=紅移，C=藍移

問題：

1、宇宙有巨大的空洞，大得不可想像，所謂物質不過是空洞周圍的噴射漂浮物，空洞是絕對真空，任何物質都無法存留。

2、我們祇能見到兩種大爆炸的紅移（相對於我們的紅移，並非真正的紅移）：一種紅移是以爆炸源為向量，以我們為噴射的坐標軸，在我們的正前方，比我們速度更快的物質移動，這種紅移存在的可能性很小，膨脹應當是同一速率、同一方向的，同一速率的運動物相互為辯證的參照系；另一種是，偏離這個軸的各向同性的物質，其可觀測的最大角度為任意方向的各拋物線可視角度，但無法確定哪一種為一類紅移，哪一種為二類紅移。

3、我們不能見到任何一種大爆炸的藍移，因為，如果大爆炸時噴射的比我們速度慢的星體（物質），一定會永遠比我們慢（同一速率）。

4、由於無法確定大爆炸源點的方位，因之，也就無法確定任一星體到大爆炸源的距離，進而也無法確定任意兩個星體之間相對於大爆炸源的夾角。所以，

5、我們所見到的膨脹祇能是該紅移相對於我們的距離，而不是宇宙膨脹的距離。由於我們對自身的速度也一無所知，所以，也就無法變換出宇宙膨脹的速度和距離。

6、如果我們觀測到最大紅移為200億年，那祇能定義為大爆炸的噴射漂浮物中可觀測的兩個星體之間的最大距離，而不是真實的最大距離，更不是宇宙的極限距離。至少有一半宇宙完全無法觀測。

7、任意兩個星體間的距離都是拋物線距離（由於大爆炸的斥力作用），並非直線距離。

8、不能把觀測到的紅移定義為宇宙膨脹的速度，由於觀測者本身也在紅移，所以宇宙膨脹的速度應另外計算。

9、找到左右前後四個方位的同速紅移的參照物，可確定一條穿過大爆炸源中心的軸線，但仍然無法確定源點在該軸的何處。見不到紅移的直線就是軸線。

結論：

1、大爆炸理論有明顯的缺陷；

2、如果補充重複爆炸理論，那麼重複爆炸的機制又從何來（非超星爆炸）？

小爆炸理論：

1、小爆炸引起了連鎖反應（相蕩、相摩），無變轉出了有；

2、有立體漂浮，藍移、紅移是漂浮的現象；

3、有回歸為无，能量與同構的循環（黑洞）；

4、无（能量）不斷地變轉出有（同構）（物質增生）；

5、體（能量）變轉為諸相量或維態（時間、空間、質量、形在、屬性、功能、法則）；

6、一切相量既是相對的，又是普適的，不單獨存在；

7、能量（宇宙態能量）就是所謂的不可知物質；

8、無數次爆炸聯為統整宇宙（同構，表現為諸相的相互作用及其狀態）；

9、无（體）若沒有同構（用、有）為之呈顯，則無任何意義；

10、諸相的互助與同構的自足，是用顯體的根本表徵方式、內涵，其他表徵方式還有排斥、對稱、模糊、概率性等等。

（上述議論其資料參見：《美國科學新聞》1986年18期，《世界科學》1988年3期、1991年9期、1992年4期，《自然科學哲學問題》1987年2期相關文章）◎

142.【物理學家是個極端的簡化論者,即致力於從一大堆現象中求得最簡單的概念的人。一旦求得了這個概念,他對這些現象就失去了興趣。對於各現象之間的複雜關係和反作用,他或她就不再關心了。——《美國科學新聞》1981年5期(Dietrick E. Thomsen)】

哲家既同於物理學家,又不同於他們。在追求原質、本體的徑向上,他們是一致的——最簡單、最後的定義、概念;但哲家的追求不是為了這定義本身,而是導向世界的整體關係和價值意涵。

宇宙的過程在物理學家看來是低能向量過程,是渣滓化的現象,是熵化的過程,但在哲家看來,卻是導向自足、遷昇的過程,是低級向高級、簡單向複雜的煉化、歷煉的過程。

二者並非對立,祗是各自注重的側面的差異而已。物理學家注重物、個體、結構、剛屬性,卻失察於整體、複合的相維關係(霍金語,見《自然科學哲學問題》1989年4期);而哲家則注重整體、柔屬性、價值和功能導向,也注重靈感、直覺、真覺的神會。我們雖不能說哲家是絕對正確的,但,與科學家比較,後者易於局部、片面,更容易被證偽。事實上,哲家關於宇宙一體、理一分殊、相互關聯、體變用顯諸思想,是無法被證明有過錯的,故得承認其思考與意境的優勢。

正因為這樣,自然科學家中,總是有人試圖突破物理學等學科的缺陷和不足,向哲學領域作出探求和說明,於是便產生了自然哲學。到本世紀末,這種自然哲學已非常地接近了哲學的解釋,故說,它是新自然哲學。這種接近不是說它已與哲學達成了完整的共識,而是若干命題、觀點已非常接近了哲學思考。另一方面,科學家們還受著極大的物理觀念與科學法則及傳統的限制,以致無法實現真正的突破。其中的許多論題,如混元本體的

共識、同構的共識、物質增生與能量循環的共識、宇宙衡穩自足的共識等,均未進到真念、真實的層面。

世界本身是演繹的複合同構,而智慧認知、把握、理解世界,卻要以歸納為主要方法,些許的演繹祇在哲家的靈感中發生。這或許是我們更應該認真思考的東西。◎

143.自足與互助，有時是暴烈的方式、過程，經過諸相、諸同構激烈的碰撞、爆炸而實現；有時候，它又輕柔、漸慢，撫養以成。

隨機互助與恰到好處的自足，如人擇原理，如化合物的穩定等，均對生命的起源有特別的意義。

生態系統的整體觀點（共性）和層次學說（自性），生物科學的機械論與生機論其實有互補性。機械論用物理化學解釋生命過程，而生機論則主張分析生物結構、理解成分，又研究結構的功能，在整體的背景中理解生物功能。

互助的積極意義與消極意義。

能量的浪費問題：在目的論者看來，能量是浪費的，而在必然論者看來，無所謂浪費，一切不過是能量的循環而已（如生物圈、食物鏈）。

人或智能的定位：

A.作為體變用顯的過程參與者，或結果、同構，它是之一；

B.以其自足、互助所得之能覺和所覺去反逆認知、把握、理解、解釋體用，並以知為存在方式和價值導向——通過自我自足，積極、自覺地參與宇宙互助。◎

144.能量態能量（本體）之為无：無結構、無組織、無秩序、無運動、無約束……，但凡現象界的一切形式、行為、現象都沒有，祇有無以形容、無可表達。

力實際上是一種特定的同構對諸相，或兩個或多個同構的鎖定狀態（強力、弱力、電磁力、引力）。這種充當鎖製作用的同構（如Z^0、W^+、W^-之類的粒子），是能量本體突發暴漲後爆發產生的現象。一旦解除了各種鎖制，現象便復歸於无。所以，當無用時，亦無體。體是相對於用而言的，用亦是相對於體而言的。

宇宙的自足與互助祇有規則，而無結果。規則是有序、有利、自足、遷昇，亦是冒險與限制。

宇宙的墮落是由高能向低能的過程（高溫→低溫、高壓→低壓、高密度→低密度，並非不再有高能，而是高能後出現了低能），宇宙的互助方式和結果卻是由簡單向複雜→出現特殊的高能同構(智慧者)。宇宙中，越複雜的同構越易損壞，越簡單的越易保存。

生物系統向增加活力和自主性的方向進化（自足），於是，便有了意識自覺。自足的動力源之於體變用顯。具體說，是同構追求存在而與環境壓力發生相互作用，這種作用的過程中，某些特殊的功能、性相獲得了高能化的構合，最終的結果是，在的活力及自主性獲得了成功。

對每一個同構言，外在都是環境，故互為環境。具體情形是，環境壓力激發同構的反彈（壓力過大，會發生突變或毀滅，過小，則趨於沒落，祇有適中，才有正常的代傳遞），生物世界中，生存慾便是一連串自足後的特殊結果，亦即是對環境壓力的一種本能反彈。所以，滿足生存慾望便成了生命同構自足的動力源。同構既是自在，也是環境。當它自在時，它是追求，是實現，是與環境抗爭；而當它是環境時，它便是限制，是束縛，以

此形成互助關係。這種關係一旦臨界，自足便表現為顯性，新的同構就會發生。

　　同構對環境的反應也是自足的。慾望是環境造就的，它又反作用環境，最後，環境也會改變，同時，慾望的載體也改變了。這樣，慾望也由之自足了，積久而後，慾望中便自足出了意識自覺。故知，互助是動力源，自足是必然的結果。

　　意識自覺之於宇宙的互助有如下之意：

　　1、開發、利用，以致由低能向高能；

　　2、幫助他同構有利、有序；

　　3、體悟體變用顯的必然。◎

145.讀了劉述先先生的兩篇自傳文章，知道他想構造一個哲學體系，衹是尚未構造出來。他說，對於一個哲學家說來，50多歲正是當年，可望在今後10年的時光中完成這一使命。

我讀完這兩篇文章後的感覺，似乎與劉先生有很大分歧。劉先生是一個好的哲學教授，他有良好的教育背景，有中西哲學、文化的雙重訓練，有一帆風順的學術歷程，有系統的科班知識構成，有廣泛的學術交際，有穩固的學術和人生地位（這也差不多是大多數研究型學者、哲學家們共有的狀況。在他這一代中，如杜維明、余英時、成中英、蔡仁厚、傅偉勳……）。如果說，這些是一個好的哲學教授所不能或缺的話，那麼，我可以放膽說，這卻很不利於一個哲家的誕生。

在這個世界上，有兩種類型的哲家，一是東方中國式的，二是西方歐洲式的。中國式的哲家不注重哲學體系的邏輯構造和體系價值，它全憑哲家之心的覺悟。可以說，中國哲學就是心的覺悟的呈顯。這種呈顯不需要系統的知識背景和良好的學術訓練，甚至也不需要老師，衹需自我的體悟、明覺。它的最顯著特點是，衹承其先哲之心脈，而不受先哲思想束縛，特別是框架、體系的束縛。此外，哲家本人不幸的生活經歷或學術經歷，即被生活現實無情捧打、折磨的人生經驗、體驗（這種經歷多半來源於該人在學術方向上，或人生價值的實現上開始時誤入了歧途）也是不可缺失的。所以，在中國，幾乎沒有有直接師生關係的二人都可以成為哲家（有一些例外，可做其他解釋）。而一個間隔許多年以後，打著某人旗號出世的哲家，反而容易為世人重視。再有名望的弟子，也衹是重複和解釋了老師的學說。造成這種現象的原因已如上述，是因為中國的哲學是心之覺悟的呈顯。一個具體的、可以表述的、成熟的覺悟衹能出現一次（其標準時間量通常是20年左右，這個時間不包括接受教育、知識的準備時間）。

若希望有第二次，那就必須有新環境和條件，以及相當的時間量。這對任何一個人來說，兩次有新覺悟幾乎是不可能的（一個已成功了的哲家，所要做的工作就是完善、修補其體系，而不是建創新的體系）。一個嫡傳的弟子或再傳弟子通常也是這覺悟的延伸，他們被老師的光輝籠罩，難以有輕而易舉的變動，更多的情況是，他們很難達到老師的覺悟，同時還要應付弟子之間的分歧。最後，受到老師嚴格訓練的弟子，不祇是學到了老師的學說，更接受了老師學問的框架、規矩、結果，他們祇能是不自覺的、下意識地成了老師的奴隸，充其量可以批評老師的個別觀點。

那麼，中國哲學的覺悟又從何而來呢？當然是從個人的生活經歷和知識背景中來。這種知識不是體系的，而是靈感的、直覺的、單一的。

西方哲家的成長與中國有很大差別，他們長於系統知識的訓練和可靠的教育背景，講究方法論的前提，重視學派的流傳，尊重邏輯的設定。所以西方造就的多是知識型的哲學家，而少有覺悟型的哲家。他們更多的是解釋了某個領域的知識，而很少有融生命與宇宙為一的知識。

中西哲人的這種差異之於一個具體的哲家，或許很難有密切關聯，但對諸如劉先生這一類的哲學家試圖成為一個哲家，卻是不能忽略的。

他們這一類人的共同特徵已如上述，差不多都是受著西方的哲學訓練，也就是說，表面看來，他們走了成長為一位西方哲人的道路，可是，有許多因素又不利於他們從這條路上成功。一、他們是東方人，他們之所以在西方哲學界有地位，不是因為他們的西方哲學知識比同行中的西方人高明，而是因為他們除懂得西方哲學外，還熟識中國哲學，西方哲學界需要有人向他們的後代用他們的方法來講解東方哲學、以及東西方比較哲學；二、東方

哲學不可能在西方獲得正統地位；三、商業競爭的殘酷在哲學學術界一如他業，當一個天賦很高的青年哲學家經過十幾年左右的知識榨取之後，很快會有另一批又是年輕的哲學家來搶飯碗。所以說，他們幾乎不可能在西方成為哲家、或成為西方式的哲家。

　　事實上，這一批人的絕對多數並不指望成為西方式的哲家，反而多以中國哲家、特別是儒家哲學為歸宗（這種主觀願望更加深了西方的排斥）。問題是，他們也很難成為中國式的哲家，他們對覺悟沒有專攻，他們有太過系統的哲學知識的訓練，心腦多為框架束縛，他們有太順利的學術經歷，他們有較為優裕的生活和工作環境、社會地位，他們無法實踐孟子所要求的苦其心志、勞其筋骨、餓其體膚的真諦，他們多有功利的意識，更為重要的是，西方學術界已經宣佈哲學終結或沒有哲學。所以，我斷定，他們作為新型的現代儒學學者，將會對某些具體的命題、知識的傳播，及梳理儒學有貢獻，但要構造新的哲學體系，實在是太難為他們了。雖然他們有此雄心壯志，無奈沒天時、地利。

　　儒家哲學的新創，當在學術環境很不理想的大陸。21世紀，如果說中國可以成為全球「霸主」的話，那麼，中國文化之重建與暢揚的大使命，也將由大陸的哲家來完成。

一九九二年十一月 ◎

146.原始人沒有道德的限制，但有禁忌規範、原始宗教的限制；現代人沒有禁忌規範、宗教戒律的限制，但有技術規範和道德規範的限制。在一定意義上講，原始人的個人是不自由的，相對而言的集體卻較為自由；現代人較有個人自由，但人類整體卻有很大的不自由。這種不自由來源於人的意識自覺的自足強化了人對自身和對環境的責任。

個人主義和自由主義祇有在反抗專制主義和集體本位主義時才有意義，在其它的情形下，它們祇是過程。◎

147.哲家治國，是東西方先賢共有的理想，到目前為止，它還是理想。一個沒有充分自足的國家或人類群體，無法接受哲家的治國之道。在哲家治國之前，必先有科學家治國。在科學家治國前，應先由法律家和經濟家治國。在法律家和經濟家治國之前，還有技術專家治國。在技術專家治國之前，還當有政治家治國。之前，當有巫師、僧侶治國，之前，當有勇者治國。由誰來治國，標誌著國家發達、進化的程度。◎

148.本體的不可知（認識、解釋），乃因為它的無所不在、無處不在、無所不是、無處不是，它不能被證明，不能進行分割研究。即，不能因經驗或邏輯、實驗的方法予以論證。它祇能覺悟、體悟、明覺。

哲學不是關於概念、範疇的科學，更不是關於語言的科學，不是關於邏輯的科學，而是關於本體的科學。由於本體祇能覺悟、明覺、體會，所以，哲學又附及人之所以為人的意境。西方哲學長期以來力圖突出人的主體價值，用有限的主觀知識解釋、描述、表達、指代本體，結果導致了巨大的困境和矛盾。中國哲學則力圖消化主體、現象而同一於本體，追求明覺、真念，所以無矛盾。◎

149.做學問有兩重境界，第一是在茫茫學海中尋找自我，求得獨立自存的學術人格；第二是忘我，使學問不是我的天才發現、思考、所得，而是人的意識自覺的呈顯。◎

　　150.本體與人在一種相向的二重意義上有著明顯的關係，其一，本體對於其變相後呈顯、自足的這一同構（人）具有支配、左右、原動的作用，所以人不能離開本體而獨立存在；其二，人憑藉宇宙互助、自足所得的意識自覺去覺悟、體悟、明覺本體，並把這種覺悟轉化為自身行為的原則和自覺動力，去呈顯體變用顯的必然。致於因經驗、感覺、理性、本能等原因引發和推動的行為，則是上述二者之間的過程和關係狀態。◎

151.人與人的關係是為人所當處理的第一層外在關係；人與自然的關係是為人所當處理的第二層外在關係；人與本體的關係是為人所當處理的第三層關係。由於第三層關係中的本體無所不在、無處不在，亦不外在人，故人交感、覺悟本體，與體同一，並非外在，而是同一。

溝通第一層關係的橋樑是語言、感覺，相互之間都同等地具有。但溝通第二層關係的橋樑在現今可解釋的意義上講，還祇是（或主要是）——單方面的具有，並且十分地不完整——感覺、科學而已。事實上，我們的知識尚不知自然本身的交流、溝通方式，不論是與自然本身還是與人類。因此，文化體系的更深刻的層面，是發展、完善第二層關係的處理。它第一需要有自覺的覺悟，第二需要有自身的交通的能力、方式、工具，也需要有對自然的交通方式、工具的把握。當前兩層關係的完善都得以實現後，第三層關係約略可達於同一不二。◎

152.世界由三層構成：

1、本體界

2、相界

3、存在界

2、3是本體的變相和相的互助同構，故本體是無所不在、無處不在的，且由用來呈顯。沒有用的呈顯，本體就無以為所以。

本體變相、相互助而為用、小用顯大用、大用顯全體，導致世界的必然性（真必然、非真必然、人為必然）、自足性、互助性、統整性、有利性、有序性。

存在界自足出解釋界，使人為必然具有將必然性轉化為價值的意義。

解釋界的呈顯，使用的呈顯多出了自覺的意義，它通過覺悟、真覺使體用貫通合一，亦通過能力的呈顯而達於體用的合一、交融。於是，本體通過變相、互助、分裂自身達於自足、自覺，復在自覺中貫通自己及其變態，而達於超越、積極、自覺的和合諧一、交融完善。◎

153. 每一具體同構的互助行為都可在一定意義上視為攝相的行為,同構的歷史是一攝相的過程。由於攝相是每個同構所具出或呈顯的行為,所以,它是相互的行為,此其一。其二,攝相使諸相的互助關係複雜化,故其過程是隨機的,有導向正常、完善、積極的可能,亦有導向消極、不正常、缺陷的可能。其三,一旦呈正常、完善、遷昇、自足的必然,它便會具出有向性攝相和互助導向,而盡可能地排斥非利於這種有向呈顯的相量(但不是絕對的)。其四,一切攝相和互助行為在非意識自覺的狀態下,是自發和本能的,唯有處於意識自覺狀態中的攝相和互助行為才能超越其自我,進而開出具有宇宙自覺意義的價值導向,這就是意識自覺的終極關懷——通過自覺的覺悟和理智的能力去參與宇宙的互助。

智慧者的攝相行為不是為了完善自我、滿足慾望、感覺,而是被稱為真念的意識自覺和最佳的理智能力都需要有具體的同構載體為之承載,即智慧者正是這種真念覺悟和最佳理智能力的承載者。進而,這種完善的載體不是宇宙中自始就有的,就如真念和理智能力也不是自始就有的一樣。所以,自足的必然首先就以實現載體的自足為優先,然後方有智慧自覺的呈顯。此表明,滿足智慧同構的慾望、感覺、意念祇是非真的必然,而非終極目的。其次,攝相也不祇是攝取僅滿足情慾、感覺的相,它也同態地攝取高質量的其他相,祇是由於攝取不足,人不已知罷了,一旦有臨界的攝取,意識自覺便呈顯出來。這時,智慧同構的攝相便由自發、盲目、低能狀態,而自足為自覺、積極、有向的攝相過程。

一九九三年三月◎

154.觀察必須是等量的，否則，就難以有公正、客觀的解釋、描述。等量是指任意兩個可予以比較的客體，必須能被同等狀態地觀察和定量定性，如距離、時間、環境、屬性、質量。

經驗是攝相的結果之一，攝相可以獲得先驗的知，如覺悟、靈感，從意識相場、父母本相處獲得；也可以從知識體系中獲得，從行為中獲得。後者所得即是經驗。故攝相是性智、理性與經驗同一的機淵。

宇宙間創造一個人不容易，創造一個我更不容易。保持它，不偏不倚、不隨波逐流、不苟且、不鬆懈、不妥協。這樣做不是為了我自己，而是為了創造的必然。◎

155.生命科學的現時研究業已認為，生命現象無非一場虛構的騙局。一切所謂生命都不過是地球上最古老的那個（或那些）DNA的複製和複雜化（現在科學家又將複製的功能推及RNA）。DNA祗求得自身的承傳不息，並借各種生命現象為載體。祗要滿足它的不息不已，各生命現象本身的存在、死亡，在在它均不聞不問，也不管生命現象之間的相殘、相食、相殺的慘局如何。每一個生命現象都以食用他生命現象為生存的前提（異養性作用法則），縱然沒有被食掉，也會老死，留下的或有所謂純生命意義的祗有那不已的DNA本身。每一個生命載體都受蔽去頑強地求得生存，無論單細胞生物還是人類，拼命掙扎的結果，無非還是死亡。生命是什麼呢？不正是一場受騙到極的虛假遊戲嗎？

這場遊戲已玩了幾十億年了，直至今天，才有人類意識自覺對它進行了認真、自覺的思考。這一思考導致了真正的選擇，遊戲的騙局已成事實，改變它已無可能，人類可做的唯一的事業是超越它。即既自知生命是其騙局，又自覺地去超越生命，借助DNA需要載體承傳的動力，不祗是滿足做這種傳遞的承載者，更去超越生命的範圍和價值意義，去幫助宇宙的自足流化，去完善自我，使生命之流在人類處顯出美、真、善，或意境的附加價值。騙局是不能由騙局本身來超越的，祗有借助生命之流複雜化的必然使複雜化更為複雜，從中開出自覺意識，開出意識的覺悟和意識能力，以此去超越這虛假騙局的非真必然。這說明，如果沒有哲學和理性的超越，那麼，人類祗能永久地生存在騙局之中。

這一騙局所以能夠成立，或所有的生命現象都甘受欺騙（並非自知），乃因為a.在全部生命中，唯有DNA掌握了複製的密碼；b.DNA所複製的生命都具有異養性，即都通過捕獲有機能量才能生存，並且地球上的生命都是DNA的複製品；c.它附假給了每個生命者以不同級次的慾望、本能予以誘惑，是這些慾望（性

慾、食慾、睡慾、休息慾、生存慾）導使生命者拼命地追求生存，而實不過是保證了DNA被複製的環境、條件。被複製的生命樣式越多，DNA自身的存在、承傳條件就越優越。

　　騙局就是這樣成立的。狹義的動物或植物之所以為它們本身，在於無法超出這些慾望、本能，不過受驅使而已。人之所以為人，在於偉大的必然多餘地償付給了它意識自覺，它可以超越慾望、本能而導向自足，並從此處開出超越承傳、複製DNA而存在、而同構的全新價值導向。也許有一天，它還可以超越異養性法則，可以自為複製密碼，讓生命成為一種自覺、快樂，成為超越自我、超越生命、參與宇宙互助的全新現象。

一九九三年四月◎

156.大筆如使神，
知意亦識心。
古今通一貫，
天人究其真。

一九九三年四月十二日◎

157.歷史理想與歷史選擇

人很容易成為歷史的奴隸而不自知。多數情形下，人們樂意根據某種理想的設計而人為地追求一種歷史的選擇，結果總是導致社會危機的若干後果。我的意思並非說，凡是缺乏理想設計的歷史過程都會導致好的結果。

歷史為什麼不能設計呢？

首先，歷史是隨機的具體過程。雖然在根本意義或大尺度上言，歷史是必然的呈顯，但呈顯的細節總是受不可預測因素控制的。比如說，人類社會除了文化法則、社會結構的法則等因素控制外，生物法則、甚至化學法則、物理法則亦起著控制的作用，祇是我們對此感覺甚少而已。縱令文化或社會結構的法則，也不是人們可以窮盡的，雖然它們都是人力所為。由於不能窮盡，就無法作出充分的歸納，當然更無法用以設計未來了。這裡，我還完全省略了從你試圖去窮盡之時至未來設計之間的時空差。

歷史充其量祇會滿足有利、有序、複雜化的自足導向，並以互助為方式，而其具體過程總是機率的。故，對歷史作出形態的歸納——有關社會性質、結構之類的研究，應當總是返身向後對已過歷史所作出的結論，而不當是對未來的設計。

很多情況下，人們根據某個簡單的歷史模型，理想化地發揮出一種高級的歷史或社會模式。比方說由原始的氏族（共產主義）社會的傳說，在思想上重塑出大同社會、理想國、共產主義之類的理想，是非常有精神價值的，它緣承人類共有的心理需求，並為人類提供了全新的意境和精神寄託。問題是，理想再好祇是理想依然，千萬不可把它推行為一種社會實踐運動。真實的歷史是，共產主義社會之類是從傳說中的原始共產主義推導出來的，而實踐中的原始共產主義所發展出來的，是一個因為分配不均而造成的階級社會。這個階級社會還經過了不發達的階級社會

導向發達的階級社會（資本主義）的過程。如果說共產主義社會真的是一種未來的社會形態的話，那麼，它應該從發達的階級社會中推導出來，而不應該從原始氏族社會中推導出來。所以，這一推論在邏輯上是有前件不充分的過錯的。

縱令可以從今天的現實中推出某種歷史的理想，並由之作出歷史的選擇，憑心而論，它也不應該是共產主義社會。因為在今天的現實中，最為衝突的不是階級間的對抗，而是人類整體與自然的對抗，也就是說，人與自然之間的關係、自然與自然之間的關係已成為了全部人類相與關係的主要基礎。如果要追求完善，理當在人與自然之間達於新的更高級的關係和諧、協調和超越，並由之形成新的社會形態。

由原始氏族社會推出共產主義社會的邏輯錯誤並非僅祇我發現，共產主義的創始人馬克思早有頓悟，祇是他太過熱衷於這一偉大理想的求償，以致他試圖用變通的方式和歪曲歷史過程的人為力量去達到目的。他認為，既然發達的階級社會是兩個階級的對抗，且一個是無產者，那麼祇要消滅其中的一個，也就是有產者，然後將財產全部共有，這樣，由公有而實現共用就順理成章了。

這一理論在邏輯上似乎非常自洽，但稍明事理的人都會發現其中的重大隱患和過錯。

第一，它企圖用人為的外在力量去左右歷史，而不容歷史作出自然的選擇。雖然這裡的自然也是人力所為，但它是按其社會規律而漸進的。

第二，它將一種有過錯和不可能的理想鼓吹為社會實踐運動，導致了社會的混亂、危機、無序。

第三，它是由原始社會的現實推出的歷史理想，這理想在實踐中充其量祇是可能之一，事實已證明，由原始社會祇能導致階

級社會,而不是無階級社會。

第四,它試圖從發達的階級社會的現實中獨闢蹊徑,用一種錯誤的方式(人鬥人、人消滅人),即淨化社會的方式把已經岔出了原始理想的不合理社會重新引入由原始理想所推導出的理想社會中,心意可嘉,而客觀上卻不可能。

第五,它過高地估價了現實社會中無產者的人格品質和覺悟德行及智慧力量,滿以為由這些人所主宰的社會會實現精神與物質的共產主義。實則是,有產階級並非一個天生的階級,就猶如無產階級亦並非一個天生的階級一樣,每個人的人格、覺悟、操行實際上與它的出身無太大關係,關鍵看他是否掌有權力和財產。有產者之成為社會的保守者就在於他的財產和身分、地位的羈絆。如果一定要認為人格之類與出身有關係的話,那毋寧說,一個出身有產家庭的人比一個出身無產家庭的人,由於環境、教育等因素影響,更具有穩定、負責任的德行。極端者總是生活上的困窘者。這樣的道德條件,再加上由於教育及其他因素所造成的能力問題,所以,一個由無產者領導的社會祇能是一個更不合理、更落後的失敗社會。

第六,它是基於人類中心主義的前提所作出的論斷,為人與關係的虛假和暫時性所迷惑,沒有考慮人與自然關係的絕對性。發達的不合理社會由於全面、空前地撇開了自然關係的屏障,使人類在進化上面臨著危難境地:要麼解釋,要麼毀滅。而解釋將意味著人類的過去歷史會被超越。所以,一切祇滿足人與關係設計的未來社會模式都不是真實的歷史選擇。

過去,人類曾選擇了從自然中「脫離」出來,使一種靈長類成為人。但由於人之覺悟、能力、環境等等的不完善,導致了人們之間的衝突、對抗,進而亦導致人類向自然的無盡地索取,以滿足生存。現在,既要強化人類內部的鬥爭,以滿足各自的慾

求，又要尋求對自然的控制，掠奪出最佳的物利。如此前提之下，哲人、思想家們提出了很多本質上不超出此範圍的若干社會理想，是可以理解的，它畢竟表徵了人之為人過去歷史的最高標識。

而今，不論人類自身是否完善、人類內部的問題是否已獲解決；也不論人類的覺悟和能力是否已足夠具備，由於人自身行為的破壞性發揮，已使人與自然關係、自然之間的關係提前成為了現今歷史過程中的主要關係基礎。聽任發展，至少對人類言是一種慘澹的前景。為此，人類也應作出新的選擇——人類又要選擇回到已經分離了很久的自然中去。不過，這種選擇不是讓人類退回到靈長類之中，而是以性智的覺悟去體悟體變用顯、小用顯大用、大用顯全體的必然之流，並以理智的能力去實踐這大流的自足、互助必然。

這是選擇歷史的真實，是選擇生物的為人到文化的為人的超越，是履行宇宙之靈秀的大使命，和實踐人之所以為人的終極關懷。

一九九三年四月◎

158.時間是可以提前呈顯的，這種提前是相對的。如一個飽學的少年與一個白丁的成年人，文化發達的地域與尚在啟蒙的部族。但這種提前不是無限的，必須有一定的節制和把持，否則就導致危機，如西方文化的發達與它所面臨的危機。◎

159.智慧者之於秩序的觀念可以從三個層面考察。

其一，它是自然之存在，必然地受著物理法則、化學法則、生物法則、社會法則的控制、協調。

其二，它作為宇宙的觀察者、解釋者、創轉者，又必然地將上述法則理性化，使之成為可解釋、可理解、可實踐的文化內涵（文化法則），就此意義言，法是智慧者的理性覺悟之於宇宙自然法則的再現和創轉。

需要法律、秩序是人類的共識或意識自覺地一種呈顯，但需要什麼樣的法、秩序？如何理解已有和將有的法、秩序？卻是一個長期爭論不休的問題。也就是說，這種理性的再現和創轉，因為有理性的原因，反而變得捉摸不定。很早很早以來，法官、統治者、法學家、部門法、法哲學、不同地域、社會等等，都對此各執一詞——什麼是既符合自然法則，又符合人類理性覺悟的秩序規範？

最初，幾乎所有秩序法則都將生物的強者本能溶入了法秩序之中，所以那時的法主要是人身控制的規範。後來，特殊的經濟及其他因素打破了這種壟斷，法規範由長者意志、群體意志演為了個人財產關係的契約，群體意志轉而為這種契約的裁判者。可是這一由個人意志（主義）主宰的法觀念並不具有普遍性。a.這祇在世界的局部（地中海周圍）地區成為了事實；b.它掙扎了近四千年，至16世紀才開始由自然法學派提供理論的解釋；c.一種超越的秩序思想（模式是錯誤的）神人合一的宗教法思想的形成和實踐，長期地壓抑和摧殘了上述契約法觀念；d.它忽視了法規範的歷史的、哲學的、權威的背景意義。

18世紀是這一秩序思想的鼎盛時代，但它的缺陷很快被歷史法學派和哲理法學派首先反抗，這一反抗直至本世紀的社會法學派，祇是還未獲得最終結果。

　　各種法或秩序的解釋都為自己尋找了至高無上的背景力量的支持，法律因此成為了文化的構成內涵，尤其是最近幾百年來，這樣的尋找更成為了普遍的理論現象。原始法多半尋源於原始宗教、圖騰的信仰；宗教法則是上帝意志的再現；宗法來之於血緣的親疏與政治權威的交融；羅馬法多可溯及至古希臘的自然哲學；法律的倫理解釋（人作為道德實體）或權利觀念，通常是康德的影響所致；政治的解釋（人類作為政治實體）或自由的觀念又與黑格爾密不可分；生物學的解釋（人作為種類實體）或自然選擇的觀念，是達爾文以後才有的思想；經濟學的解釋（人作為生存實體）或滿足物質需求的觀念，是馬克思的特有貢獻；人種學的解釋（人作為種群實體）或種族精神的觀念，是普納維奇的一意之說；社會學的解釋（人作為社會的因數）或連帶關係的觀念，是斯賓塞、孔德的創意；實證主義的解釋（人作為存在的實體）或分析規範的觀念，是邊沁的學說；倫理的解釋（人作為道德的實體）或義務的觀念，是孔子及其先秦儒學的偉大貢獻；天理的解釋（人作為本體之聚攝的實體）或守創合一的秩序觀念，是宋明理學的全新意境；道的解釋（人作為有的實體）或自然的自然法觀念是老莊思想的精華……

　　每一種解釋都有它的充分性和合理性，但每一種解釋都不會滿足歷史的普遍要求。這與人類歷史的自足過程是同態呈顯的。在歷史研究中，我們除了容易發現每一個具體解釋所具備的局限性之外，我們也可以發現整個全部過去解釋的共同的局限。

　　過去全部關於秩序或法的解釋，除極少數（如道家、斯多噶學派、理學）以外，幾乎都立足於人之間關係的絕對基礎。個人之間的衝突、個人與社會之間的衝突、社會之間的衝突，一直是困擾法學家、哲學家、政治學家們的主要問題，全部試圖解決這些問題的學者，或者偏重個人的立場，或者偏重社會的立場，或

者試圖綜合這兩種立場而為學問。也就是說，法或秩序就是解決這諸種衝突的規範，已經成為全部法或秩序的基本功能或價值意涵。反過來，這種關於法或秩序的功能或價值的認知，又限制了人們對法的概念、性質、淵源的理解。

這種歷史過程和固有的解釋是無可厚非的，如果沒有它們，則完全不能獲得今天我們之於法或秩序的意識自覺的創新。也就是說，根據體變用顯，小用顯大用、大用顯全體，互助、自足、同構、複雜化的邏輯，僅有上述諸種解釋還不夠，我們必須謀求對已有解釋的超越。

很顯然，我們已經走在了歷史的門檻上，這個門檻的後面是人類的童年過程。它除了滿足自我的慾求、生存以外，尚不知這個世界真實意義是什麼，也不知他自己作為存在的真實價值所在。所以，過去的歷史學主要是在人類內部做出這樣、那樣的，糾纏於人與人之間的各種說法和解釋。很顯然，不論人類自身心智、能力、覺悟處於什麼水準上，人與人以外的自然世界實一直發生著不可割裂的關聯。自然的存在乃是人類之存在的大前提，是不可否認的同構之真實。這說明，社會的秩序並非是絕對的，任何優良的人類法或秩序，如果與更大級次（這裡更大級次不是一個單一的層次，而是多維複合的同構秩序）的秩序與規範相衝突，祇有兩種前景，其一是通過相互適應、互動而遞於自足、遷昇，其二是屬秩序體系歸於湮滅。當然，這種複合秩序之間具有很大的時空迴旋餘地和可調塑性，這可由數萬年來，人類的社會秩序與自然秩序的複合的實然與人類意識自覺的無知實然之間的歷史情形作出估價。

然，一當意識自覺認知到了這種層屬關係的同構現象（古人已多從直覺、靈感的層面發明過此同構現象，如道家、古希臘的自然哲學、儒家的大道哲學），則意識自覺的雄心及其價值導

向，都不再容許我們裝糊塗或不聞不問。事實上，現在人類所面臨的生存危機已經不容許人類不聞不問這兩層秩序之間的和諧關係。甚為驚人的是，一當意識自覺之於這種關係有足夠的認知，也同時意味著法或秩序的價值功能及其導向的根本轉向。無論如何，從前的法始終祇是關心人類內部的事物，並求出一切和諧的相關解，而現在——即我們正站立的這個門檻的前面——我們將無法把這一祇關及人類生存、和諧、有序（自由、平等、正義、公平、對等之類）的法作為唯一的秩序內涵。一種對人類自我的超越的秩序或法的思想、體系，及其實踐形式，將化解數千年來人類中各種關於秩序、法的解釋分歧和規範體系的差別。上述提及的各種背景的權威力量也將在這個門檻上化約、沉澱，而為更高級次的相關宇宙秩序的背景淵源所代替。

　　格里高利・貝特森（Gregory Bateson）說；生命是一場遊戲，它的目的是要發現規則，但規則不斷在改變，因而老是無法發現（詹奇，P152）。我們終於發現，自足、互助本身並沒有終極的規則，而祇是不斷生成新的規則，不斷地超越舊規則。對我們言，許多規則我們一開始就發現了它們，有的卻至今尚未發現，不過，它們卻一直在暗中支配、左右著我們。作為宇宙的觀察者、解釋者，我們也創轉出了自然中原本沒有的規則，並以之滿足我們作為生存者的需求（法的歷史形態，略）。

　　現在，我們終於可以考察秩序觀念的第三層面：規則本身是沒有一定或一成不變的，但一切規則都是體變為相之一相，是體變用顯之必然機制，是諸相互助作用的機制、呈顯，是同構之自足、複雜化的真實內涵。與之相適應，意識自覺可憑此認知、發現秩序規則，解釋法現象並創轉出（經理性創轉）新的秩序規範。體變用顯的最高意義即在於，意識的自覺可及於體相之本，並與之同化、同流、同向、同態、同志、同勢、同為、同一、同

久、同意，亦在於意識積極、主動、自覺的參與，在於自我實現
而至自我超越。

一九九三年五月◎

160.新自然哲學的基本問題：

1、存在與不存在的問題：互為存在；

2、世界之構成關係問題：不可分、互助、互補、非單一絕對孤立、統整、同構、機率；

3、流化的過程：自足、非線性、複雜化、體變用顯、必然性；

4、規則與秩序：諸相、同構互助作用與必然機制，相對秩序與隨機規則，取決於相互作用的關係狀態；

5、認知問題：模糊性、不可精確性、互為解釋、定義、機率的定義、有限性、近似性、排斥性；

6、行為導向和價值觀：合理、協調、中庸；

7、主客關係問題：主客不分、參與、覺悟、非單一的觀察者；

8、混元本體與物質不可分問題：場、以太與空、无、氣。◎

161.自序[29]

　　寫書真的是不容易，我寫了近十年，能夠出版的也不過三本書和幾篇文章。實在不敢想像，那些一年出幾本書的作家，是怎樣動他們的腦和手的？也許我太笨，也許我太固執，反正我與這個正追求高效率的社會十分地不合拍。我總是信奉文章千古事，評說由後生的信條。滿腦子盡是聖賢、先哲的形象，苦苦做來，還是對自己怨艾不已。聖賢的學問與聖賢的人真的難做。

　　這幾年來，我一直迷戀一個概念：超越，也就是許多人說的綜合。比如人們經常說，牛頓所創立的經典物理學完成了工藝與力的綜合，實現了對靜止存在的解釋；愛因斯坦的相對論實現了運動與時間（或天文與物理）的綜合，從而解釋了天體現象；達爾文完成了生物現象（物種與進化）的綜合；普里高津等人也正在追求著力與熱（物理與化學〈包括生物化學〉）的綜合，試圖解釋宇宙的複雜化、非線性的存在與演化現象，等等。

　　在另外一個領域，人們也常提到：老子完成了人與自然的結合；孔子完成了人與社會的綜合；朱子完成了理氣的綜合；陽明先生完成了心與體的綜合；十力先生完成了體用心識的綜合；柏拉圖完成了理念與倫理的綜合；康德、黑格爾完成了實在與存在的綜合；懷特海完成了過程與實在的綜合，等等。

　　我們注意到，上述的若干思想業績與綜合幾乎是由兩條道路獨立發展而來的，即科學的綜合與哲學的綜合。這種情形如果作出一種地域文化的或主客關係的概觀，我們也幾乎可以同態地發現另外四條獨立的綜合之路，即西方的綜合與中國的綜合，人的綜合與自然的綜合。這差不多就是我們今天思想界的現狀。剩下來的問題是，誰來完成科學與哲學，或東方與西方的綜合，人與

29　這是為《互助與自足——法與經濟的歷史邏輯通論》一書所寫的序言草稿，後來的序言比這裡的文字要多出很多。

自然的綜合，或者換一種說法，誰來完成現在應該進行的科學與哲學、東方與西方、人與自然的超越。

我不知道這一論題是否足夠引起人們的興趣。但我相信，我們的時代，我們這些人註定要在這些特別大的問題上做文章，否則，後人就無法給我們和我們的時代定位——我們為什麼是我們?!

綜合就是要超越在已經呈顯著的能、相、力、熱、生、在、流、式、覺、智、美、真、善之上，實現人與自然、東方與西方、科學與哲學的互動、自足、同構。這一偉業不是個人之力所能為的，每個人的自覺參與才是人之所以為人的真實。

我寫書最多是一種自覺地參與行為，並非是真的能做出什麼具體的偉業，或能夠完成上述的大超越。槽糕的是，想的頗多、頗好，自我欣賞十分在乎，一旦形成文字，反覺得無地自容。還是剛才說的那句話：寫書真難。

首先，內容那麼多，什麼內容可以寫，什麼內容可以不寫；什麼內容寫在這本書，什麼內容又寫在另一本書中，十分難以把握。況且，世界本來是同構，奈何寫的時候又要割裂開來。這實是一種牽強的行為。古人誠之曰：「祇可意會，不可言傳」。問題是，不寫書便沒有文化和社會意義，寫書又必然不真實。我想，絕多的作者大概都處於這種兩難之中。所以，我寫書祇能算是與讀者交流、交感。

其次，表達自己的思考往往要生造許多自己認為恰當的概念，而此又是寫書的大忌。生創且不說，我的概念能夠充分有理嗎？經常處在惶恐之中。好在我偶爾看到過利昂·羅森菲爾德說過的一句話：概念祇能通過其局限性被理解，倒是心安不少。但願讀者更多地理解我的局限性。

再次，寫書一下筆就是幾十萬言，前拉後扯、左引右連、上通下達，一招把持不好，無免重複、囉嗦、言無倫次、語詞瓜

滾、白話水句，讓讀者負擔無加。想著想著，常常汗顏無地。

　　最後，我認為沒有人能夠絕對獨立地創新一種思想。所有思想、理論，不過是人類數萬年來腦力行為的積累。我的意思是說，一切學說、思想、理論實際上是人類共有的，它不應該有專屬所有權。一個人充其量的作為，是將前人有過的思想用一套自己的方式重新予以解釋、說明，並夾帶出了一些新的觀點、體會。這一想法，導致了我在寫書時經常衹是在大量地轉述、引用、延伸前人的若干思想、學說、理論，可並沒有時時處處地加以注釋說明。我竊想，這不應該被誤認為是抄襲、剽竊。我必須尊重前人、他人的智慧成果，但我也反對動筆就是注的著述。因此，我的書一般衹在較重要之處作注其他大都略去。如果讀者在閱讀中感覺似曾相識，那應當是正常現象。我這樣做，希望不會引起什麼法律上的麻煩。真誠地講，我並不屬於我自己，更談不上有屬於我個人的思想、學說。

　　凡此種種，自覺苦心常在，力不從願，書寫了出來，也多是失落感。難的是，我沒有辦法停下來不寫。其中緣由絕非是為了混飯吃，也不是要過癮，而是從天之志，不能自已。

　　本書思考了很多年，也寫了好幾年。到現在為止，我還沒有把握，我是否將我想說的話寫了出來。寫本書的原初動機，正如我在《中國法觀念》一書後記中告知的那樣，不過是想將中國以外的法律精神、理念的歷史作一番自己所理解的整理。很顯然，現在所寫的這本書肯定是已經超出其外了。內容或許並無新舊之別，關鍵是立意更接近我的長期體悟、覺悟。因此，雖然原說作為《中國法理念》的姊妹篇，但它卻可以列入我的思想框架之中。◎

國家圖書館出版品預行編目(CIP)資料

思想劄記 / 江山著. -- 初版. -- 新北市：
世界宗教博物館基金會附設出版社, 2013.08
　　冊；　公分. --（江山著作集；11-12）
　　ISBN 978-986-89839-0-8(第1冊：精裝)
　　ISBN 978-986-89839-1-5(第2冊：精裝)

　　1. 言論集
　　078　　　　　　　　　　　102015709

思想劄記(一)

作　　　者　江　山
責　　　編　吳若昕、李慧琳
美　　　編　宋明展
出 版 發 行　財團法人世界宗教博物館發展基金會附設出版社
地　　　址　23444新北市永和區保生路2號21樓
電　　　話　(02)2232-1008
傳　　　真　(02)2232-1010
網　　　址　www.093books.com.tw
讀 者 信 箱　books@ljm.org.tw
總 經 銷　飛鴻國際行銷股份有限公司
電　　　話　(02)8218-6688
法 律 顧 問　永然聯合法律事務所
印　　　刷　東豪印刷事業有限公司
初 版 一 刷　2013年8月
定　　　價　新臺幣370元
I S B N　　978-986-89839-0-8

版權所有，翻印必究。

＊本書若有缺損，請寄回更換＊